JN106826

イラストで
サクッと理解

流れが見えてくる
三国志図鑑

かみゆ歴史編集部 編著

ナツメ社

はじめに

今から約1800年前のこと、中国大陸では150年以上統治を続けた後漢王朝が落ちぶれ、飢えに苦しんだ民による「黄巾の乱」が発生。この大反乱により世は乱れ、後漢は王朝としての機能を失い、群雄たちが各地で戦を繰り返しました。そんな群雄割拠の世に、3人の英雄が現れます。

1人目は曹操。文武両道の才気あふれる人物で、後漢王朝の皇帝を抱えこみ、強大なパワーで天下統一を目指します。

2人目は劉備。王室の末裔ながら庶民として暮らし、躍進を夢見る青年です。そんな彼の周りには豪傑の関羽や張飛、そして天才軍師・諸葛孔明など個性豊かな仲間が集結します。

3人目は孫権。父・孫堅や兄・孫策から代々受け継いだ領地を守るために、曹操や劉備とわたり合いました。

3人はそれぞれ魏・蜀・呉という国をつくり天下を争いました。この三国の歴史をまとめた歴史書が『三国志』（正史）です。

やがて三国は統一され平和な世が訪れますが、三国志の英雄たちの生き様は講談や民間伝承となって語り継がれ、14～15世紀頃には劉備を主人公、曹操を悪役にした勧善懲悪の歴史小説『三国志演義』が完成。ドラマティックな演出と、手に汗にぎるストーリーが、庶民の間で大ヒットしました。

さらに、この『三国志演義』は中国だけではなく日本にも伝来。これを元にした小説や漫画、ゲーム、ドラマ、人形劇など、多くのメディア作品がつくられていることは、読者のみなさんもよくご存知のことでしょう。

本書は1000年以上にわたり人々を魅了する三国志の世界を、おもに『三国志演義』のストーリーをもとにしながら、イラストや図解でわかりやすく解説した一冊です。1章の「黄巾の乱」から7章の「五丈原の戦い」まで、主要な合戦やできごとを時系列順に紹介。また、各ページには、「正史」との比較や、日本のメディア作品とのちがいにも触れる「コラム」も用意しました。

なお序章では三国時代以前の中国の歴史、終章では三国時代のその後の歴史にフォーカスします。

さらに武器や漢詩といったテーマごとに解説する「Pick up ページ」や、英雄の生涯を追っていく「人物ガイド」、巻頭には三国時代の背景や地理を解説した「三国志の基礎知識」、巻末には主要人物102人をピックアップした「人物大事典」に「大年表」と、三国志の知識が深まる情報が盛りだくさんです。

三国志には男同士の熱い友情やライバルたちとの死闘、君臣の忠義と裏切り、生死を分かつ決断や男女の愛憎、そして涙の別れと、人間が生み出すドラマのすべてがつめこまれています。

さあ、英雄たちが躍動する三国志の世界へ、いざ参らん！

かみゆ歴史編集部

本書の使い方

各章の構成

各章の流れ&登場人物

まずはその章で解説するストーリーの流れや登場人物を確認。

解説ページ

『三国志演義』の物語を解説する、本書のメインページ。

人物ガイド

主要人物の生涯を一気に紹介。後世の評価も掲載。

Pick upページ

武器や漢詩などテーマをしぼって三国時代の物事を解説。

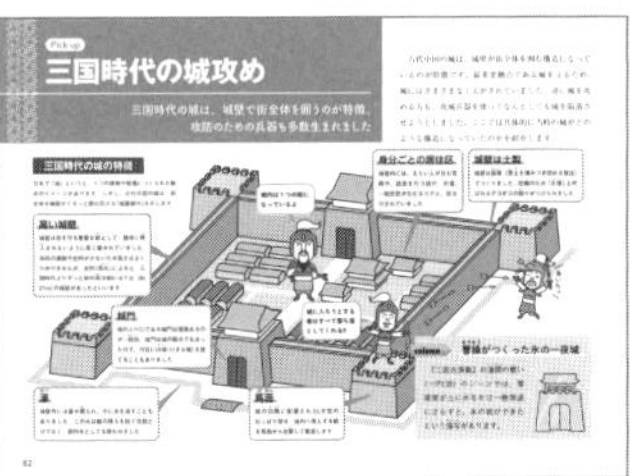

解説ページの見方

おもなできごと

そのページで紹介する事件などを記載。

事件の舞台

そのページで紹介する事件がどこで起きたか、MAPを載せています。

章インデックス

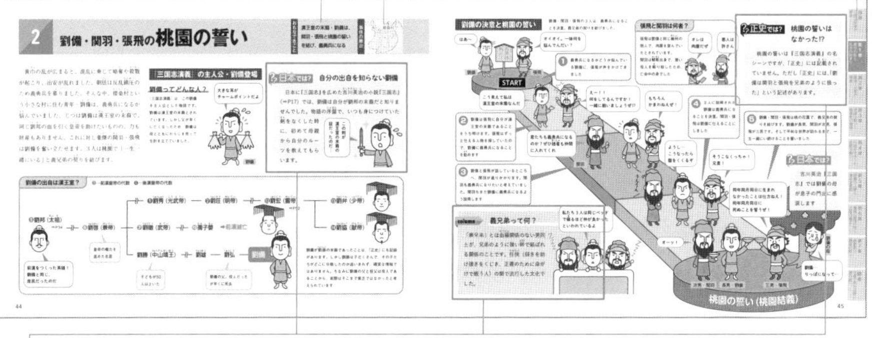

コラム

雑学などはコラムにまとめています。

雑学や人物解説、時代背景の説明など。

小説『三国志演義』と歴史書『三国志』の比較や、日本人が『三国志』を題材にして描いた物語について解説。

中国の歴史的な事件をもとに生まれたことわざ「故事成語」を紹介。

三国志トリビア

各章末には、より『三国志』の知識が深まる「三国志トリビア」を用意しました。

もくじ

第2章 董卓・呂布の横暴

第3章 官渡の戦いと諸葛亮の登場

第4章 英雄がそろった赤壁の戦い

第5章 劉備の入蜀と漢中争奪戦

第6章 曹操・劉備の死と三国の鼎立

第7章 諸葛亮の最後の戦い

終章 司馬一族の活躍と晋の統一

※本書はとくに明記しない限り『三国志演義』（井波律子訳、講談社）を参考にしており、人名や地名、読みがなはそれに従っています。
※歴史書『三国志』は「正史」、『三国志演義』は『演義』と略すことがあります。
※本書は物語をわかりやすくするために、登場人物の「字（あざ名）」は基本的に省略しています。
※地図については三国時代のものを元にしています。そのため位置関係が『三国志演義』の記述と異なる場合があります。

地図で見る三国志

時代1 董卓の専横（192～193年頃）

『三国志』は、今から約1800年前の中国・後漢時代が舞台です。当時、後漢王朝の皇帝は力を失い、武将が日夜戦いに明け暮れる戦乱の時代でした。そんな中で、董卓は皇帝を抱えこみ、朝廷（政治の中枢）をのっとりました。

董卓の専横

まだ若い皇帝・献帝を擁立した董卓は、朝廷を支配。罪のない民を殺害するなど、ひどい行いを重ねます

朝廷はワシがのっとった！
董卓

孫堅と劉表の対立

『三国志』の三国の一つ、呉は孫権によって建国されます。その孫権の父・孫堅は劉表の罠によって殺されました

やられた～
劉表
孫堅

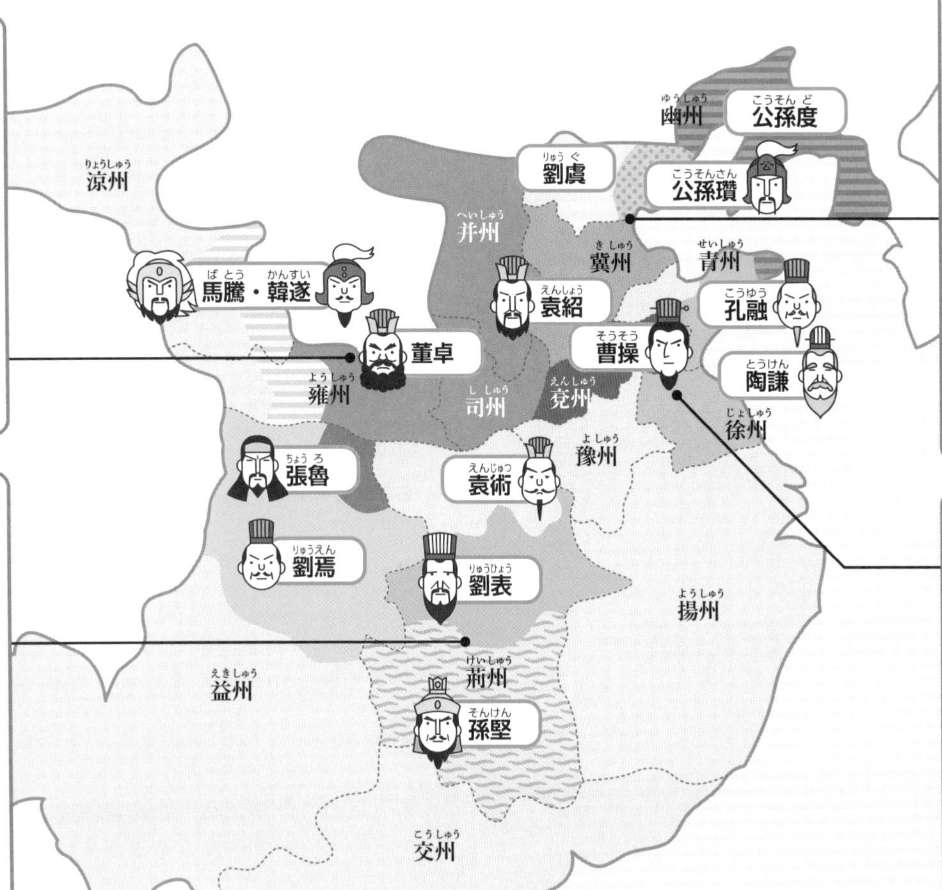

涼州
幽州
公孫度
劉虞
公孫瓚
并州
冀州
青州
馬騰・韓遂
袁紹
孔融
董卓
曹操
陶謙
雍州
司州
兗州
徐州
豫州
張魯
袁術
劉焉
劉表
揚州
益州
荊州
孫堅
交州

公孫瓚と袁紹の対立に劉備も参戦

小説『三国志演義』の主人公・劉備は、身分が低いため領地を持たず、この頃は先輩の公孫瓚に従っていました

公孫瓚先輩がんばれ！
袁紹
公孫瓚
劉備

曹操が青州兵を従えて拡大する

劉備のライバル・曹操は役人でした。もっと広い領土をゲットするべく、黄巾党の残党を配下にして最強の兵士「青州兵」を組織します

オレに従うのだ！
青州兵
曹操

地図で見る三国志

時代2 曹操・呂布の勢力拡大（197〜199年頃）

董卓の部下・呂布は董卓を暗殺し、独立勢力となり各地で戦を起こします。一方、名門の袁紹はじわじわと領地を拡大。そんな中で、曹操は献帝を迎え入れ、その権威のもとで力を蓄えていきます。

曹操の勢力拡大

曹操は孤立した献帝を迎え入れ、許都に遷都します。以降、曹操は献帝の名のもとで群雄に号令できるようになりました

これからは私が帝を支えます
許都
曹操
献帝

袁術が皇帝を名乗る

袁紹の弟・袁術は、殺された孫堅が隠し持っていた伝国の玉璽（皇帝の証となるハンコ）を手に入れ、皇帝を名乗ります

うひょ〜
これでワシも
皇帝じゃ！
袁術

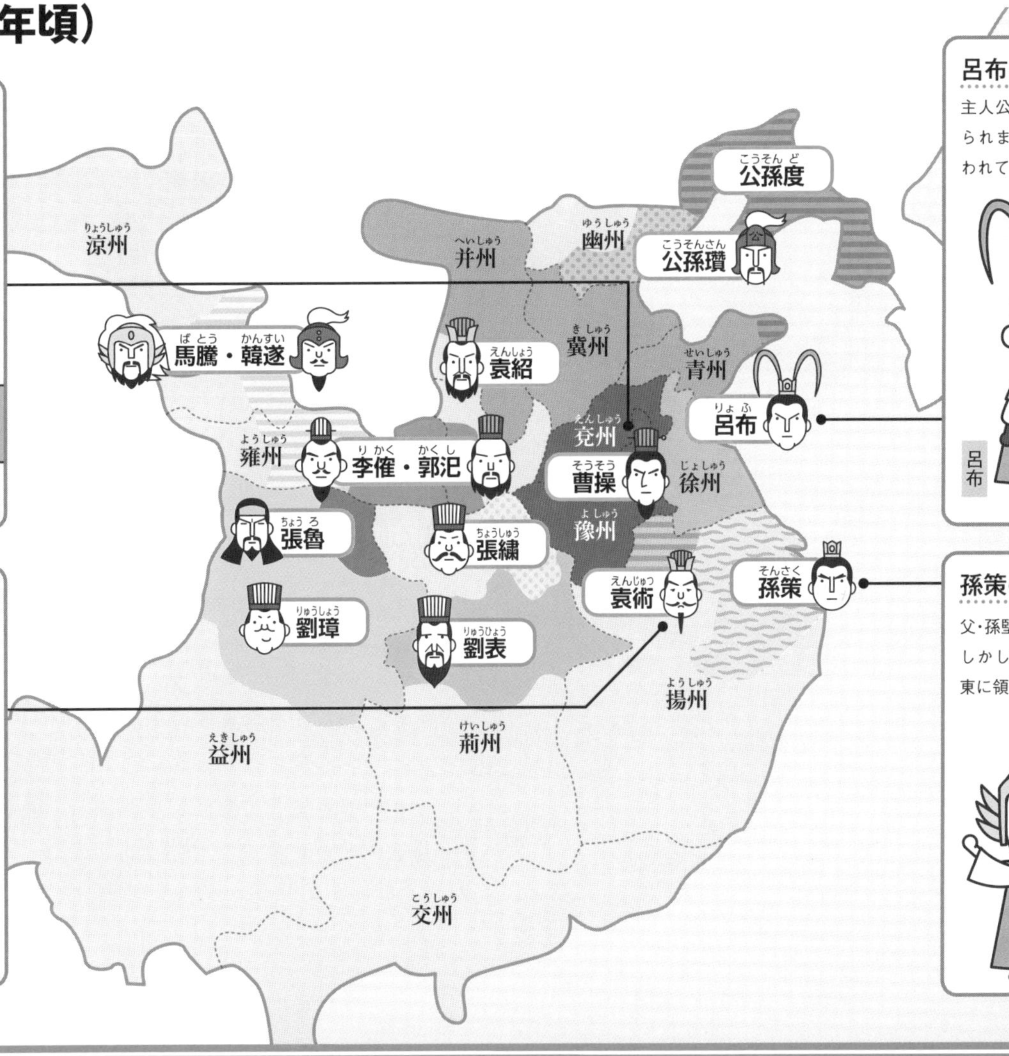

涼州
并州
幽州
公孫度
公孫瓚
冀州
青州
馬騰・韓遂
袁紹
兗州
呂布
雍州
李傕・郭汜
曹操
徐州
豫州
張魯
張繍
孫策
袁術
劉璋
劉表
揚州
益州
荊州
交州

呂布の勢力拡大

主人公・劉備は人望の厚さから徐州の地を譲られます。しかし劉備の留守中に、呂布に奪われてしまいました

さあ
オレ様に従え！

はあ…

呂布
劉備

孫策の江東制覇

父・孫堅が殺された孫策は、袁術に従いました。しかし玉璽を渡す代わりに兵を得て独立。江東に領地を持ちます

これで
オレたちも
独立勢力だ！

周瑜
孫策

地図で見る三国志

時代3 曹操の華北統一（207～208年頃）

劉備は曹操とともに呂布を討伐しますが、曹操が献帝をひどく扱うのに怒り、袁紹を頼ります。これを機に曹操と袁紹の間で戦が起こり、曹操が勝利。劉備は状況を打破するため、軍師・諸葛亮（孔明）を迎え入れ、孫権と同盟します。

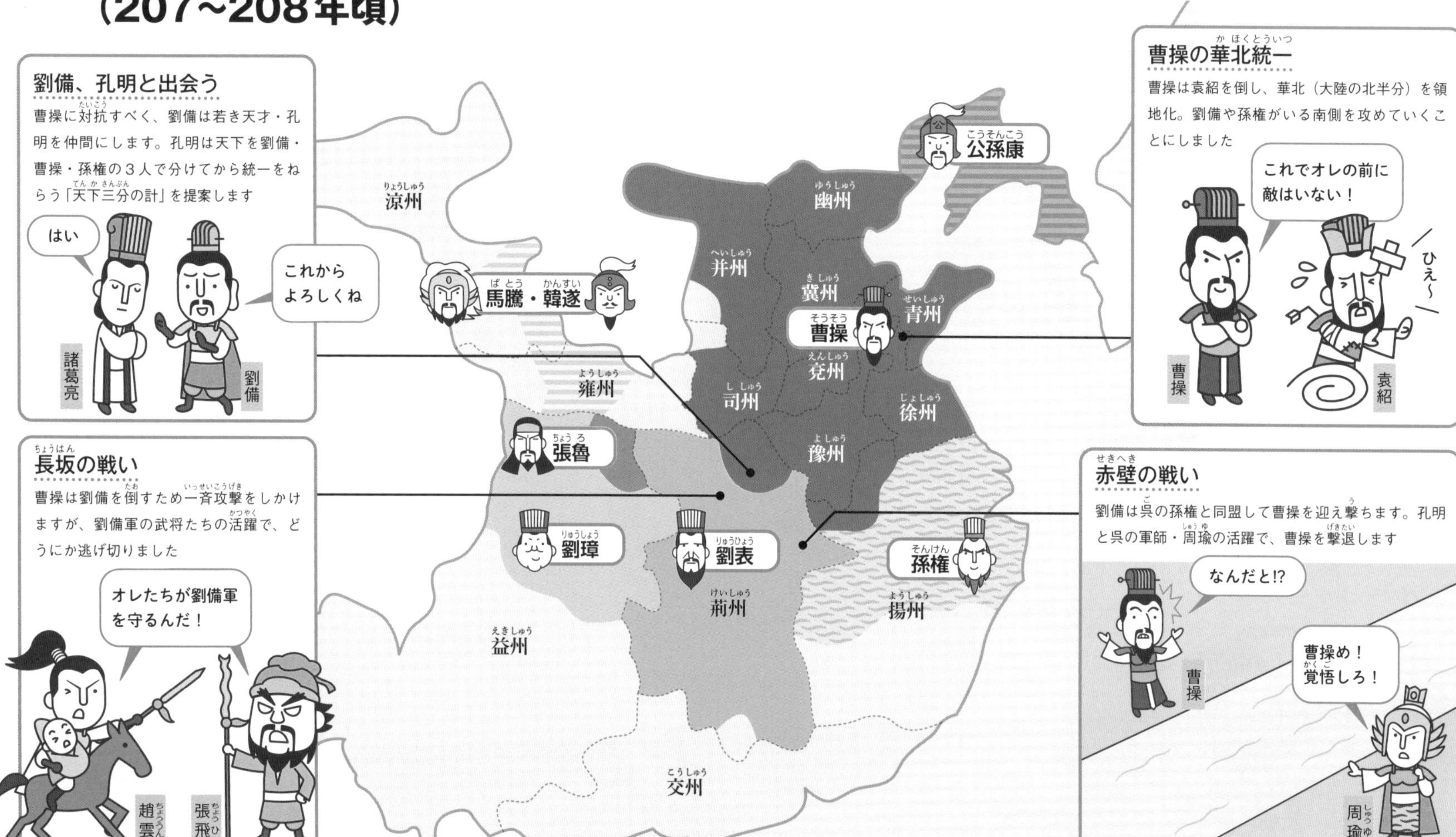

涼州
幽州
公孫康
并州
冀州
青州
曹操
馬騰・韓遂
雍州
兗州
司州
徐州
張魯
豫州
劉璋
劉表
孫権
荊州
揚州
益州
交州
はい
これから
よろしくね
諸葛亮
劉備
オレたちが劉備軍
を守るんだ！
趙雲
張飛
これでオレの前に
敵はいない！
ひえ～
曹操
袁紹
なんだと!?
曹操
曹操め！
覚悟しろ！
周瑜

劉備、孔明と出会う

曹操に対抗すべく、劉備は若き天才・孔明を仲間にします。孔明は天下を劉備・曹操・孫権の３人で分けてから統一をねらう「天下三分の計」を提案します

長坂の戦い

曹操は劉備を倒すため一斉攻撃をしかけますが、劉備軍の武将たちの活躍で、どうにか逃げ切りました

曹操の華北統一

曹操は袁紹を倒し、華北（大陸の北半分）を領地化。劉備や孫権がいる南側を攻めていくことにしました

赤壁の戦い

劉備は呉の孫権と同盟して曹操を迎え撃ちます。孔明と呉の軍師・周瑜の活躍で、曹操を撃退します

地図で見る三国志

時代4 劉備の入蜀（215～218年頃）

孫権との同盟のおかげで赤壁の戦いで勝利した劉備は、勢いそのままに荊州や益州（蜀）に攻めこみ領地を獲得。一方、敗北した曹操は態勢を立て直し、涼州を攻略、「魏王」となります。劉備と曹操は益州北部の漢中で決戦に挑みます。

漢中争奪戦

曹操は益州攻略の足がかりとなる漢中を先に攻略。劉備はこの地を奪い取るため曹操と戦い、見事勝利します

決着をつけるぞ！
劉備
曹操

劉備の入蜀

劉備は「天下三分の計」を成すために、蜀の劉璋を撃破。初めて自分の力で領地を得ます

蜀はあげるからカンベンして〜
劉璋

やったー！
劉備

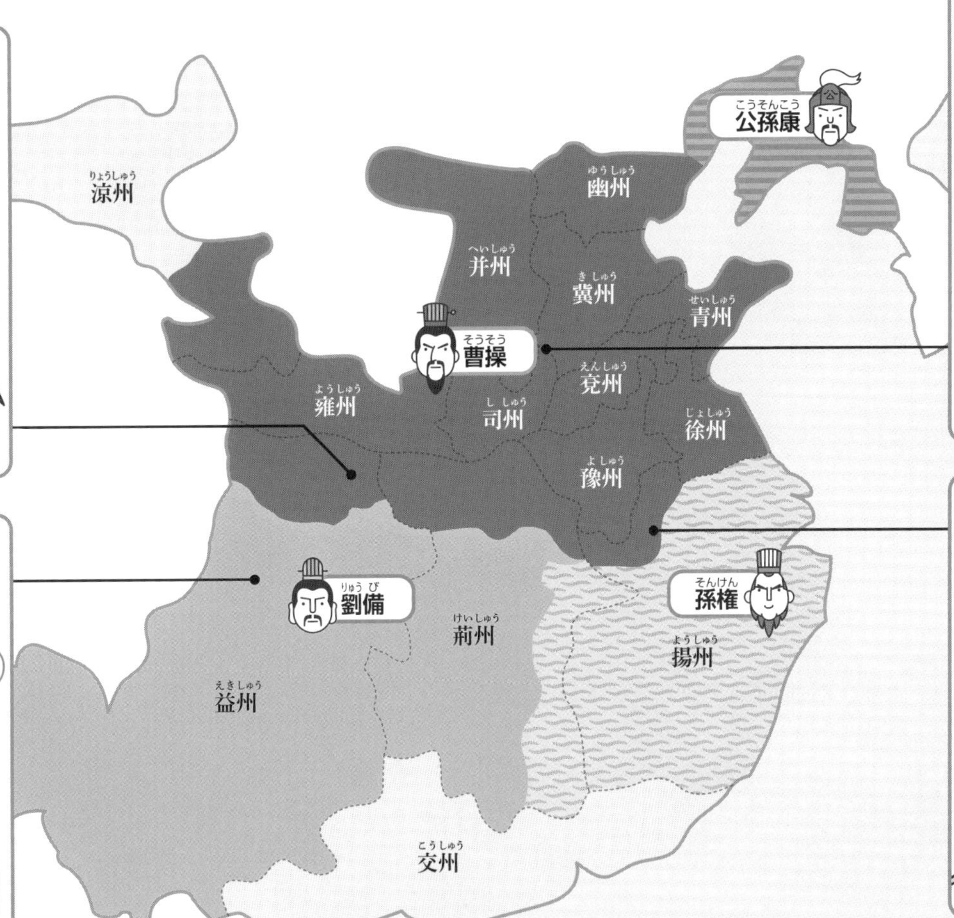

涼州
幽州
并州
冀州
青州
曹操
兗州
雍州
司州
徐州
豫州
公孫康
劉備
孫権
荊州
揚州
益州
交州

曹操、魏王になる

曹操はさらに勢力を拡大させ、「魏王」を名乗ります。曹操は皇帝になるまであと一歩の地位についたのです

天下統一まであと少しだ！
夏侯惇
曹丕

合肥の戦い

孫権は曹操領に侵入し何度か、曹操と戦います。合肥の地ではたびたび激戦が行われましたが決着はつきませんでした

なかなかやるなあ…
孫権
曹操

地図で見る三国志

時代5 三国の鼎立（221～223年頃）

劉備が漢中を得たあと、曹操が病死し、子・曹丕が跡を継ぎます。曹丕は献帝に皇帝位を譲るよう圧をかけ、魏の皇帝に即位。対抗して劉備も蜀（蜀漢）の皇帝に、かなり遅れて孫権も呉の皇帝になり、三国が鼎立しました。

劉備、皇帝になる

曹丕が皇帝に即位したと聞いた劉備は、献帝が殺されたと勘ちがい。自らが漢の皇帝となり、蜀漢を立ちあげます

わかった…
魏に対抗して皇帝になるのです
劉備
諸葛亮

劉備が病死する

呉の裏切りで義兄弟の関羽を失った劉備は、敵討ちのため呉を攻撃しますが大敗。失意のまま病死します

孔明、あとは任せたよ
そんな…
劉備
諸葛亮

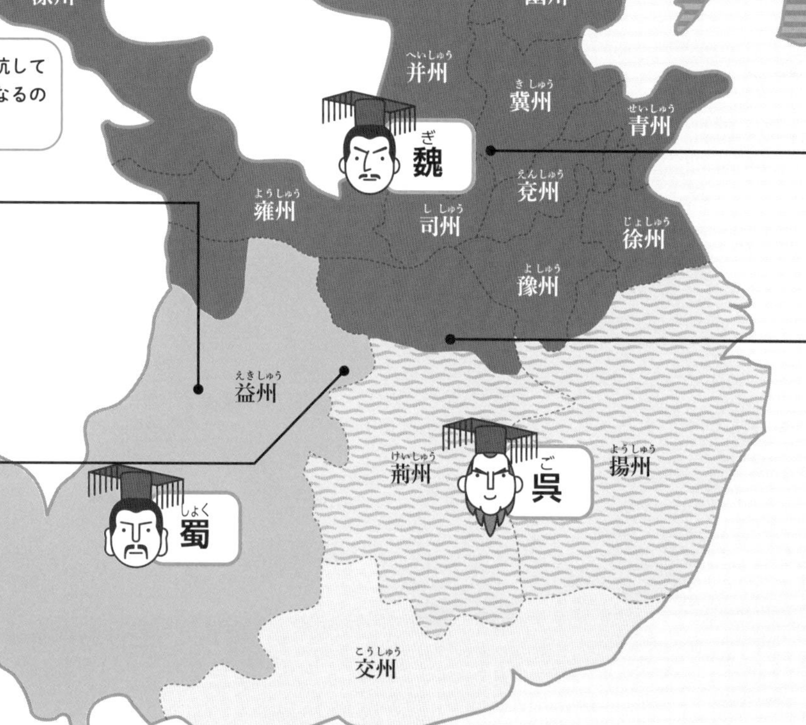
涼州
幽州
公孫恭
并州
冀州
青州
魏
雍州
兗州
司州
徐州
豫州
益州
荊州
呉
揚州
蜀
交州

曹丕が皇帝になる

曹操が病死すると、子の曹丕が献帝にプレッシャーをかけ、禅譲（皇帝位を譲り受けること）が行われました

ありがたき幸せ
曹丕
献帝

樊城の戦い

劉備が漢中を獲得したと聞いた関羽は曹操軍を攻撃。しかし関羽を気に食わない呉が裏切り、戦死しました

もはやこれまでか…
孫
関羽
孫

地図で見る三国志

時代6 三国時代の終わり（269～280年頃）

劉備の死後、諸葛亮（孔明）は北伐（魏討伐）をくり返しますが、魏の司馬懿に勝てず、戦場で病没。その後、司馬懿の子・司馬師、司馬昭兄弟は魏をのっとり、司馬懿の孫・司馬炎が晋を建国し、三国を統一しました。

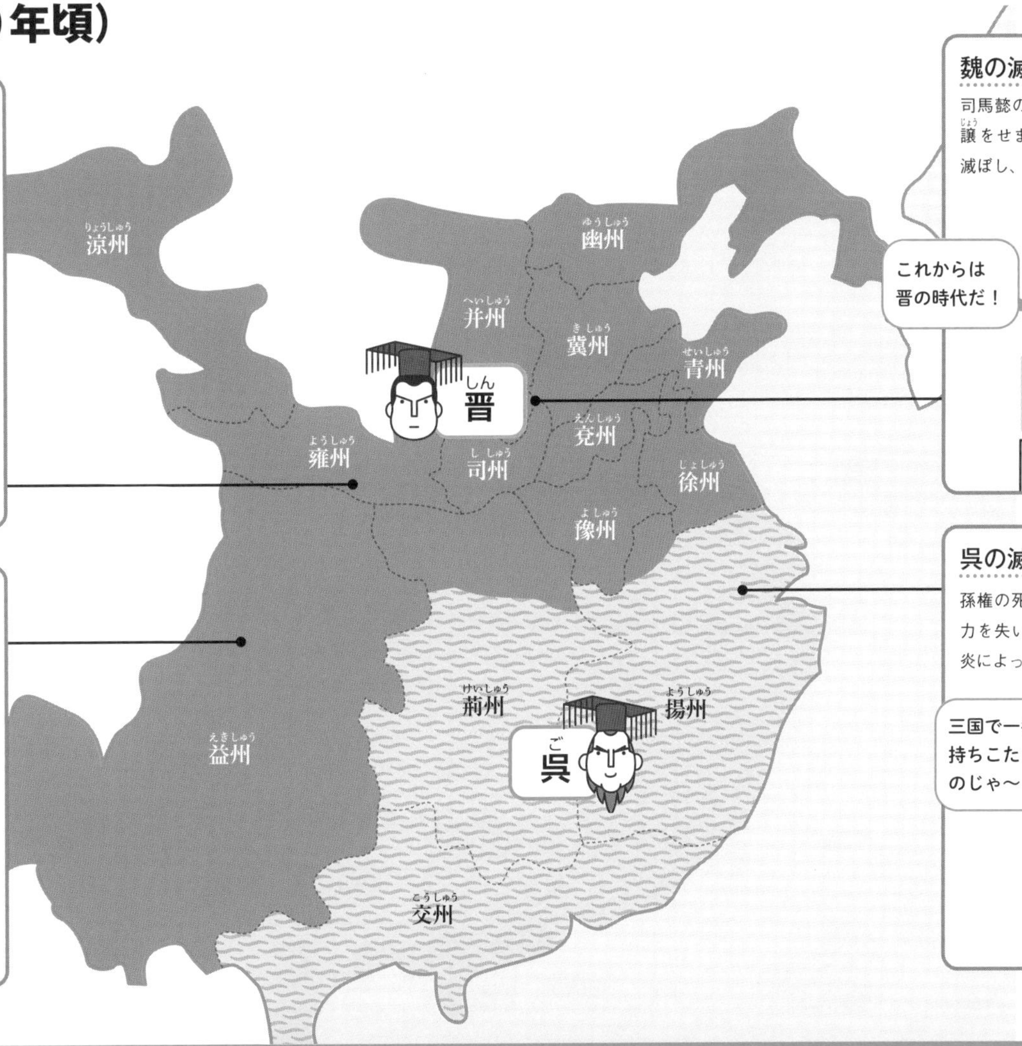

孔明の北伐

劉備の死後、孔明は北伐を行いますが失敗。五丈原の戦いの最中に病気で亡くなりました

結局何もなしとげられなかった…
諸葛亮
姜維

蜀の滅亡

孔明の死後、弟子の姜維も北伐を行いますが失敗。劉備の子・劉禅が勝手に魏に降伏したことで蜀は滅亡します

降伏します～

劉禅
鄧艾

涼州
幽州
并州
冀州
青州
晋
雍州
司州
兗州
徐州
豫州
荊州
揚州
呉
益州
交州

魏の滅亡

司馬懿の孫・司馬炎は、曹操の孫・曹奐に禅譲をせまり、皇帝に即位します。そして魏を滅ぼし、晋を建国しました

これからは晋の時代だ！
司馬炎
曹奐

呉の滅亡

孫権の死後、呉では権力争いが起こり、団結力を失います。孫権の孫・孫皓の代に、司馬炎によって呉も滅亡します

三国で一番持ちこたえたのじゃ～
孫権

『三国志』の基礎知識 1

三国時代はいつ頃？

『三国志』には、184年の黄巾の乱勃発から280年の呉滅亡までの、約100年間の中国の歴史が記されています。つまり『三国志』の時代は中国四千年の歴史からみればほんのひと時なのです。強大な後漢王朝が衰退したことで魏・蜀・呉の３つの国が生まれたことから「三国時代」と呼ばれています。

この頃、ヨーロッパでもローマ帝国がゆっくりと衰退にむかいます。対して西・中央アジアではササン朝ペルシアが勢力を拡大。日本は弥生時代の末期です。

三国時代の世界
3世紀。世界の多くの王朝が過渡期を迎えて滅亡・建国が相次ぎ、勢力範囲もくり返し変化しました
ローマ帝国
鮮卑
高句麗
西域諸国
匈奴
魏
倭(日本)
ササン朝ペルシア
蜀
呉
クシャーナ朝
サータヴァーハナ朝
➡パッラヴァ朝
扶南
チャンパー
(林邑)

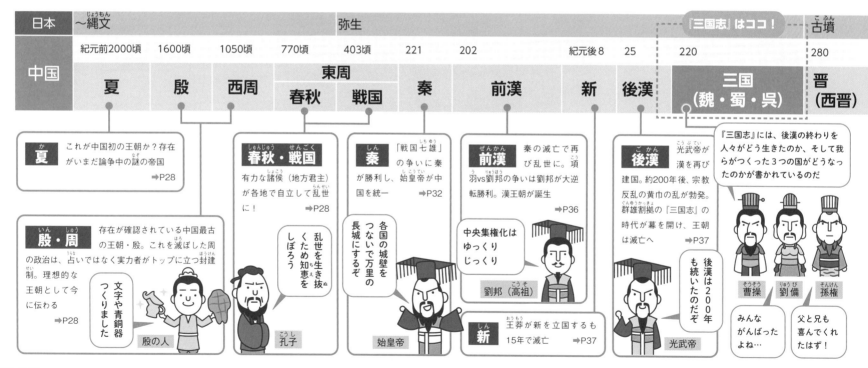

日本	～縄文				弥生					『三国志』はココ！	古墳
中国	紀元前2000頃	1600頃	1050頃	770頃	403頃	221	202	紀元後8	25	220	280
	夏	殷	西周	東周 春秋	東周 戦国	秦	前漢	新	後漢	三国（魏・蜀・呉）	晋（西晋）

夏 これが中国初の王朝か？存在がいまだ論争中の謎の帝国 ➡P28

殷・周 存在が確認されている中国最古の王朝・殷。これを滅ぼした周の政治は、占いではなく実力者がトップに立つ封建制。理想的な王朝として今に伝わる ➡P28

文字や青銅器つくりました

殷の人

春秋・戦国 有力な諸侯（地方君主）が各地で自立して乱世に！ ➡P28

乱世を生き抜くため知恵をしぼろう

孔子

秦 「戦国七雄」の争いに秦が勝利し、始皇帝が中国を統一 ➡P32

各国の城壁をつないで万里の長城にするぞ

始皇帝

前漢 秦の滅亡で再び乱世に。項羽vs劉邦の争いは劉邦が大逆転勝利。漢王朝が誕生 ➡P36

中央集権化はゆっくりじっくり

劉邦（高祖）

新 王莽が新を立国するも15年で滅亡 ➡P37

後漢 光武帝が漢を再び建国。約200年後、宗教反乱の黄巾の乱が勃発。群雄割拠の『三国志』の時代が幕を開け、王朝は滅亡へ ➡P37

後漢は200年も続いたのだぞ

光武帝

『三国志』には、後漢の終わりを人々がどう生きたのか、そして我らがつくった3つの国がどうなったのかが書かれているのだ

曹操　劉備　孫権

みんながんばったよね…

父と兄も喜んでくれたはず！

三国時代、世界はどうなっていた？

① ヨーロッパは…

後漢王朝より半世紀ほど先に誕生したローマ帝国。２世紀の五賢帝時代には、帝国の領域が東はカスピ海西岸から西は大西洋沿岸にまでわたり、最大領域に。この時代は「ローマの平和＝パックスロマーナ」と呼ばれていますが、やがて軍人が国の権力をにぎる「軍人皇帝時代」へとむかいます。「３世紀の危機」と呼ばれるこの頃から、巨大帝国は衰退・混乱の道をゆっくりと歩み始めます

わが帝国にもかげりが…

ローマ皇帝

② インド・ペルシアは…

パルティア滅亡後、イラン高原から西北インドまでを支配したのがクシャーナ朝です。また現在のイランでは、７世紀までシルクロードの交易で繁栄するササン朝ペルシアが誕生して勢力を拡大。240年頃にはクシャーナ朝を服属させました。南インドでは、230年のサータヴァーハナ朝の滅亡後、274年にパッラヴァ朝が誕生するまで分裂状態が続きました

ササン朝ペルシア誕生！

アルダシール１世

③ 日本は…

日本の古代はまだまだ謎だらけですが、弥生時代の末期の日本は「倭」という名で中国の歴史書に登場しています。いくつもの小国が争った２世紀の「倭国大乱」を経て、女王・卑弥呼をトップに立てた小国連合「邪馬台国」が、国を治めていました。卑弥呼は魏に、後継者の壱与（または台与。２人の女王の中継ぎに男王がいたとも）は晋に、使者を送っていたようです

魏の王に使者を！

卑弥呼

古墳 / 飛鳥 / 奈良 / 平安 / 鎌倉 / 室町 / 戦国 安土桃山 / 江戸 / 明治 / 大正 / 昭和・平成・令和

304/317 五胡十六国 東晋 / 439 南北朝 / 581 隋 / 618 唐 / 907 五代十国 / 960 北宋 / 1115／1127 金 南宋 / 1271 元（モンゴル） / 1368 明 / 1616 清 / 1912 中華民国 / 1949 中華人民共和国

東晋～南北朝

晋再び建国。華北では漢民族と５つの異民族によって16の国が誕生。隋の全国統一まで南北に王朝が並び立つ ➡P202

唐～五代十国

官僚採用試験の科挙制度が確立・発展。唐の滅亡で再び乱世に。５王朝10地方政権が興亡 ➡P202

科挙は世界一の難関試験さ！

受験生

元

チンギス＝ハンのモンゴル帝国は世界史上最大領土。フビライが中国統一、国号を元に

領土拡大！

チンギス＝ハン

清

力をつけた満州族が、明を倒して中国とモンゴル高原を支配した征服王朝。これが中国最後の統一王朝

ラストエンペラーです

溥儀

中華民国

「清を倒して近代国家へ。侵略を防いで民族の独立を守ろう！」孫文による辛亥革命

隋

589年の陳滅亡で、隋がついに中国全土統一。厩戸王（聖徳太子）が摂政となった日本が遣隋使を送る ➡P202

何様だ！

日出ずる処の天子書を日没する処の天子に致す…

煬帝

小野妹子

宋

「武より文」の文治政治による中央集権国家。1115年建国の金は漢民族ではない女真族の王朝。中国の北半分を征服

明

元を北へ追いやり再び漢民族の王朝に。南京から北京に遷都し紫禁城を築造

元を追いやったのだ！

洪武帝

中華人民共和国

天安門広場で中国共産党首席の毛沢東が建国宣言。今やGDP世界２位の経済大国

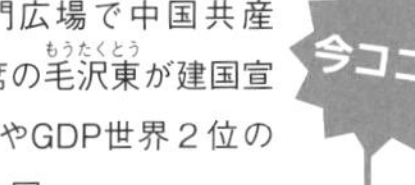
今ココ！

『三国志』と『三国志演義』

実は『三国志』は、二つあります。一つは3世紀、晋王朝の歴史家・陳寿が記した歴史書『三国志』(以後「正史」)、もう一つは14世紀に小説家の羅漢中が書いたとされる歴史小説『三国志演義』(以後『演義』)です。『演義』は劉備を主人公、曹操を悪役にしたわかりやすい物語から大衆の人気を獲得し、現在は『三国志』といえば、『演義』を示すことの方が多いです。

『三国志』と『三国志演義』ができるまで

現在「正史」は陳寿が書いた歴史書に裴松之の注釈が加わったものを指します。また『演義』は正史の他にもさまざまな民間伝承・小説を取り入れています(くわしくは➡P56)。

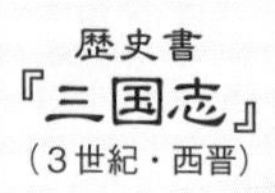

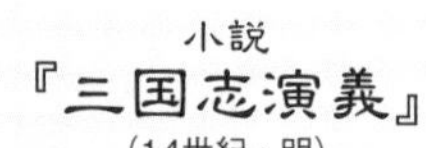

歴史書
『三国志』
(3世紀・西晋)
時は流れて…
小説
『三国志演義』
(14世紀・明)
説話・講談などがわんさか出現
エンタメ性?
いりませんよ、
歴史書なんだから
歴史家
小説家
大衆に愛される
には、物語性も
大切でしょ
200以上もの
史料を参考に
注釈入れ!
(5世紀)
歴史家
私の神編集が
なければこんなに
人気出てませんよ

著者の陳寿さん

晋の官僚・陳寿が、皇帝・司馬炎(➡P199)に認められて執筆。陳寿はかつて蜀に仕えていました。

著者の羅漢中さん

小説家・羅漢中が『三国志』をノベライズ化。"史実7割フィクション3割"のバランスが絶妙。

注釈の裴松之さん

『三国志』は公式な歴史書のため、シンプルでムダのない文章でした。宋の歴史家・裴松之は多くの史料を参考に、事実もウワサ話レベルもすべて注釈として「正史」に書きこみました。

ここがちがう!「正史」と『演義』

『演義』の特徴は、劉備・諸葛亮(孔明)率いる「蜀」を正義、曹操率いる「魏」を悪としている点です。

『三国志』(「正史」)		『三国志演義』
陳寿	著者	羅漢中(諸説あり)
3世紀後半	成立時期	14世紀
国の正式な歴史書	ジャンル	歴史小説
紀伝体(人物伝)	記述スタイル	口語・章回小説
全65巻(魏書30巻 蜀書15巻 呉書20巻)	構成	全120回
魏を正統とする	特徴	蜀を正統とする
荒っぽい面もある武人だが孔明と出会い人望の厚いリーダーに	劉備	聖人君子だが泣いてばかりの主人公 孔明の引き立て役になることも
得手不得手をわきまえ純粋に漢再興を目指す人格者	孔明	劉備と蜀漢に生涯を捧げる忠臣の鑑 トップオブ・かしこい人
ケタ外れの行動力をもつ変革者 当代随一の兵法家	曹操	漢王朝を支配する悪役 トップオブ・ずるがしこい人

column "見た目"は大切!『演義』のイメージ戦略

孔明の羽扇(白い羽のうちわ)、張飛の虎ヒゲなど、『演義』ではわかりやすい"キャラ設定"のために、あえて「見た目」を描写。このイメージ戦略により、物語がより楽しめるようになっています。

ザ・豪傑
ザ・天才
張飛
諸葛亮

日本人と三国志

『源氏物語』に『平家物語』、『太平記』……名だたる日本の古典や軍記物と同じように、教養として知っておきたい作品の一つとして、日本人に親しまれている『三国志』の物語。どんな経緯でここまで深く根づいたのでしょうか。

奈良時代

歴史書の参考になった『三国志』

藤原氏初期の伝記『藤氏家伝』に、天皇をないがしろにした蘇我入鹿を、『三国志』の暴君・董卓になぞらえた記述がある

古代日本ですでに有名人だったのだ
董卓

鎌倉～室町時代

軍記物に影響を与えた

この頃中国で『演義』やその元となった『三国志平話』が成立。日本にも伝来し、『太平記』や『義経記』などの軍記物に影響を与える

天皇のために命をかける！
楠木正成

江戸時代

三国志ブーム到来！きっかけとなった『通俗三国志』

『演義』が日本に流入。正義なのに滅びる蜀に涙する（無常感）。判官びいきの日本人から人気に

儒学者・林羅山が翻訳前の原書『通俗演義三国志』の読了を記録（1604年）

↓

世界初の完訳本、満州語版『三国志演義』が刊行（1650年）

↓

湖南文山による『演義』の日本語完訳本『通俗三国志』刊行（1691年）

↓

挿絵入りの『絵本通俗三国志』でさらに浸透（1830－1844年頃）

↓

曲亭馬琴の小説『南総里見八犬伝』にも、『演義』の周瑜と孔明が秘策を披露し合う場面などに似た場面あり、影響が見られる

翻訳前の原書を読んだよ

林羅山

明治時代

孔明の忠義に注目が集まる

天皇制を守るため、孔明の忠義をクローズアップして教科書にも掲載。孔明ファンの詩人・土井晩翠が孔明の人生を詠んだ『星落秋風五丈原』が大流行

孔明の最期…泣ける
土井晩翠

昭和（戦中）

現代三国志メディアの基礎 吉川英治『三国志』

日中戦争中の1939年、吉川英治の歴史小説『三国志』が新聞小説として連載開始。人物描写を日本人向けにアレンジし大ヒット

一大叙事詩だ

吉川英治

昭和（戦後）～平成

コミック・ゲーム・映画！三国志のメディア展開

"吉川三国志"の大ヒットで、現代日本でも『三国志』の物語が広く一般に知られるようになる。その影響を強く受けた一人、漫画家の横山光輝が1971年に連載を開始したコミック『三国志』を皮切りに、以後、小説・コミック・ゲームなど、あらゆる形の新しい三国志作品が続々と生み出された

おもな作品

〈コミック〉
- 横山光輝『三国志』
- 李學仁・王欣太『蒼天航路』

〈小説〉
- 北方謙三『三国志』

〈ゲーム〉
- コーエーテクモゲームス『三國志』『真・三國無双』

〈映画〉
- ジョン・ウー『レッドクリフ』

➡そのほかの作品はP207をチェック！

column “魏志倭人伝”は『三国志』の一部

邪馬台国・卑弥呼など、弥生時代の重要なキーワードの記述があることで有名な「魏志倭人伝」。これ、『三国志』（正史）の一部なのですが、「えっ？」と目からウロコな人、かなり多いようです。（➡P194）

意外に知られてないんだよねー
弥生人

column 令和もブーム継続中？ 日本人の果てなき三国志愛

曹操の墓の展示がメインだった東京国立博物館の特別展「三国志」（2019年）に始まり、映画『新解釈・三國志』、コミック『パリピ孔明』（講談社）、ゲーム『三國志 覇道』（コーエーテクモゲームス）など、令和も日本人の三国志愛はとどまるところ知らず？

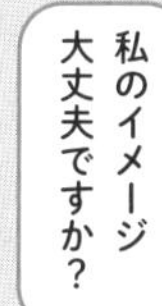
私のイメージ大丈夫ですか？

諸葛亮

『三国志』の登場人物の役割

『三国志』に登場する、劉備・曹操・孫権といった人たち。名前はよく知っていますが、彼らはいったい何者なのでしょうか？　その時代の社会の仕組みから探ってみましょう。

『三国志』にはどんな人が登場するの？

皇帝や王に仕える臣下は大きく文官と武官に分かれますが、中には境目があいまいだったり、国家に属さない者もいました。

リーダー（皇帝・王など）

代々世襲する王朝のトップに君臨する人で、「天子」「帝」とも呼ばれます。「皇帝」と初めて称したのは秦の始皇帝（➡P32）です

皇帝と王は同じじゃない？

皇帝と王は、少なくとも三国時代は別物です。貴族が治める土地や、皇帝が直接任せた土地は「封土」と呼び、トップは「王」となります。曹操は皇帝・献帝から「魏王」に封じられました（➡P144）。いわば皇帝はトップオブトップ、王の中の王ですね

文官

武官以外の役人。軍事以外の政治や法律関係の仕事を担当しました

武官

文官以外の役人。戦場で戦うだけでなく、治安維持（警察）の役目も

軍師

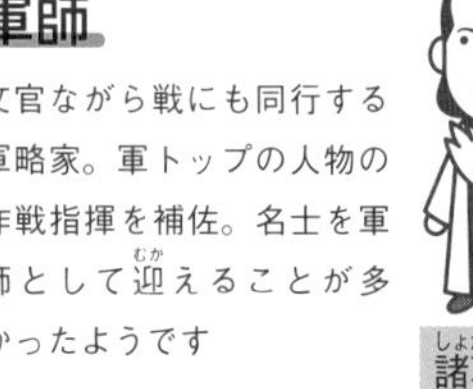

文官ながら戦にも同行する軍略家。軍トップの人物の作戦指揮を補佐。名士を軍師として迎えることが多かったようです

諸葛亮

名士

国家から自立して、地元で名声を得て活躍・支配する知識人。名士の中心人物となった司馬懿は、皇帝をしのぐほどの権力者に

司馬懿

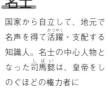

『三国志』の時代の官職

王朝に属する官吏（役人）たちの役職名やその序列がどうなっていたのかは国によって異なります。ここではその一例を紹介します。

文官

皇帝

内朝：皇帝の側近

中書	機密・詔勅を司る
侍中	皇帝の政治顧問
尚書	公文書発行・人事関係
中常侍	侍中所属の皇帝の側近

など

悪名高き「十常侍」（➡ P52）はこの職

太傅

名誉職で実権なし

丞相・相国

皇帝補佐・内政最高職。丞相には皇帝を保護した曹操（➡P70）や、蜀建国後の諸葛亮（➡P162）が就任。相国には董卓が就任

三公九卿制

土木・内政・軍事担当のトップが「三公」、その実務機関が「九卿」です。基本は三公が文官のトップですが、曹操がさらに高位の「丞相」を設置して就任。

三公：原則としての内政最高職

司空	土木担当	司徒	内政担当	大尉	軍事担当

九卿：三公のもとで働く実務機関

太常　光禄勲　衛尉　太僕　廷尉　大鴻臚　宗正　大司農　少府

陛下の側近として、公文書を発行する尚書令と、政治などのいろいろをお教えする侍中を兼任していました！

荀彧

丞相は総理大臣みたいなものだ
三公より上だが？

曹操

基本的に“三公”が最高職だ！
わが袁家は４代三公についた超・名門なのだよ
フフン

袁紹

「都督」ってなに？

『三国志』の時代にできた官職である「都督」。常設ではない軍政のトップのことで、州の軍中にも置かれることがありました。のちに軍が独自に設けるようになり、軍司令官の扱いとなります。孫呉を支えた４人の「四大都督」（➡P130）が有名です

周瑜・魯粛・
呂蒙・陸遜
人呼んで
「四大都督」です
周瑜

武官

将軍は武官のトップですが、その位はさまざま。また、討伐する相手によっていろいろな名前をつけたので、ここではとても書ききれないほどの将軍号が生まれました。

軍事のみならず内政の
全権をにぎることもある
トップの将軍であーる
何進

オレは魏の初代大将軍を
務めたが、政治はあまり
好かんな
夏侯惇

大将軍

驃騎将軍
車騎将軍　衛将軍

驃騎将軍以下の３将軍は、
文官の三公と同じくらい
重要な地位だぞ
馬超

鎮軍大将軍
撫軍大将軍　中軍大将軍

時には遠征軍を
率いることも
上位だが王族や功臣の
名誉号のようなもの

四征将軍：四方に攻めこむ軍
（征東将軍・征南将軍・征西将軍・征北将軍）
四鎮将軍
四安将軍　四平将軍

私は孫権への奇襲のあと、
征東将軍になったのだ。
「東方面の攻撃担当司令官」
ということである
張遼

雑号将軍

征蜀将軍・鎮軍将軍・都護将軍など
武衛将軍・奮武将軍・遊撃将軍など
討逆将軍・破虜将軍・建忠将軍など

後漢末期は
将軍の大安売り
だったよ

孫堅

孫堅は元・破虜将軍

地方行政

中央行政から枝分かれし、地方都市を治めたのが地方行政官たちです。『三国志』の登場人物も郡太守や州牧などに就いています。

高↑低

州	州牧	州の全権をにぎる長官。刺史の権限が拡大されてできた
	州刺史	同じく州の長官だが州牧より下位。もとは郡太守の監視役
郡・国	郡太守	郡の長官
	国相	国の長官（皇族の領地である郡を国という）
県	県令	１万戸以上の県の長官
	県長	１万戸未満の県の長官

column

エライ人の推薦で官職をGET！「郷挙里選」

郷挙里選とは、後漢時代の人材登用制度のこと。地方から官僚になって出世するには、中央からきた地方官に推薦してもらうことが一番の近道でした。出世を目指す豪族たちは、「徳の高い人物だ」と評価されるために、苦しい農民の税を肩代わり。これが結果的に税制を支え、農民は助かり、自分は出世する、という三方良しで収まっていました。

しかしやがて身内びいきなどで腐敗し、「がんばっても推薦がもらえない」という問題が多発。中央を見限り自力で兵を集める豪族が増え、野心ある地方官がこれを吸収して、群雄が生まれていったのです。

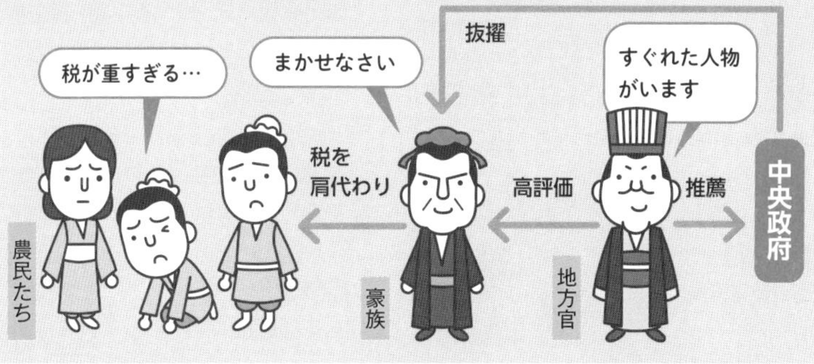
抜擢
税が重すぎる…
まかせなさい
すぐれた人物
がいます
税を
肩代わり
高評価
推薦
中央政府
農民たち
豪族
地方官

三国時代の中国の地理

後漢～三国時代の13州

後漢の頃、中国には13の州がありました。三国時代には涼州が分かれて司隷の一部を組みこみ雍州となり、14州になりました。後漢末の混乱の中、ほぼ1州の領域を支配する勢力が複数現れて抗争をくり返した結果、魏・呉・蜀の3国にまとめられたのです。

① 司隷（司州）

都（洛陽・長安）のあった後漢の中心地。のちに西半分が雍州となる。

主な事件

官渡の戦い（➡P96）

都があった
漢時代の
中心地だ
曹操

② 豫州

伝説の夏王朝発祥の地？　曹操や袁紹など優秀な人物の出身地。だだっ広い平原が続き、豫州周辺を「中原」とも呼ぶ。

主な事件

許都への遷都（➡P70）

③ 冀州

袁紹が根拠地にした都市・鄴がある。中国北部でもっとも豊かな耕作地帯。

主な事件

黄巾の乱（➡P42）

『三国志』は
この地から
始まったのだ
張角

④ 兗州

黄河氾濫に備えが必要な土地。曹操初の根拠地で、「青州兵」の結成や屯田制など、曹操躍進の基盤づくりが進められた場所。

主な事件

濮陽の戦い（➡P70）

⑤ 徐州

三国に散って後世まで活躍した知恵者が多い。呉を支えたのは徐州出身者が多い。

主な事件

徐州虐殺事件（➡P68）

オレ様は徐州を
のっとったのだ！
呂布

⑥ 青州

学問好きで道徳的な人が多いとされる。なお青州の東端（現在の山東半島の先）は海をへだててすぐに幽州があるため、幽州の一部になっていた。

主な事件

とくになし

⑦ 荊州

水陸交通の要衝。長江以北は人口が多く豊かなため、三国の間で争奪戦が起こった。

主な事件

樊城の戦い（➡P156）

私が劉備様に
従ったのも
ここです
諸葛亮

⑧ 揚州

長江の北（江北）の合肥は魏の領土で対呉の最前線。南（江南）は呉が開発して発展。

主な事件

孫策の江東制覇（➡P76）

呉の首都が
あるぞ
孫権

⑨ 益州

蜀がある。山河で隔絶された要塞堅固で豊かな地。独立政権がたびたびおこる。

主な事件

劉備の入蜀（➡P140）

⑩ 涼州

中国最西端でシルクロード最東端。寒冷地域で騎馬民族が多い。

主な事件

潼関の戦い（➡P138）

ワシの部下たちの
ような騎馬民族が
拠点にしていたのだ
董卓

⑪ 并州

昔から騎馬民族と接してきたため馬に乗るのが得意。のちに曹操が匈奴（騎馬民族の一つ）の居留地を并州につくった。これが三国時代以降の匈奴侵入のきっかけとも？

主な事件

呂布が丁原を暗殺（➡P60）

⑫ 幽州

当時は貧しく半分外国のような辺境。高原に近く馬の名産地でもあった。

主な事件

桃園の誓い（➡P44）

私はこの地で
生まれたんだ
劉備

⑬ 交州

海に面したため海上貿易が盛んな地域。この地を支配した士燮は呉と貿易を行い、協力関係を築くが、士燮死後は呉に反乱を起こす。

主な事件

とくになし

13州とおもな戦場

①司隷
②豫州
③冀州
④兗州
⑤徐州
⑥青州
⑦荊州
⑧揚州
⑨益州
⑩涼州
⑪并州
⑫幽州
⑬交州

白狼山
鄴
黄河
虎牢関
洛陽
官渡
長安
街亭
五丈原
許都
下邳
定軍山
漢中
寿春
襄陽
合肥
建業
成都
夷陵
長江
赤壁

州名の番号は左ページと対応しています

諸葛亮

司隷と司州って同じなの？

司隷と司州、どちらも漢の時代の都とその周辺地域を指しますが、司隷の方が古い呼び名です。中央官僚の監察・取り締まりをした「司隷校尉」という官職があり、この役人が管理した地域を司隷と呼んだのです。魏の時代になって徐々に「司州」という通称で呼ばれるようになり、西晋の時代に正式名称になりました

column

より理解が深まる！こんな呼び名も知っておこう

漢中　「漢王朝」「漢民族」などの起源の地

益州北部、長江最大の支流である漢水の上流に位置します。漢をおこした高祖（劉邦）が漢中王になったことが漢民族の起源で、曹操・劉備が争奪戦の末、勝者・劉備が漢中王を称しました。

中原　中国文化の発祥の地と伝わる

黄河中下流域の平原地帯。漢民族は古くは黄河流域で暮らしていたので、中原も漢民族発祥の地とされます。古くから発達した地域で、中原の覇者＝天下人といわれるほどの重要拠点。

華北　袁紹が基盤とした地域

黄河より北側の地域。また、中国の北部や淮水より北を指すことも。袁紹が基盤を築いていましたが、死後は曹操が統一しました。

江南　呉が支配した温暖な地域

長江より南の地域。三国時代に孫権の呉が支配してから急速に開発が進み、豊富な物資を生みました。

江南といえば我らが呉でしょ
孫権
華北といえば袁紹だったんだ！昔は！
袁紹
中原の覇者！華北も魏になったぞ
ハイハイ
曹操
漢中王…いい響きだ〜
劉備

三国時代の戦

三国時代はご存知の通り多くの戦がくり広げられました。戦の勝敗を決める要素は実にさまざま。まずは兵力。人数が多い方が当然有利ですが、その分食糧の確保が大変です。また「歩きづらい湿地を避ける」「高所から敵の全容を確認する」など、地理・地形を研究することも重要です。

このような戦の定番ルールは、三国時代以前の『孫子』などの兵法書にまとめられており、『三国志』の人物はこの兵法を学んで戦いに挑みました。ここではそんな兵法の一説や、三国時代にどんな戦があったかを紹介します。

ワシがつくったとされる『孫子』の兵法を三国時代のやつらはよく学んだのだ
孫武

三国時代の戦の流れ

❶ 行軍（戦場へ向かう）

まずは戦場に向かいます。この行軍中に敵に襲われることもあるため、慎重に進まねばなりません。戦い慣れていない民兵が参加し、大量の食糧や武器を運ぶ必要があるため、急ぐことは難しいのです。

ぞろ
ぞろ

❷ 宿営地をつくる

戦場に着いたら、まずは宿営地（拠点）づくりを始めます。寝るための宿舎や食糧庫のほか、周囲を柵や堀で囲みます。長期戦になると見張り用の櫓が建てられることもありました。

魏
魏
魏

❸ 戦う

戦準備が整い、両軍が布陣（態勢を整えること）したら合図にしたがって攻めこみます。相手を撤退・降伏させたら勝利ですが、勝敗がつかず、和睦することもあります。

曹
曹

地理に注意！

『孫子』には、せまい「山地」、歩きづらい「湿地」、橋やいかだで渡る必要のある「河川」、敵から見つかりやすい「平地」の4つは危険なので、なるべく避けて行軍せよとされています

『孫子』に書かれた危険地域

- 山地
- 湿地
- 河川
- 平地

食糧に注意！

食糧は兵士たちのパワーの源。だからこそ敵兵に奪われないよう食糧庫には見張りの兵士がつきました。『三国志』にはたびたび食糧不足で戦に敗北する様子が記されています

腹が減っては戦はできぬ

背後に注意！

戦でもっとも死者が出るのが撤退時。追撃側は敵の背中に向かって猛攻撃を行います。一方で、じつは撤退したフリで、伏兵を忍ばせていて逆転…なんてこともあります

後ろを確認する余裕なんてない！

正史では？ 一騎討ちはなかった!?

『三国志演義』では一騎討ちシーンが多々登場し、武将たちの華々しい活躍が見られます。しかし実際のところ兵を率いる武将クラスの人物同士が一騎討ちすることはあり得ず、ほとんどの一騎討ちは『演義』のフィクションです。

オレの見せ場が…
馬超

どんな場所が戦場になった？

『三国志』ではさまざまな場所で戦がくり広げられています。

平原

平原は大人数で大規模な陣をつくりやすいのが特徴。一方で、敵に陣の全容をつかまれやすいというデメリットもあります。

(例) 新野の戦い (➡P100)

市街地（攻城戦）

陳倉城

三国時代の城とは、城壁に囲まれた都市のことです。鉄砲などがない時代では大変な戦いになるため、攻城用の兵器が開発されました (➡P82)。

(例) 陳倉城の戦い (➡P182)

山岳地帯

中国大陸は平野部が少ないため、山の中での戦いも起こりました。複雑な地形の把握と、食糧運搬が勝利のカギでした。

(例) 定軍山の戦い (➡P148)

川の近く

曹
曹
曹

中国大陸には長江・黄河の２本の大河が流れており、川が国境になることもあります。そのため川の近くでも戦が起こりました。

(例) 赤壁の戦い (➡P120)

覚えておきたい！　戦に関する言葉

ここでは、『三国志』の用語に限らず、本書によく登場する戦用語を解説します。

先鋒

戦で最初に敵に攻めこむ人。先鋒を務めることは勇猛さのアピールにつながり、名誉なことでした。

殿

撤退時に最後尾につく人。敵の追撃を一手に引き受けるため危険な役割です。そのため殿を務めあげ仲間の逃亡を助けた人は、ほめ称えられました。

陣形

本陣

たくさんの兵士を方陣（小さなグループ）に分け、その方陣を組み合わせてつくるものを陣形といいます。武将はこの陣形を戦況によって組み替えていきます。

○○計

作戦のこと。『三国志』にはさまざまな"計"が登場します。

火計　火を使う作戦。

蜀
蜀

空城の計　あえて自分の陣地に敵を誘いこむことで、敵の警戒心をあおる作戦。

西城

離間の計　相手を仲間割れさせる作戦。

兵種

『三国志』には大きく分けて３つの兵種（役割）がありました (➡P110)。

歩兵
もっとも多い。刀や槍で戦う。

弓兵・弩兵
遠距離攻撃部隊。

騎馬兵
馬に乗った兵士。機動力が高い。

曹

張

column　戦のさなかどう連絡を取り合っていた？

戦場では鐘や太鼓などの楽器が使われました。使う楽器やたたく回数で「進軍」「後退」を指示します。また旗の色や、狼煙（煙）などの伝達手段も使われました。

ジャーン
ジャーン
孫

『三国志』の基礎知識 6

三国時代の思想・宗教

中国の宗教の基本は、儒教・道教・仏教の三教。ただし『三国志』の動乱が始まる後漢末期はまだ仏教は定着しておらず、役人の教養だった儒教と、太平道・五斗米道を生んだ初期の道教が中心でした。

儒教～中国人の根幹にある思想

春秋戦国時代の孔子を始祖とする儒教。秦の始皇帝には弾圧されましたが、漢の時代には国教に。思想統一と全国支配のために大きな役割を果たしました。

儒教の教え「五倫五常」

五倫 人間関係の基本

1 父子の親
父と子は親愛の情で結ばれなくてはならない。反抗期も大丈夫！

この書がいいだろう
ハイッ父上！さすがー

2 君臣の義
君主と臣下は互いに慈しむ心が必要。無理難題もクリアできる！

よろしく頼む
命にかえても

3 夫婦の別
夫と妻それぞれ大切な役割がある。たまに交代してみると実感？

しっかり働いてきたぞ
あなたお帰りなさい

4 長幼の序
年少者は年長者を敬って従うべし。多くの人生経験には敬意を。

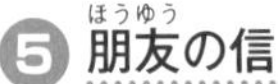

5 朋友の信
友との結びつきは互いの信頼あってこそ。一方通行になってない？

友よ！
友よ！

五常 常に守るべき道徳

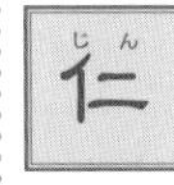

仁

慈しみ・思いやりの心をもつ。人を愛し、人の立場に立って物事を考える人になろう。

義

ものごとの正義やすじみちを通す。自分の得ばかり考えずに正しいことをしよう。

礼

礼儀を尽くす。やり過ぎず自分を律して相手や目上の人に敬意をもって接しよう。

智

善悪を判断する知恵をつける。経験をつんで偏りのない考え方を身につけよう。

信

嘘をつかず誠実であること。約束を守り、心・言葉・行動にズレのない人でいよう。

私の教えを弟子たちが『論語』にまとめてくれました
人を愛し思いやる"仁"が大切！

論語
孔子

儒教の受容

春秋戦国
孔子の儒の思想が人気に。死後弟子たちがその教えを『論語』にまとめました。孟子・荀子も儒教を発展させました。

秦
始皇帝は思想統一のため、民間の書物を焼却処分。さらに儒者を中心とした多くの学者を生き埋めに(焚書坑儒)。

不要！
始皇帝

前漢
武帝の時、秩序を重んじる儒教は国政に適していると董仲舒がアドバイス。「五経」を教科書にし、国の学問(官学)に。

詩経
書経

礼記

易経

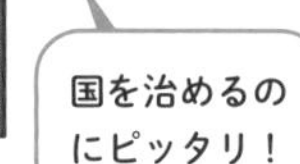

春秋
国を治めるのにピッタリ！

後漢
儒教は国教に。裕福な豪族は貧民の税を肩代わりするなど、儒教に即した徳をつんで名士になり、出世の道へ。

父さんボクが持つよ
立派な人だねー

➡ **庶民に浸透** 中国人の考え方のもとに

道教～苦しみから逃れて不老不死の理想へ

儒教と同じく人気を集めた道教。神様への信仰やまじない、陰陽思想、宇宙観など、さまざまなものが混ざり合って発展した考え方です。日本人の生活にも浅からぬ縁があります。

道教の考え方

道教の考え方の基本は、がんばりすぎず、考えすぎず、自然にまかせて生きることに真理があるということ。儒教のように礼や徳などを重視するのは自然ではないと否定しました。

道（タオ）

大切なのは

道（タオ）

と一体化をめざす！

自然や宇宙の法則 変わることのない真理

道教が目指すのは「道」との一体化。道のことをズバリ言うのは難しいですが、宇宙の真理のようなもの。

黄老思想・老荘思想

がんばらない方が うまくいくものです
伝説の帝・黄帝
老子
荘子

黄老思想は伝説の帝・黄帝と老子を合わせた考え方で、老荘思想は老子と荘子を合わせた考え方。どちらも「無為自然（自然に身を任せること）」を良しとします。

神仙思想

神仙とは、仙人のこと。無為自然の境地に達した仙人は、道教の最終目標でした。東海の彼方の蓬莱山や、西の果ての崑崙山には、空を飛ぶことのできる不老不死の仙人がいると信じられていました。やがて人間も努力すれば仙人になれると信じられ、大流行しました。

俗世を離れて修行すれば永遠の命を得て仙人になれるのだ～

さらに……

神話　民俗信仰　宇宙観　易学　仏教のシステム　など

これらを融合させながら発展した道教は庶民の間に徐々に根付いていき、北魏の時代（➡P202）には国教となった

道教を国教にしたぞ
太武帝

三国時代に生まれた道教集団

❶ 太平道
腐敗した世の中を我々が変える！
蒼天已死、黄天当立
やるぞー！
張角
黄巾党の兵士
❷ 五斗米道
互いに助け合って世の中を良くしよう 政権ともうまくやるぞ
お礼にお米を五斗寄進します
張魯
信者

まじないや祈祷などで農民たちの病を治す

❶ 太平道：『三国志』のきっかけ、黄巾の乱を起こした教団。乱の参加者が黄色い頭巾を着けていたので、黄巾党と呼ばれました。スローガンは「蒼天已死、黄天当立」で、蒼天は後漢王朝や儒教、黄天は道教のこととされます。教祖・張角が病死したことで勢いを失います。

❷ 五斗米道：漢中で一大組織となった集団。教団内は階級分けなどで組織されていて、いわば宗教王国でしたが、3代・張魯の時に曹操に降りました。太平道とちがうのは、政権ともうまくやっていこうという考え方があったこと。そのため政権と共存して存続しました。

そのころ仏教は？

『三国志』の時代、インドではガンダーラなどで「仏像」の制作が始まっていました。中国にも伝来していましたが、儒教や道教のような人気はまだありませんでした。その後、仏教は「戦乱で現世への希望を失った人たちを救う」と説かれ、5世紀前半以降の南北朝時代に大ブームになりました

column 日本人と道教との深～い関係

日本ではあまりなじみがない道教ですが、じつは多くの風習が道教由来のものです。たとえば、節分の豆まき。もとは道教の魔除けアイテムである桃をまいていました。またひょうたんも道教の魔除けの道具で、日本でも縁起物とされています。

福

『三国志』の基礎知識 7

名前と字

『三国志』の登場人物の名前は、私たちとは少しちがいます。姓・名の他に字があり、通常は名を避けて字を呼びました。名はその人の魂のようなもので、呼ばれる相手に支配されるといった考え方があったとか。今では字は廃止されましたが、姓の種類が少ない中国では、個人を特定するには字が便利だったのです。※本書ではわかりやすくするために姓名を使っています。

登場人物の名前を解体してみよう

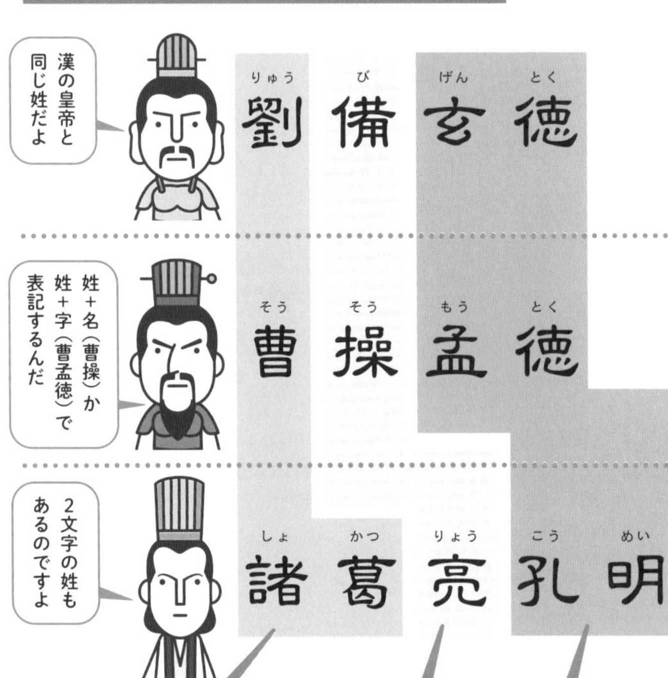

漢の皇帝と同じ姓だよ
りゅう び げん とく
劉 備 玄 徳
姓＋名（曹操）か姓＋字（曹孟徳）で表記するんだ
そう そう もう とく
曹 操 孟 徳
2文字の姓もあるのですよ
しょ かつ りょう こう めい
諸 葛 亮 孔 明

姓
日本人と同じ姓・苗字。出身や素性のヒントになる

名（諱）
親がつけた実名。生前は名、死後は諱と使い分けることも。親や上司以外が名を呼ぶことはとても失礼にあたる

字
成人して自分でつける呼び名で、変更もできる。字で呼ぶだけで尊敬や親しみも含まれるので敬称は不要

字のゆるやかな法則

字には名に関する漢字を使うことが基本です

例1 諸葛亮孔明
➡赤字はどちらも「明るい」という意味

例2 周瑜公瑾
➡赤字はどちらも「美しい玉」という意味

column 字を変えた人、変えられた人

関羽の字は「長生」でしたが「羽」に関する「雲」を採用して「雲長」に改名。字が「益徳」の張飛は後世「飛」に関する「翼」を使った「翼徳」に勝手に変更されたとか。

長生→雲長　益徳→翼徳

スッキリしました

どっちでもいいけど？

曹操にキレられない呼び方をしてみよう

曹操の字は「孟徳」です。もしあなたが曹操の幼馴染だったら、どう呼ぶのが正解でしょう？

❶ 曹！

はあ？
誰のことか
わからんわ

同姓が多すぎて気づいてもらえないかも

❷ 操！

貴様はオレ
の親か!?

名を上司や親以外が呼ぶのは、とても失礼

❸ 曹操！

おのれ…
裏切り
おったか

敵対相手を姓名で呼んだりもする

❹ 曹孟徳！

今日は感心
な態度だ

丁寧で親しみも敬いもある感じ

❺ 曹丞相！

ん！
ちょっとこそ
ばゆいな…

役職名が入るとオフィシャルな感じに。親しい間柄だと距離感があるかも

❻ 孟徳！

BEST!
おお！
遊びに行くぞ！

親しい間柄ならやっぱり字で呼び合おう！

序章

三国志前夜の歴史

この章では、『三国志』の時代に中国を支配していた「後漢（ごかん）」がどのように成立していったかを、中国古代文明の始まりから説明します。秦（しん）の始皇帝（しこうてい）や漢の劉邦（りゅうほう）など、中国の歴史に大きな影響（えいきょう）を与（あた）えた人物の生き様にもせまります。

祝
天下統一

古代文明〜春秋時代

中国の歴史の始まり

おもなできごと
さまざまな文明が栄えて殷や周などの王朝が生まれ、中国の歴史が始まった

中国の歴史は、紀元前5000年頃に黄河や長江といった大きな川の周辺で文明が生まれたところから始まります。大河の流域では稲作などの農耕が発達し、村が形成されました。

やがて城壁を持つ都市ができ始めると、それを統治する王朝が生まれます。現在中国最古の王朝とされるのは殷王朝です。殷は前11世紀頃に周に滅ぼされます。しかし、その周も力を失っていき、多くの国々が「覇者（周の王から一定の領地を任されていた諸侯のうち、リーダーとなる人物）」の座をめぐってしのぎを削る春秋時代に突入します。この戦乱の世を経て、秦や漢といった統一国家につながっていくのです。

また、春秋時代には儒教の始祖・孔子など、その後の中国の歴史に大きな影響を与えた人物も現れました。

中国文明の始まり

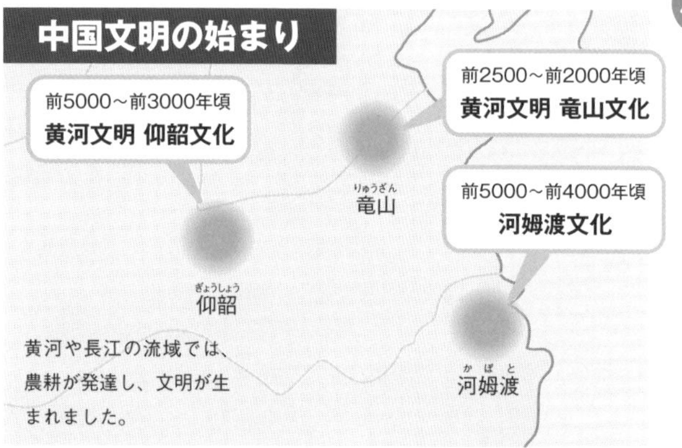

前5000〜前3000年頃
黄河文明 仰韶文化
前2500〜前2000年頃
黄河文明 竜山文化
前5000〜前4000年頃
河姆渡文化
竜山
仰韶
河姆渡

黄河や長江の流域では、農耕が発達し、文明が生まれました。

伝説 五帝の時代と夏王朝

中国最初の王朝とされる殷の前に、「三皇五帝の時代」と「夏王朝」という伝説の時代があったとされています。三皇は人ではなく神であり、人の世は五帝の時代から始まりました。中国最古の歴史書『史記』も五帝の時代の記述からスタートします。五帝の時代に続く夏王朝に関しては、二里頭遺跡から宮殿や青銅器などが発見されているものの、その実在性は不明となっています

ワシは五帝の
最初の１人である
黄帝

最初の王朝・殷

最初の王朝・殷の存在は、甲骨文字の発見で証明されました。殷の紂王が愛人・妲己を溺愛するあまり暴君となってしまい、民の心が離れて王朝は滅亡したといいます。

妲己ちゃん
LOVE!!
紂王
妲己

甲骨文字の発見

清の時代、「竜骨（古代の動物を砕いた骨）」からつくられる漢方薬を飲んでいた王懿栄は、そこに文字があるのを発見。それこそが漢字のルーツ・甲骨文字だったのです

まさか薬から
見つかるとはねぇ
薬
王懿栄

理想の王朝・周

殷を滅ぼした周の歴史は、鎬京を都とする西周と、洛邑（洛陽）を都とする東周の前後半に分けられます。西周滅亡の原因は、幽王が妃・褒姒を笑わせるため、むやみに烽火（警報の煙）をあげ、周りの信用を失ったこととされます。

褒姒ちゃんに
笑ってほしい！
アハハッ
幽王
褒姒

故事成語 覆水盆に返らず

周の軍師・太公望（呂尚）は若い頃貧乏で、妻に離婚されます。しかし太公望が出世すると、妻は復縁をせまりました。太公望は盆にためた水をこぼして、「一度こぼれた水は元には戻らない」と言って復縁を断わったといいます

そう簡単には
戻れないよ
バシャーッ
太公望

周の衰退と覇者の台頭

幽王が殺され西周の時代が終わると、次代の平王は洛邑に遷都し、東周が始まります。それと同時に、弱体化した周王に代わり、各地の諸侯で力のある者が覇者として権勢をふるう、春秋時代に入ります。覇者は次から次に移り変わり、激しい対立の時代が続きました。なお、代表的な覇者を「春秋五覇」と呼びます。

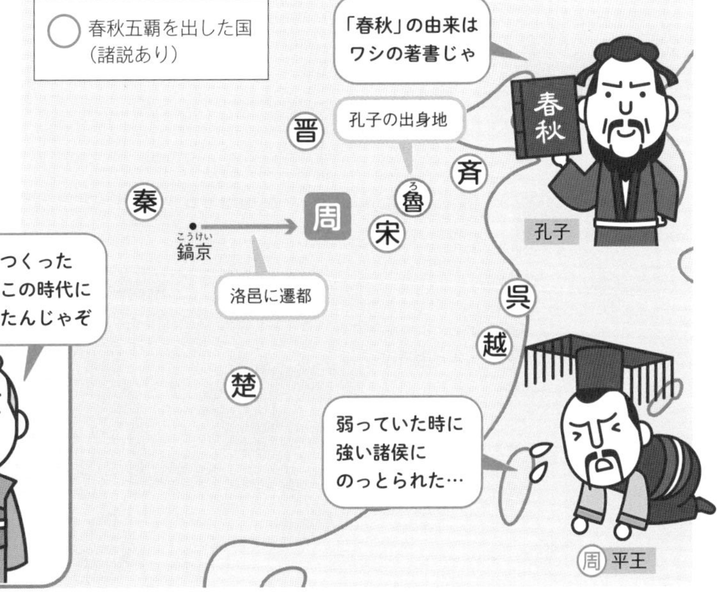
春秋五覇を出した国（諸説あり）
「春秋」の由来はワシの著書じゃ
春秋
孔子の出身地
晋
斉
秦
周
魯
宋
鎬京
洛邑に遷都
孔子
呉
越
楚
弱っていた時に強い諸侯にのっとられた…
周 平王

諸子百家の登場

春秋戦国時代、混乱が続く世の中で、政治や社会、人間についてさまざまな思想が生まれ、多くの思想家が活躍しました。孔子や老子（➡P24）に代表されるこの思想家たちを諸子百家と呼びます

兵法をつくったワシもこの時代に活躍したんじゃぞ
孫武

春秋五覇 1 斉の桓公

斉の桓公は、とても頭の良い宰相・管仲の支えのおかげで覇者となりました。その後、桓公は管仲の意見を無視。結果、国政が乱れ、桓公は悲惨な最期を迎えました。

だから言ったのに〜！
調子に乗り過ぎた…
管仲
斉 桓公

春秋五覇 2 晋の文公

文公は父・献公が愛した驪姫の策略によって殺されるのを恐れ、19年も逃亡生活を送ります。ようやく帰国した文公は才能を発揮し、たった5年で覇者となりました。

ダラダラ〜
19年もプラプラしてしまったよ…
晋 文公

春秋五覇 3 楚の荘王

荘王は即位してから毎日宴会三昧。しかしこれは臣下を見定めるためにやったことで、自分に讒言した勇敢な家臣を側に置くことで荘王は成長、ついに覇者となりました。

ダメ人間を演じていたのさ
楚 荘王

column 残りの春秋五覇はだれ？

とくに代表的な覇者を「春秋五覇」と言います。しかし桓公・文公・荘王以外の２人がだれを指すのかは、歴史書によって異なり、諸説あります。ここでは残りの２人とされる人物を紹介します。

夫差と勾践

父を越の勾践に殺された呉の夫差は毎夜、薪の上で寝て復讐を誓い、越を撃破。敗れた勾践は毎日苦い肝を舐めて屈辱を忘れまいとした。これが苦難に耐える「臥薪嘗胆」という言葉の由来である。

イタ〜イ！
臥薪
嘗胆
オエ〜！
肝
呉 夫差
越 勾践

宋の襄公

宋の襄公は、敵が川を渡っているチャンスに「今攻撃をするのは覇者の戦いではない」と言って、情けをかけた結果、負けてしまった。

情けをかけ過ぎてしまったかなぁ…
宋 襄公

秦の穆公

秦の穆公は、逃亡生活を送っていた文公を保護。手助けした文公が最強の覇者となり、穆公自身は覇者としてあまり目立たなかった。

出る幕を逃してしまった
秦 穆公

戦国時代①
戦国七雄が並び立つ

おもなできごと
戦国七雄が並び立ち戦国時代に突入。富国強兵策を経て秦はどんどん強国になっていった

春秋時代後期になると、強国であった晋が趙・魏・韓の３国に分裂。この３国に加え、秦・燕・斉・楚の４国を合わせた「戦国七雄」が争い合う戦国時代が幕を開けました。

なかでも、もっとも西側に位置する国・秦は、積極的に国外の人間の意見を国政に取り入れていきます。とくに法家の思想家・商鞅が行った政治改革「商鞅の変法（法を制定し人々にこれを守らせる改革）」は画期的でした。この改革により、秦は法によって民を統制するようになり、秦王をトップとする強力な政治体制を築きあげました。

このような改革により次第に勢力を拡大していった秦は、秦王・政（のちの始皇帝、➡P32）の時代についに天下を統一します。こうして200年以上続いた戦国時代は終わりを迎えることになるのです。

秦の富国強兵策

商鞅の変法や、名将・白起の活躍などのおかげで、秦は次第に強力な国家となっていきました。

商鞅の国政改革

信賞必罰と
法治主義を
徹底するぞ！
最期は…
車裂きの刑
商鞅

商鞅は秦の民に「法を守らないと処罰される」ことを定着させるべく改革を行いました。しかし急速な改革は一部の貴族から反感を買い反逆罪に問われ、商鞅は自身がつくった法によって車裂きの刑に処されてしまいました。

白起の活躍

よし！
罠にかかったぞ！
こんなに人を殺して、
痛い目に遭うぞ！
趙
趙
趙
白起

秦の猛将・白起は、わざと趙軍をおびき寄せ、その隙に趙軍の退路を断ち孤立させます。さらに捕まえた約40万人もの趙兵を生き埋めにしてしまいました（長平の戦い）。白起の強さと残忍さを物語るエピソードです。

column 合従策と連衡策

秦が強国になったことで、残りの６国が連合して対抗する合従策と、６国それぞれが秦と同盟を結び生き残りをはかる連衡策が説かれました。このような秦への対抗策を説いた学者たちを「縦横家」といいます。

合従策
蘇秦は秦に対抗するため６国が縦並びで同盟しようと説きました
燕
趙
韓
魏
斉
楚
縦横家
VS
縦
横
蘇秦
張儀
連衡策
張儀は合従策に対抗し、各国が秦と同盟を結ぶよう説きました
秦
燕
趙
韓
魏
斉
楚

戦国時代の英雄たち

戦国七雄の７国からは、生き残りの方法を考えた優秀な人物が登場しました。
なかでも「四君子」と呼ばれる人格者たちは、多くの食客（居候）を抱えこみ、優秀な人材を探しました。

燕 趙 斉 魏 韓 秦 楚

故事成語 刎頸の交わり

趙の将軍・廉頗は自分より上の位の藺相如に嫉妬し嫌っていた。これに対し藺相如は「自分たちが争って喜ぶのは敵国の秦王だけだ」と語る。廉頗は後悔して謝罪。２人は「お互いに首を刎ねられたとしても趙のためなら惜しくない」という誓いを結び、親友になる。このように命をかけるほどの親密な関係性を「刎頸の交わり」という

私たちは、
２人でひとつ☆
ともに趙を盛り立てて
いくのだ
廉頗
藺相如

故事成語 完璧

秦の昭王に「和氏の璧」という趙の国宝を取られそうになった藺相如は、命懸けで趙に璧を持ち帰った。これが「璧を完うする」、すなわち「完璧」の由来となったとされる

この円形の玉器を璧と言うんだ。
なんとか守れてホッとしたよ
藺相如

趙の平原君

四君子の１人。楚に援軍を頼みに行った際、期待していなかった食客が大活躍。平原君は自分の目利きのなさに落ちこんだという

まさかこんなに優秀なやつがいたなんて。気づかなくて恥ずかしい…

趙 平原君

燕の恵王に報ずるの書

燕の楽毅は昭王を助ける優秀な家臣だった。昭王が死去すると、その子・恵王は楽毅が王座をねらっていると疑う。楽毅は身を案じて趙に亡命。すると恵王は「楽毅が復讐してくるのでは」と不安になる。これに対し楽毅は恵王に「私は昭王様を今でも尊敬しています。その昭王様が守った燕を攻撃する訳がないでしょう」と手紙を送付。こうして恵王と楽毅は和解した

私が燕を
攻める訳ない
でしょう
ごめんよ～
手紙
楽毅
燕 恵王

魏の信陵君

四君子の１人・魏の信陵君は、だれに対しても穏やかな対応をし、いばることもないとても性格の良い人物だったとされる。その人気の高さから逆に敵に回せないと恐れられていたほど。また彼は司馬遷（➡P38）や劉邦（➡P34）などからも慕われていた

みんな、私を
信頼してくれて
どうもありがとうね
ニコ
ニコ
魏 信陵君

楚の春申君

四君子として唯一の庶民出身でありながら宰相までのぼりつめたものの、最期は欲に目がくらんだせいで殺されてしまう

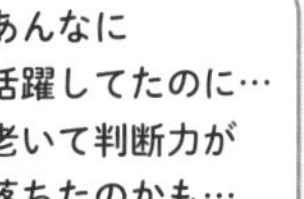
あんなに
活躍してたのに…
老いて判断力が
落ちたのかも…
楚 春申君

故事成語 鶏鳴狗盗

四君子の１人。孟嘗君は秦で捕まり無実の罪で幽閉される。彼は脱出するため、盗みが得意な食客に白狐の毛布を盗ませ、妃に献上。喜んだ妃は孟嘗君を助けた。その後、固く閉ざされた門を開けるため、モノマネが得意な食客に鶏の鳴き真似をさせる。すると夜明けと勘ちがいした門番が門を開け、秦から逃げられた。このことから、「どんなにくだらない芸でも人を助けることがある」という意味になった

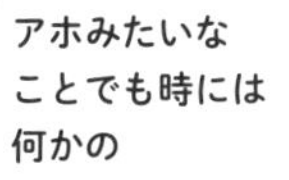
アホみたいな
ことでも時には
何かの
役に立つよネ！

斉 孟嘗君

戦国時代②

始皇帝の統一事業と政治

おもなできごと
秦王・政は戦国七雄の他の国々を討ち破り、始皇帝として即位。初めて中国統一を実現した

秦の天下統一事業

戦国時代末期の秦王・政は、戦国七雄を次々に滅ぼしました。そして前221年、ついに天下統一を実現。「始皇帝」を名乗り、中国史上初の皇帝となりました。始皇帝は文字や度量衡の統一など、さまざまな改革を行いました。

始皇帝の家系図

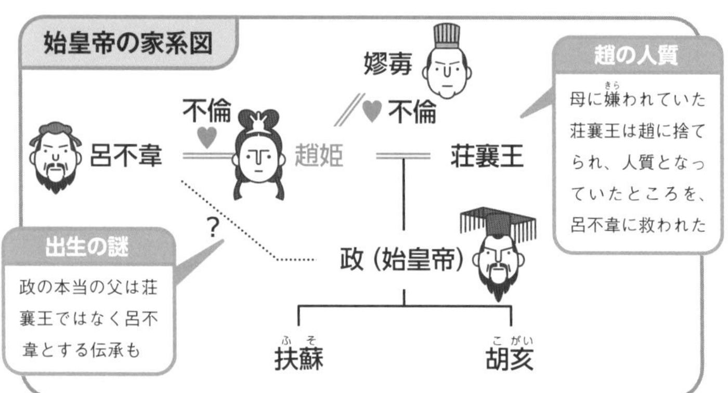

嫪毐
不倫
不倫
呂不韋
趙姫
荘襄王
?
政（始皇帝）
扶蘇
胡亥

趙の人質
母に嫌われていた荘襄王は趙に捨てられ、人質となっていたところを、呂不韋に救われた

出生の謎
政の本当の父は荘襄王ではなく呂不韋とする伝承も

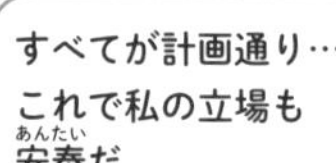

すべてが計画通り…
これで私の立場も
安泰だ

呂不韋
政

いい加減にせ〜い!!
私のカンペキな計画が〜!!
政

秦王が韓非の才能に気づいてしまったら私の立場が…！
韓非
韓非を生きて帰してしまうのは危ないですよ！
李斯
李牧は裏切り者なんです!!
郭開
ちがうのに！信じてもらえないなんて…
李牧

将軍の首と督亢の地図

荊軻は政に、燕に亡命中の秦の将軍の首と、燕の穀倉地帯・督亢の地図を献上し、近づいた

くやしい！！！
あと少しで殺せたのに〜〜！！
荊軻

呂不韋の傀儡

商人の呂不韋は荘襄王を支え、宰相となる。その後、王子・政の後見人として政治の実権をにぎる。

嫪毐の乱

呂不韋と政の母・趙姫は不倫していた。のちに呂不韋は趙姫と別れる代わりに嫪毐という男を与える。しかし嫪毐は自分が実権をにぎろうとし反乱。政は嫪毐、趙姫、呂不韋を追放する。

韓の滅亡

政は韓に攻めようとする。対する韓は、秦を説得するために韓非を派遣。政は韓非を登用しようとするが、元同級生の李斯が韓非の才能に嫉妬し毒殺。頼みの韓非が死んだことで、韓王・安は秦の捕虜となり、韓は滅亡した。

趙の滅亡

長平の戦い（➡P30）で秦に大敗した趙は、名将・李牧のおかげで復興。秦は李牧の攻撃に手を焼いていた。そこで政は、李牧を排除するため、李牧のライバル・郭開に賄賂を送り、「李牧は裏切り者」というウワサを流させる。結果、李牧は死刑となり、李牧を失った趙は、その後３ヶ月で滅亡。

政の暗殺未遂事件と燕の滅亡

燕から政のもとに荊軻という使者がやってくる。荊軻は政のためプレゼントの地図も用意していた。しかし、荊軻の本当の目的は政を殺すこと。喜んで地図を広げた政の隙を見て暗殺を試みるも、失敗に終わり、怒った政は燕を一斉攻撃し、滅ぼした。

政に頼みこまれて出陣
政は反省し、王翦の故郷まで出向いて再出陣をお願いしたという。再出陣の折には、蒙恬の父・蒙武も参戦した
王翦、頼む…
政

城外に通っている水路を利用してたくさん水を注いだのさ
王賁

私に任せなさい!!
王翦
蒙武

朕は皇帝であるぞ！！
祝 天下統一
政

魏の滅亡

秦の将軍・王賁は、水攻めで魏を攻撃。当時は黄河の上流から東南にかけて水路がつくられており、魏の都・大梁を囲んでいたため、そこから王賁は黄河の水を大量に流しこんだという。水攻めされた魏軍は3ヶ月間耐えたが、魏王は秦軍の捕虜となり、魏は滅亡した。

楚の滅亡

楚軍を倒すのに李信・蒙恬は20万、王翦は60万必要と答える。政は若くて勢いのある李信たちの案を採用するが秦は大敗。政が王翦に再出陣を頼みこむと秦軍は勝利し、楚は滅んだ。

斉の滅亡と天下統一

秦によって5国が滅ぼされたのを目のあたりにした斉王は、秦の侵攻を恐れて国境付近の強化を固める。しかしこれを敵対行為とみなした政は、王賁・李信・蒙恬に斉の侵攻を命令。斉は滅んだ。こうして政は天下統一を成しとげて、始皇帝となった。

20万の兵力じゃ足りなかったかなあ
でも60万なんてほぼ全兵力じゃん…勇気あるなあ…
蒙恬
李信

やったー！
蒙恬
李信

column 始皇帝の統一政策

天下統一を果たした始皇帝は、それまで各地でバラバラだった決まりを統一していきました。李斯の意見を取り入れながら、中央集権的な統一事業を数多く展開したのです。

1 貨幣の統一

それまで各国ちがう形の貨幣を使っていたが、始皇帝により半両銭に統一。円型は天を意味し、四角の穴は地を意味するとされる。

2 度量衡・文字の統一

秤や枡の大きさを決め、各地に配布。度は長さ、量は体積、衡は重さの意味。文字も統一し、それがのちに漢字となる。

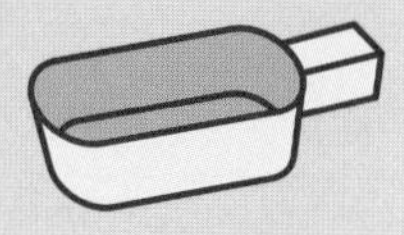

3 思想の統一

農業・医薬・占いなどの実用書を除くすべての書物が焼かれ、思想と言論の統制が行われた（➡P24）。

匈奴の対策

たびたび中国を脅かしてきた匈奴（➡P132）がまた活発化してきたため、始皇帝は万里の長城を増築する。万里の長城は始皇帝がつくったと思われがちだが、じつはもともと燕や趙などが部分的につくったものを始皇帝が増築した。

万里の長城
匈奴

秦～前漢

楚漢戦争 ～項羽と劉邦のライバル対決

おもなできごと 始皇帝の死をきっかけに、中国史上最大のライバル、項羽と劉邦の戦いが始まる

始皇帝の死後、側近の宦官・趙高の謀略によって、秦の政治は大いに乱れ、国民の不満が爆発。陳勝・呉広の乱という大規模な農民反乱が起こります。するとそれに触発された反乱が多発。秦は統一後、わずか15年で滅亡してしまいます。

この時、挙兵したのが、楚の将軍の末裔・項羽と、農民の劉邦です。項羽は秦王を殺害し、楚の王族・懐王を皇帝に即位させ、楚を復興し権力をにぎります。一方の劉邦は、もともと項羽よりも先に秦王を捕まえていたにもかかわらず、項羽によって楚から遠く離れた漢中の地に左遷されます。

項羽はのちに懐王を殺害。項羽の横暴に怒った劉邦は反乱を起こします。そして激しい戦いのすえに、大逆転で劉邦が勝利し漢（前漢）を創始したのでした。この戦いは項羽の楚と、劉邦の漢から、「楚漢戦争」ともいわれています。

秦の滅亡

始皇帝の死後に趙高が権力をふるい、秦は混乱。反乱が起き、劉邦や項羽が台頭しました。

挙兵のきっかけ

ううう…
不老不死の夢…
始皇帝
胡亥は俺の
操り人形さ！
フフフ…
趙高
…
胡亥
王侯将相いずくんぞ
種あらんや！
（家柄なんて関係ない）
不満爆発
陳勝
呉広

始皇帝の死

始皇帝は晩年、不老不死を求め一説では薬だとして水銀を飲んでいたともいわれています。しかし、50歳でこの世を去ってしまいました。

趙高の謀略

宦官・趙高は李斯の手を借り始皇帝の遺書を捏造して、扱いやすい末子の胡亥を次の皇帝にし、国政を操りました。

陳勝・呉広の乱

秦に対する不満が爆発し、陳勝・呉広の乱が勃発。項羽と劉邦の挙兵につながりました。

項羽と劉邦の登場

反乱軍は秦王を捕えるべく、首都・咸陽を目指して進軍。一番乗りを果たしたのが農民の劉邦でした。追いついた項羽は咸陽を焼き払い、懐王を即位させ権力をにぎります。そして目ざわりな劉邦を辺境の地・漢中に追いやってしまいました。

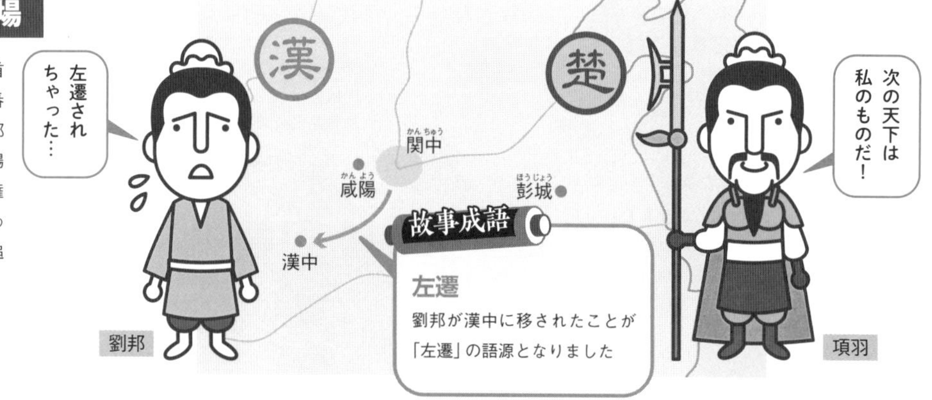

左遷されちゃった…
漢
楚
関中
咸陽
彭城
漢中
次の天下は私のものだ！
劉邦
項羽

故事成語

左遷

劉邦が漢中に移されたことが「左遷」の語源となりました

楚漢戦争

楚の項羽と、漢の劉邦という対照的な２人によって、秦の次の覇権を争う楚漢戦争がくり広げられます。２人は何度も争いをくり返し、結果は大逆転で劉邦が勝利しました。

漢の三傑トリオ

項羽はプライドが高く、部下の意見をあまり聞かなかった。その一方で、劉邦はいつも優秀な部下３人の意見を取り入れた

項羽殿を見限って漢軍に入ったぞい
軍師・張良
内政担当・蕭何
猛将・韓信

楚軍に勝って浮かれた漢軍は毎日大宴会をしてしまい、戻ってきた項羽によってボロボロにやられた

カンパーイ!!
漢
漢
ウェ〜イ
ウェ〜イ
漢軍

同じ頃… 井陘の戦い

劉邦が項羽と戦っている間、韓信は項羽側についている趙軍と井陘で戦う。韓信の機転のきいた戦術により、漢軍が勝利

韓信

逆転の発想で戦ったから勝利できたのだ！

故事成語　背水の陣

韓信は川を背にして陣を敷くという、当時の兵法ではあり得ない方法を取って趙軍をおびき寄せ、勝利。このエピソードから、失敗したらすべてが終わる絶体絶命の状況に身を置き、決死の覚悟で戦うことを「背水の陣」という

みんなを信頼したから勝てたんだ！
劉邦

鴻門の会

項羽は敵兵を倒しながらコツコツと咸陽を目指し、一方劉邦は不要な戦いをせず最速で咸陽に到着。先を越された項羽は劉邦暗殺をくわだて鴻門の地で宴会を開く。劉邦は項羽に謝るが、項羽の部下・范増は許さず、劉邦は部下の助けでなんとか脱出した

楚漢戦争勃発

秦の滅亡後、項羽は劉邦を差し置いて、武将たちに土地を分配。劉邦には辺境の地・漢中を治める「漢中王」に封じた。さらに項羽は懐王を殺害。怒った劉邦は項羽に反乱を起こし、楚漢戦争が始まる

項羽 WIN

彭城の戦い

劉邦は、項羽が斉に遠征に行っている間に、楚の彭城に進軍。項羽のいない彭城の楚軍は大敗するが、これを聞きつけた項羽が彭城に戻って漢軍を撃破。しかし運がいいことに劉邦は逃げ切った

項羽 WIN

滎陽の戦い

項羽は劉邦がこもっている滎陽を攻撃。蕭何が食糧を送ったため漢軍はなんとか持ちこたえるが、苦しくなってきたため楚軍を仲たがいさせる作戦を実行。それでも楚軍の勢いは止まらなかったため、劉邦は部下を身代わりにして滎陽から脱出

劉邦 WIN

垓下の戦い

食糧不足におちいった項羽は劉邦と和睦。しかし張良らは項羽の背後をつくよう勧め、漢は楚を攻撃。垓下で韓信軍に包囲された楚軍は、気づけば壊滅状態に。敗北を確信した項羽は自ら命を断ち、楚漢戦争は劉邦の勝利で幕を閉じた

項荘は舞のふりをして劉邦を殺そうとするも、項伯が助けて事なきを得た

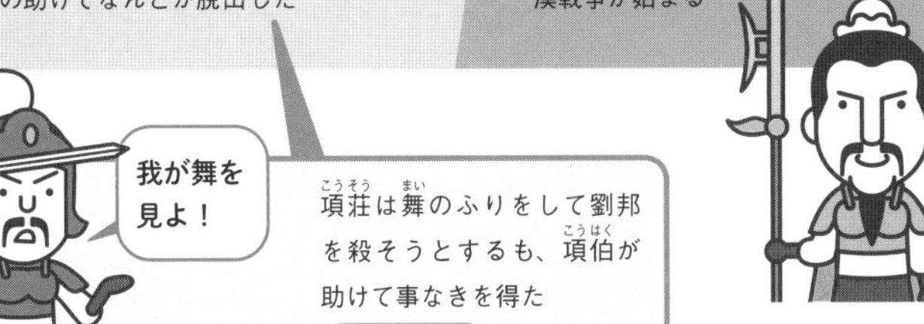

我が舞を見よ！
項荘
私が相手になろう！
今のうちに逃げてー！
項伯
ひえ〜〜！
劉邦

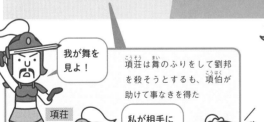

私が西楚の覇王だ!!

項羽

劉邦の「漢中王」に対して項羽は「西楚の覇王」を名乗りました。

項羽に芽生えた猜疑心

劉邦の参謀・陳平は、楚軍を仲たがいさせることを提案。この謀略にまんまと引っかかった項羽は、参謀の范増を疑うように。耐えきれなくなった范増は、項羽のもとを去った

もういいです暇をもらいます

范増

項羽、重要な片腕を失う…

故事成語　四面楚歌

虞姫

項羽

漢軍が楚軍を包囲した際、漢の兵士たちはわざと楚の歌を歌った。それを聞いた項羽は、部下がみんな漢軍に降伏したと思い、愛妃・虞姫とともに涙を流した。この話から、敵に囲まれて孤立し味方がいないことを「四面楚歌」というようになる

前漢～後漢

壮大な前漢・後漢の国づくり

おもなできごと
劉邦が漢王朝を創始。王莽のクーデターで新朝に取って代わられるも後漢で再び復活

楚漢戦争で項羽を破った高祖（劉邦）は皇帝となり、前202年に漢を建国します（前漢）。秦の制度を引き継ぎつつ改革を行い、武帝の時代には最大領土を獲得します。さらにはこれまで苦しめられた北方の騎馬民族・匈奴の討伐を積極的に行い、分裂させました。しかし、たび重なる遠征は民たちを苦しめ、漢王朝に対する人々の信頼は薄らいでいきました。

こうした混乱の中、外戚の王莽がクーデターを起こして新王朝をつくり、漢をのっとるという暴挙にでます。しかし王莽の政治はうまくいかず反乱が勃発。皇帝の位は高祖の末裔である光武帝（劉秀）に戻り、漢王朝が復活することとなったのです（後漢）。しかしその後漢もまた、外戚と宦官が政治に口出し始め、どんどん衰退。戦乱の『三国志』の時代に入っていくのでした。

高祖の政策と晩年の乱心

都を長安に移したぞ
高祖（劉邦）
もうだれも信じられな～い!!
がんばって戦ったのに～
韓信
彭越

高祖は都を長安に移したり、今でいう県知事を全土に配置したりと、改革を進めました。

高祖は晩年、疑心暗鬼におちいってだれも信じられなくなり、韓信や彭越など、ともに戦った仲間たちを殺してしまいました。

最盛期・武帝の時代

劉邦のひ孫である武帝の時代、前漢は全盛期を迎えます。その支配地域は西域にいたりました。

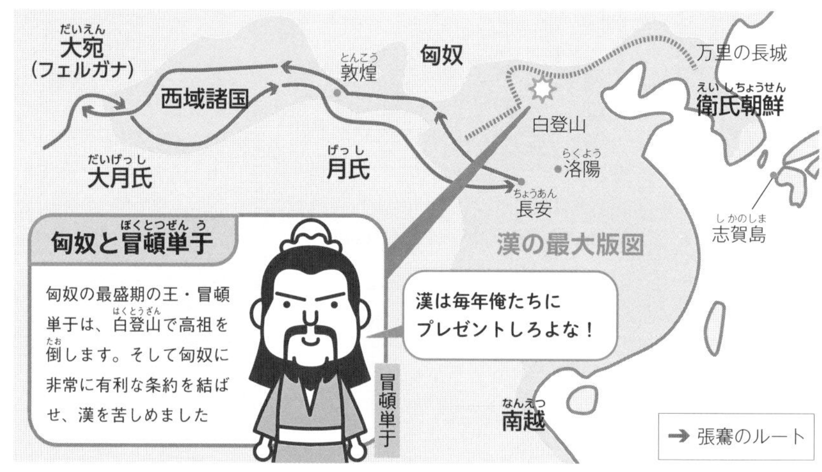
大宛（フェルガナ）
西域諸国
敦煌
匈奴
万里の長城
衛氏朝鮮
白登山
大月氏
月氏
洛陽
長安
志賀島
漢の最大版図
南越
➜ 張騫のルート
漢は毎年俺たちにプレゼントしろよな！
冒頓単于

匈奴と冒頓単于

匈奴の最盛期の王・冒頓単于は、白登山で高祖を倒します。そして匈奴に非常に有利な条約を結ばせ、漢を苦しめました

最盛期

匈奴討伐

長年漢を苦しめてきた匈奴を倒すべく、武帝は兵を派遣。匈奴を東西に分裂させました

郷挙里選（➡P19）

能力のある者を官吏に推薦させる方法として、後漢の時代まで続きますが、豪族の子弟ばかりが推薦されました

武帝

対外政策

匈奴討伐のため、大月氏と同盟を結ぶべく張騫を派遣。しかし同盟はうまくいきませんでした

西域の文物を持ち帰ったよ
張騫

王莽によるクーデター

❶ 財政難になった漢

匈奴を討伐する戦いが重なり、漢は財政難に。民たちの生活も苦しいものになっていきました。

うう…何年続くんだ…
生活が苦しいよお…
民たち

❷ 新王朝が起こる

フフフ…
外戚となったぞ。
これで王位を奪える！
王莽

皇帝の権力が弱まった漢では、一族から皇后を出した外戚たちが権力をにぎるようになりました。自分の娘を皇后にした王莽は、クーデターを起こして漢をのっとり、新という王朝をつくります。

❸ 新の滅亡

しかし実情にそぐわない王莽の改革は農民反乱・赤眉の乱を招き、新はすぐに滅亡します。

眉を赤にして、
出陣だー！
15年で滅んじゃいました…
新滅亡
赤眉軍
王莽

再興した漢王朝

光武帝の活躍

光武帝が赤眉の乱を平定して漢王朝を再興、後からできた漢なので「後漢」と呼びます。光武帝は王莽のつくった制度をすべて廃止して、前漢の時の制度を復活させました。

鎮圧された…
赤眉軍

王莽の制度は廃して
前漢の制度を
復活だ！
光武帝

後漢の衰退

後漢は２世紀から混乱の時代に入ります。皇帝が宦官を頼るようになり、宦官と外戚の対立が激しくなっていったのです。宦官とは皇帝やその家族の身の回りの世話をする男性です。

党錮の禁

宦官の横暴に対し、官僚グループは反発。官僚たちは自らのことを「清流」といい、宦官を「濁流」と呼んで蔑みました。怒った宦官は官僚たちを禁錮刑にします（党錮の禁）。こうして皇帝の周りは私利私欲にまみれた宦官と外戚に固められていき、政治は乱れていきました。

column 後漢の対外政策

ローマ帝国と後漢

後漢の時代、ローマ帝国から大秦王安敦の使者がやって来ました。大秦王安敦はローマ皇帝マルクス＝アウレリウス＝アントニヌスだったのではないかといわれています。

交易

日本（倭）と後漢

ありがたや
金印

光武帝は現在の福岡県にあったとされる倭の奴国の使者に対し「漢委奴国王」という金印を送り、奴国の王を日本の国王だと認め、君臣関係を結んだとされています。

こっちは「清流」、
おまえらは「濁流」
だ～～～!!!
官僚

え～い！
うるさい官僚どもめ！
みんな牢屋に
ブチこんでやるわ！
VS
党錮の禁
宦官

Pick up

古代中国の歴史書

中国の歴史を記す数々の歴史書。各王朝にとって公式の歴史書は「正史」と呼ばれました

中国最初の歴史書『史記』や『三国志』（➡P16）を始め、政府によって公式に認められた歴史書を「正史」と呼び、現存する24の正史を合わせて「二十四史」といいます。これらは紀伝体（皇帝や王朝の歴史の大筋を説明する「本紀」と個人の活躍をまとめた「列伝」などからなる様式）で記されました。

最初の歴史書『史記』

司馬遷が書いた『史記』は、五帝（➡P28）の時代から前漢の武帝（➡P36）までの歴史を描いた歴史書です。

秦 始皇帝
項羽
漢 劉邦

『史記』は各王朝の皇帝の正統性を示し、中国史の基盤となりました。ちなみに『史記』では項羽が正統扱いで、皇帝として記されているのが特徴です。

司馬遷ってどんな人？

司馬遷は友人をかばったせいで武帝を怒らせてしまい、死刑を免れるため宦官に。父の遺志である『史記』の完成を目指す

息子よ、頼んだぞ！
司馬談
くそう…！
去勢されるとは！
人生最大の恥辱だ！
司馬遷

三国時代頃の歴史書

前漢 ➡ 後漢 ➡ 三国 ➡ 晋

『漢書』

班固らが記した『漢書』には前漢の歴史が書かれています。前漢を滅ぼした王莽については、かなり厳しく批判しています

新王朝をつくったぞ!!
王莽
勝手に王朝を立てるなんてひどい！
班固

『後漢書』

4世紀の歴史家・范曄が記した『後漢書』は後漢の始まりから滅亡までを描いたものです。日本やローマからの使者についても記述があります

金印
倭
後漢書「東夷伝」の中には、倭の奴国の使者が訪れた記録があるぞ！
范曄

『三国志』

陳寿が記した『三国志』は、後漢末から西晋の統一までの混乱期の時代の歴史が書かれています。また『三国志』においては魏が正統の王朝とされています

「魏」を正統な王朝とするぞ
魏
蜀
呉
陳寿

『晋書』

『晋書』は、晋の歴史が記された歴史書。複数人で分担して執筆したといわれ、書家・王羲之の生涯をまとめた「王羲之伝」は皇帝・太宗が自ら書きました

宣帝紀
武帝紀
陸機伝
王羲之伝
ワシは王羲之の大ファンで自ら列伝を書いたぞ～
唐 太宗

第1章

黄巾の乱と乱世の始まり

蒼天已死
黄天当立
歳在甲子
天下大吉

『三国志』の物語は、宗教教団・黄巾党が起こした黄巾の乱から始まります。主人公の劉備は、漢王室の末裔ながら今は庶民の地位にいました。劉備は黄巾の乱鎮圧と、漢王朝のカリスマを取りもどすべく、義兄弟の関羽・張飛と旅に出ます。

1章の流れが一気にわかる！

黄巾の乱と乱世の始まり

『三国志演義』の物語は、宗教教団・黄巾党による反乱から始まります。漢王室の末裔である主人公・劉備は、豪傑の関羽・張飛と義兄弟となり、黄巾の乱鎮圧の義勇兵となります。乱は劉備たちの活躍で終結しますが、皇帝・霊帝の死によって後漢王朝にさらなる波乱が巻き起こります。

1 黄巾の乱　勃発

黄巾の民よ立ちあがれ
張角

後漢末期、飢饉や政治の腐敗で人々は苦しんでいました。そこで太平道の教祖・張角は、後漢王朝を滅ぼそうと反乱を起こします

この時劉備は？

母上のために毎日働くぞ
劉備

漢王室の末裔である劉備は、身分を隠して母親と貧しい暮らしをしていました。黄巾の乱が起こると義勇兵に参加するか悩みます

2 桃園の誓い

関羽
劉備
張飛

義勇兵になるか悩む劉備を、関羽と張飛が後押し。3人は桃園で「生まれた日はちがうけど死ぬ時は一緒だ」と義兄弟の契りを結びました

この時曹操は？

都の警備をしていたのだ
曹操

その頃、のちに劉備のライバルとなる曹操は役人として出世。黄巾の乱を鎮圧するべく官軍（朝廷の公式軍）のメンバーとなります

3 黄巾の乱　平定

黄巾党

黄巾党のリーダー・張角が病死、張角の弟・張梁が曹操らに敗れて戦死したことで、黄巾党は勢いを失い、乱は収束していきました

この時劉備は？

孫堅
朱儁

劉備たちは、張角のもう一人の弟・張宝を倒します。さらに、朱儁・孫堅と協力して、黄巾党の残党を宛城で破りました

4 劉備、県尉となる

賄賂をよこせ
督郵
劉備

黄巾の乱終結の功績を認められ、劉備は県尉（地方の警察長官）となりますが、督郵（監査官）の態度に怒った張飛が督郵を殴り、一行は旅に出ます

この時霊帝は？

何進
劉弁
霊帝
十常侍

都・洛陽では、宦官の十常侍が霊帝の周囲で好き放題していました。また十常侍と何進の間で後継者争いが勃発します

5 霊帝の死

袁紹

霊帝が病気で亡くなると、何進は劉弁を即位させ少帝にします。怒った十常侍が何進を暗殺すると、何進の部下・袁紹が十常侍を殺します

この時董卓は？

ワシの時代じゃ
董卓
劉協
少帝

袁紹が十常侍をみな殺しにしているうちに、少帝と劉協（のちの献帝）は宮廷を脱出。通りすがりの董卓が2人を保護し、後見人となります

1章の登場人物

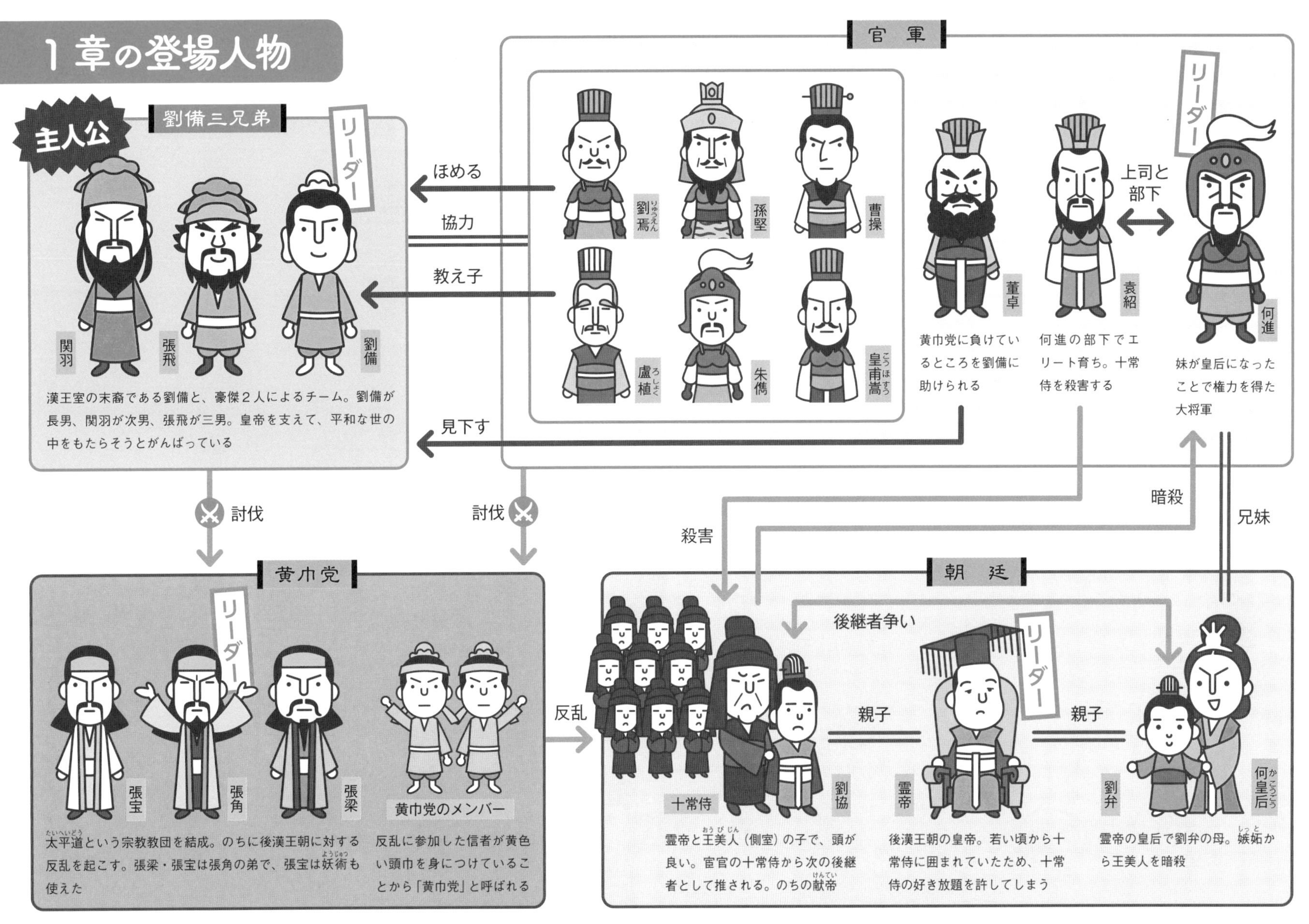

主人公
劉備三兄弟
リーダー
関羽
張飛
劉備
漢王室の末裔である劉備と、豪傑2人によるチーム。劉備が長男、関羽が次男、張飛が三男。皇帝を支えて、平和な世の中をもたらそうとがんばっている
官軍
劉焉
孫堅
曹操
盧植
朱儁
皇甫嵩
董卓
黄巾党に負けているところを劉備に助けられる
袁紹
何進の部下でエリート育ち。十常侍を殺害する
上司と部下
リーダー
何進
妹が皇后になったことで権力を得た大将軍
ほめる
協力
教え子
見下す
討伐
討伐
殺害
暗殺
兄妹
黄巾党
リーダー
張宝
張角
張梁
黄巾党のメンバー
太平道という宗教教団を結成。のちに後漢王朝に対する反乱を起こす。張梁・張宝は張角の弟で、張宝は妖術も使えた
反乱に参加した信者が黄色い頭巾を身につけていることから「黄巾党」と呼ばれる
反乱
朝廷
後継者争い
リーダー
親子
親子
十常侍
劉協
霊帝
劉弁
何皇后
霊帝と王美人（側室）の子で、頭が良い。宦官の十常侍から次の後継者として推される。のちの献帝
後漢王朝の皇帝。若い頃から十常侍に囲まれていたため、十常侍の好き放題を許してしまう
霊帝の皇后で劉弁の母。嫉妬から王美人を暗殺

1 黄巾の乱はなぜ起こった？

おもなできごと
太平道の教祖・張角は、「打倒後漢王朝」を掲げ、黄巾の乱を起こした

事件の舞台

冀州

中国を統一した後漢王朝（➡P37）でしたが、末期には宦官（皇帝の側近）と外戚（皇后の親族）が争い合うなど、政治は混乱していました。さらには、中国全土で大規模な飢饉が起こり、人々は後漢王朝への不満を募らせていました。

そんな中で、教祖・張角が始めた太平道という宗教教団（➡P24）が人気を集め、「正史」では数十万人の信者がいたと記録されています。184年、張角はついに「打倒後漢王朝」を掲げ、各地で反乱を起こします。

この時、張角の信者たちは黄色い頭巾をトレードマークにしていたことから「黄巾党」と呼ばれるようになり、この反乱も「黄巾の乱」と呼ばれています。

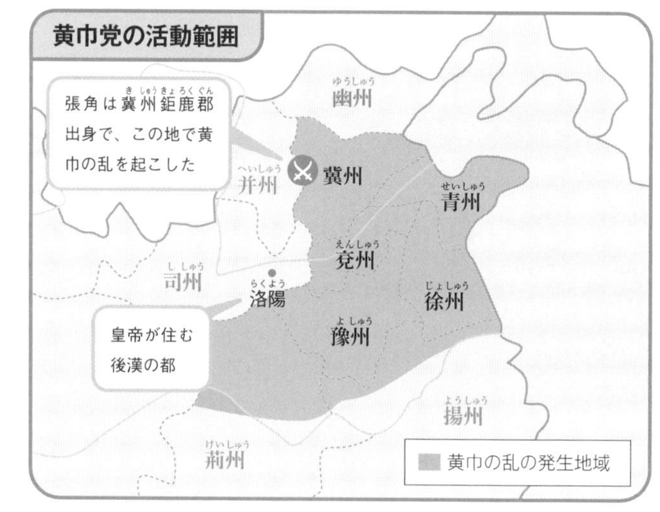

黄巾党の活動範囲
張角は冀州鉅鹿郡出身で、この地で黄巾の乱を起こした
幽州
并州
冀州
青州
兗州
司州
洛陽
徐州
豫州
皇帝が住む後漢の都
揚州
荊州
黄巾の乱の発生地域

黄巾の乱発生時の中国の状況

黄巾の乱が起こった２世紀頃、中国では飢饉や疫病が蔓延していました。人々が苦しんでいるにも関わらず、朝廷はぜいたくざんまいでした。

① 飢饉

ちょうど２世紀頃、中国大陸は寒冷化が進み、植物がうまく育たず、飢饉が起こっていました。また、疫病も流行っていました。

食糧不足だけではなく、疫病も流行ってたんだ

② 朝廷のぜいたく

この頃、後漢王朝の皇帝・霊帝はまだ若く、側近の宦官集団・十常侍が朝廷（政治を行う場所）を牛耳っていました。十常侍は民から集めた税でぜいたくな暮らしをしていました。

下々のおかげでぜいたくざんまいじゃ
宦官たち
税

明日食べるものもない…
これからどうすれば良いのかしら…
民たち

黄巾党に入り張角様に従えば幸せになれるぞ！
黄巾党

黄巾党の結成

張角は太平道という新しい宗教教団をつくり、人々から人気を集めます。そして信者を率いて反乱を起こします。

❶ 張角が『太平要術』を得る

この秘伝書を学び
人々を救うのだ
わかりました！
がんばります！
太平要術
南華老仙
張角

張角は勉強熱心な若者でした。ある時、張角は南華老仙から太平道の極意をまとめた『太平要術』の巻物を授かります。そしてこの術で人々を救うべく、研究を始めます。

❷ 張角が人々を救う

病に効く
この水を飲むのだ
張角様の力で
病気が治った！
張角
民たち

『太平要術』をマスターした張角は、宗教教団・太平道を結成。道具や術で人々の病気を治したことで、教団の規模はどんどん大きくなりました。

❸ 黄巾党を結成

張角は自ら「天公将軍」と名乗り、弟の張宝・張梁をそれぞれ「地公将軍」「人公将軍」と呼びました。そして後漢王朝を倒すべく、反乱を起こします。

この時、太平道の信者たちは黄色い頭巾を装着しました。このことから、彼らは「黄巾党」と呼ばれるようになりました。

➡黄巾の乱勃発！

蒼天已死！
黄巾党よ、
今こそ立ち
あがるのだ！
張角
張宝
張梁
天公将軍
地公将軍
人公将軍

そうてんすでにしす
蒼天已死
(蒼天＝後漢は滅んだ)
こうてんまさにたつべし
黄天当立
(黄天＝黄巾党よ立ちあがれ)
としはこうしにありて
歳在甲子
(甲子の年＝今革命を起こせば)
てんかはだいきちなり
天下大吉
(天下は良くなる)
後漢を打倒せよ！

column 黄巾党のスローガン「蒼天已死、黄天当立」

黄巾党は「蒼天已死、黄天当立（後漢は滅んだ、黄巾党よ立ちあがれ)」というスローガンを掲げました。中国には五行(物事は蒼・赤・黄・白・黒の5色に分けられるという思想）があります。この五行にもとづいた後漢王朝のシンボルカラーは赤であり、黄巾党は赤に勝る黄色をシンボルカラーにしたとされています。

つまり「後漢は滅んだ」と言いたい場合、本来なら「赤天已死」となるはずです。それではスローガンの「蒼天」とは、一体何を指しているのでしょうか。一説では儒教のこととされ、当時メジャーな宗教だった儒教を倒し、道教(太平道）を盛りあげよう、という意味なのではないかとも考えられています。

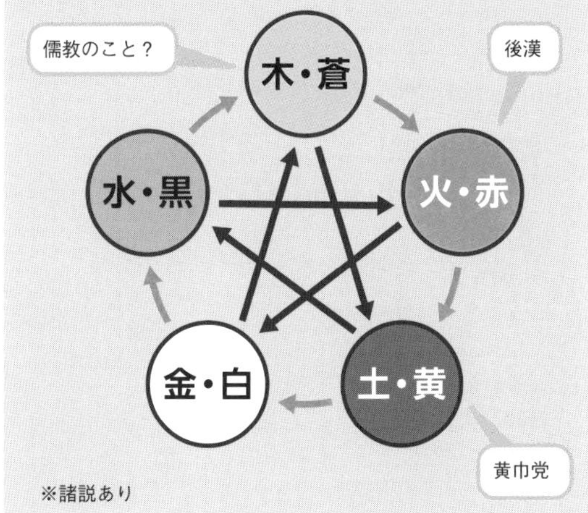

儒教のこと？
後漢
木・蒼
火・赤
土・黄
金・白
水・黒
黄巾党

※諸説あり

2 劉備・関羽・張飛の桃園の誓い

おもなできごと 漢王室の末裔・劉備は、関羽・張飛と桃園の誓いを結び、義勇兵になる

事件の舞台

楼桑村

黄巾の乱が広まると、混乱に乗じて略奪や殺戮が起こり、治安が乱れました。朝廷は反乱鎮圧のため義勇兵を募りました。そんな中、楼桑村という小さな村に住む青年・劉備は、義勇兵になるか悩んでいました。じつは劉備は漢王室の末裔で、同じ劉邦の血を引く皇帝を助けたいものの、力も財産もありません。これに対し豪傑の関羽・張飛は劉備を奮い立たせます。3人は桃園で「一生一緒にいる」と義兄弟の契りを結びます。

『三国志演義』の主人公・劉備登場

劉備ってどんな人？

『三国志演義』は、この劉備を主人公とした物語です。劉備は漢王室の末裔とされています。しかし父が早くに亡くなったため、劉備は母とともにわらじを売って生計を立てていました。

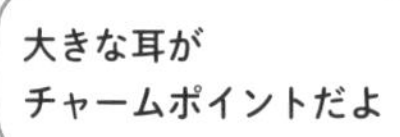
大きな耳が
チャームポイントだよ

劉備

日本では？ 自分の出自を知らない劉備

日本に『三国志』を広めた吉川英治の小説『三国志』（➡P17）では、劉備は自分が劉邦の末裔だと知りませんでした。物語の序盤で、いつも身につけていた剣をなくした時に、初めて母親から自分のルーツを教えてもらいます。

この剣が
漢王室の末裔の
証だったのだ…

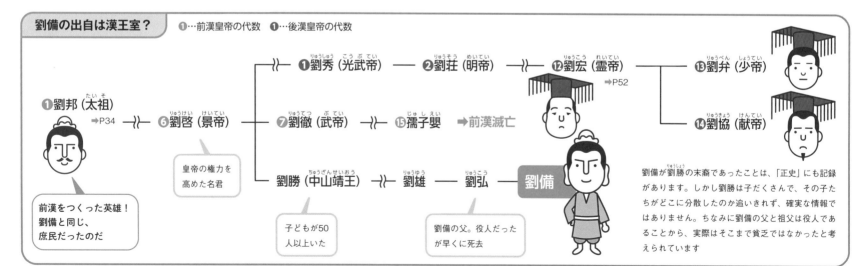

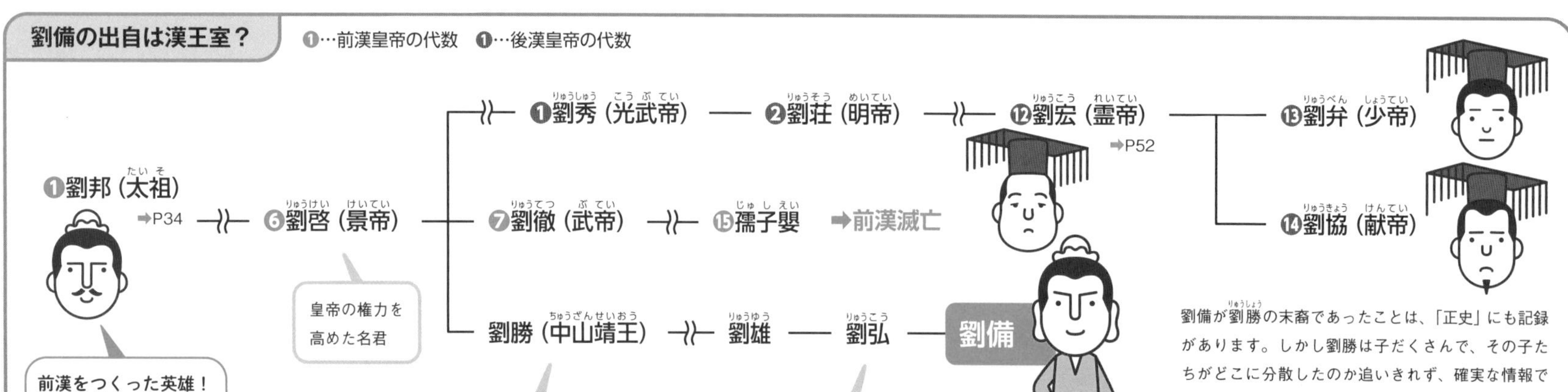
劉備の出自は漢王室？
❶…前漢皇帝の代数 ❶…後漢皇帝の代数
❶劉邦（太祖）
➡P34
❻劉啓（景帝）
❶劉秀（光武帝）
❷劉荘（明帝）
⓬劉宏（霊帝）
➡P52
⓭劉弁（少帝）
⓮劉協（献帝）
❼劉徹（武帝）
⓯孺子嬰
➡前漢滅亡
劉勝（中山靖王）
劉雄
劉弘
劉備
前漢をつくった英雄！
劉備と同じ、
庶民だったのだ
皇帝の権力を
高めた名君
子どもが50
人以上いた
劉備の父。役人だった
が早くに死去

劉備が劉勝の末裔であったことは、「正史」にも記録があります。しかし劉勝は子だくさんで、その子たちがどこに分散したのか追いきれず、確実な情報ではありません。ちなみに劉備の父と祖父は役人であることから、実際はそこまで貧乏ではなかったと考えられています

劉備の決意と桃園の誓い

劉備・関羽・張飛の３人は、義勇兵になることを決意。義兄弟の契りを結びました。

はあ〜

義勇兵求ム！

オイオイ。一体何を悩んでんだい？

劉備　張飛

START

❶ 義勇兵になるかどうか悩んでいる劉備に、張飛が声をかけてきました

こう見えて私は漢王室の末裔なんだ

えー！！
何をしてるんですか！
一緒に戦いましょうぜ!?

❷ 劉備は張飛に自分が漢王室の末裔であることをうち明けます。張飛はずっと仕える人物を探していたので、劉備に義勇兵になることを勧めます

君たちも義勇兵になるのか？ぜひ拙者も仲間に入れてくれ

もちろんかまわねえぜ！

関羽

❸ 劉備と張飛が話しているところへ、関羽が通りかかります。関羽も義勇兵になりたいと考えていました。関羽もまた劉備に義勇兵になるよう説得します

うんうん

ようし…
こうなったら腹をくくるぞ

❹ ２人に説得された劉備は義勇兵になることを決意。関羽・張飛は劉備に仕えることにしました

そうこなくっちゃ！
兄貴！

❺ 劉備・関羽・張飛は桃の花園で、義兄弟の契りを結びます。劉備が長男、関羽が次男、張飛が三男です。そして平和な世界が訪れるまで、一生一緒にい続けることを誓いました

同年同月同日に生まれなかったことは仕方ねえ！
同年同月同日に死ぬことを誓うぜ！

オーッ！

劉備…
りっぱになって…

劉備の母

次男・関羽　長男・劉備　三男・張飛

桃園の誓い（桃園結義）

張飛と関羽は何者？

張飛は劉備と同じ幽州の商人で、肉屋を営んでいたとされています。

関羽は解県出身で、悪い役人を斬り殺したため、亡命中の身でした

オレは肉屋だぜ
悪人は許さん

正史では？ 桃園の誓いはなかった!?

桃園の誓いは『三国志演義』の名シーンですが、「正史」には記載されていません。ただし「正史」には、「劉備は関羽と張飛を兄弟のように扱った」という記述があります。

日本では？

吉川英治『三国志』では劉備の母が息子の門出に感涙します

column 義兄弟って何？

「義兄弟」とは血縁関係のない男同士が、兄弟のように強い絆で結ばれる関係のことです。任侠（弱きを助け強きをくじき、正義のために命がけで戦う人）の間で流行した文化でした。

私たち３人は同じベッドで寝るほど仲が良かったといわれているよ

3 劉備の初陣と曹操の登場

おもなできごと
劉備たちが黄巾党を倒していく一方、曹操もまた黄巾党と戦っていた

事件の舞台

穎川

劉備たちは戦準備を整えると、まずは地元の幽州で反乱を起こした黄巾党を倒します。その後、劉備は恩師・盧植の指示に従い、激戦区・穎川に向かいます。

しかし劉備が穎川に着く頃には、官軍の皇甫嵩と朱儁、そして曹操の攻撃で、黄巾党たちは逃げたあとでした。

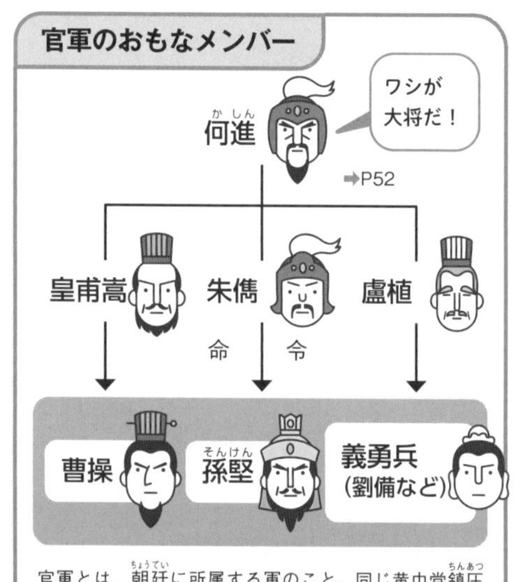
官軍のおもなメンバー
何進
ワシが
大将だ！
➡P52
皇甫嵩
朱儁
盧植
命
令
曹操
孫堅
義勇兵
(劉備など)

官軍とは、朝廷に所属する軍のこと。同じ黄巾党鎮圧が目的でも、義勇兵より地位が高い兵士たちです

劉備の戦準備

劉備たちはまずは兵士や武器、馬など戦に必要なものを準備しました。黄巾党に不満を持っていた人々が劉備に味方します。

準備❶ 兵を集めよう

ともに戦おう！
劉備さんたちについていこう！
関羽
劉備
張飛
若者たち

劉備たちが村の若者たちに演説すると、500人以上の人々が劉備についていきました。

準備❷ 馬を調達しよう

我々も黄巾党には
困っているんだ
ちゃんと目的を
はたしてくれよな
ありがとうございます
約束します
金
張世平
蘇双

劉備たちが準備をしていると、馬を連れた商人・張世平と蘇双が現れました。劉備がていねいにお願いすると、2人は馬と資金を提供してくれました。

劉備の初陣

劉備はまず地元である幽州の太守(リーダー)・劉焉に従います。劉備の出自を説明すると、劉焉はとても喜び、黄巾党の猛将である程遠志・鄧茂退治を命令。すぐさま戦場に向かいます。関羽・張飛のパワーに敵わず、黄巾党たちはすぐに退却しました。

➡劉備は初陣で勝利！

な…なんという
強さじゃ…
ものども！
かかれー！
フンッ！
なっ、なんだ
こいつらは！
オリャー！
めっちゃ強い…
幽州太守
劉焉
程遠志
鄧茂

曹操の出陣

幽州の黄巾党を鎮圧した劉備たちは、青州でも活躍。その後、恩師・盧植のもとに移動しました。盧植の命令で潁川に援軍に向かいますが、すでに黄巾党は逃げたあとでした。

❶ 盧植に従う劉備

劉備よ、よく来てくれた。ぜひ潁川の援軍に行ってくれ！
わかりました先生！
盧植
劉備

劉備は恩師・盧植が張角（➡P42）のいる広宗県で戦っていると知りさっそく合流。盧植の指示に従い、激戦区である潁川に向かいます。

❷ 激戦地区・潁川

ここは黄巾党がもっとも活発な地域なのじゃ
朱儁
❶劉備の初陣
❷劉備、青州の黄巾党を破る
❸劉備、広宗で盧植と合流
❹劉備、潁川で朱儁と合流
幽州
涿郡
冀州
広宗
青州
兗州
洛陽
潁川
豫州
徐州
➡ 劉備の動き

潁川は後漢の都・洛陽に近いため、もっとも激しい戦闘が起こっていました。

❸ 皇甫嵩が火計をしかける

ここは火計で追いつめるぞ
うわーっ！
やむを得ん退却だ！
皇甫嵩
張宝
張梁

官軍の皇甫嵩と朱儁は黄巾党の拠点に火を放ちました。黄巾党の副リーダーである張梁・張宝は命からがら逃げ出しました。

❹ 曹操の参戦

張宝と張梁を逃すなー！
曹操

そこへ曹操が現れ、黄巾党を追撃しました。曹操はもともと県令（地方の知事）でしたが、潁川での苦戦を聞き、駆けつけたのです。

column 劉備の先生・盧植

盧植は儒者で寺子屋を営んでいました。盧植の教え子には劉備や公孫瓚（➡P62）など、三国時代の英雄たちがいました。黄巾の乱鎮圧後は、朝廷に出仕し、何進暗殺（➡P52）の場面で何皇后を助けるなど、活躍します。

勉強は好きじゃないけど…
盧植
公孫瓚
劉備

日本では？ 劉備と曹操、運命の出会い

吉川英治の小説『三国志』では、潁川の戦いで火計を行ったのは劉備です。また、その直後に曹操が現れ劉備とともに勝どきをあげるシーンが描かれています。宿命のライバルの出会いを、劇的に演出しています。

見事な戦いぶりだ。ともに勝どきを挙げようぞ
ありがたい！
私とそう変わらない年なのに…りっぱなお方だ…
曹操

4 張角の死で黄巾の乱が終結

おもなできごと

張角の病死や、張宝・張梁の討ち死にで、黄巾の乱は終結する

事件の舞台

宛城

劉備は穎川から再び盧植の元へ戻ろうとします。その道中、盧植が逮捕されているのを見かけました。原因は、都から来た監査官からの賄賂の要求を断ったこと。劉備たちはながめることしかできませんでした。その後、劉備は盧植の後任・董卓を救出しますが、役職を持っていないことを馬鹿にされてしまいます。

一方その頃、黄巾党はリーダーの張角が病死したことで、どんどん力を失いました。官軍は副リーダーの張梁・張宝も破り、黄巾の乱は終結しました。

がんばるんじゃぞ…
劉備…
先生ー！！
盧植
劉備

のちに皇甫嵩が盧植を「功績はあるが罪はない」と称え、盧植は元の官職に戻りました。

勢いを失う黄巾党

黄巾党のリーダー・張角が病死すると、黄巾党は力を失いました。また張角の弟・張梁も皇甫嵩・曹操の攻撃を受け戦死しました。

劉備は董卓を助ける

劉備たちは盧植の後任・董卓が黄巾党の攻撃を受けているのを発見。董卓を救います。しかし董卓は、役職を持っていない一般庶民の劉備たちを見下しました。

助かった〜
大丈夫ですか？
なーんだ、
義勇兵の
庶民どもか…
せっかく助けて
やったのに、
なんて態度だ！
落ち着け…
董卓
劉備
関羽
張飛

皇甫嵩・曹操の活躍

皇甫嵩と曹操は、張角の弟である張梁を攻撃し、見事討ちはたしました。

➡張梁死す

張角の弟
張梁破ったり！
無念…
曹操
皇甫嵩
張梁

張角の死

戦乱の真最中に、黄巾党のリーダー・張角が病死します。黄巾党は統率がとれなくなっていき、どんどん勢いを失っていきました。

➡張角死す

天命には逆らえぬ…
張角さま〜!!!

黄巾の乱の終結

董卓を助けたあと、劉備は張角の弟・張宝を倒すべく、朱儁のもとに駆けつけました。しかし、張宝は妖術を使うため、兵士は怖がって動けません。劉備は妖術を破り、張宝を倒しました。

劉備の張宝討伐

張宝
張宝の妖術がコワイ…
私が妖術を祓おう
黄巾党の背後にまわりこもう

張角の弟・張宝は、妖術で雷を落としたり、強風を吹かせたりしました。劉備はこれを打破するため、羊や豚の血を集めました。妖術は汚れが苦手だからです。

劉備たちは張宝軍の背後にある山に登り、血を浴びせました。すると妖術は止み、劉備たちはその隙に張宝を討ちました。

➡張宝を破る！

黄巾党の残党討伐

ここで決着をつけるぞ！
張角様のため生き残った我々ががんばるのだ！
オーッ！
宛城
朱儁
孫堅
劉備
宛城
朱儁
孫堅
逃がさん！
しまった！罠だったのか！
黄巾の乱終結

黄巾党の残党は、宛城に逃げこみました。朱儁と劉備、そして通りすがりの孫堅は宛城をぐるっと取り囲みました。

朱儁は西門、劉備は北門、孫堅は南門から宛城に突入。あせった敵が東門から出てきたところを一網打尽にしました。

column 孫堅ってだれ？

孫堅は、「孫子の兵法」で有名な孫武の末裔だとされています。出身は中国大陸の東側、海に面した揚州で、海賊退治をきっかけに出世した人物でした。孫堅はこの後も反董卓連合軍（➡P62）などで活躍しますが、36歳の若さで戦死します。

孫堅の息子・孫策（➡P76）は、父の敵を討つために尽力し、揚州に独立勢力を築きあげます。さらに孫策の弟・孫権（➡P116）は呉の皇帝となり、三国の一角を担うこととなります。この孫策・孫権の活躍を支えたのは、若い頃から孫堅に仕えていた武将たち。孫堅がいたからこそ三国時代ができたのです。

『三国志』では
ワシの息子たちが
活躍するのだ
孫堅
孫権
孫策
孫堅

5 反乱と汚職があいつぐ後漢

おもなできごと
劉備は県尉の役職を得るも、張飛が督郵をなぐったため、辞職する

事件の舞台

安喜

黄巾の乱のあと、中国各地では反乱があいつぎ、治安が悪化しました。黄巾の乱で活躍した武将たちは、各地に派遣され、この反乱を鎮圧して回りました。

その頃、劉備は黄巾の乱での活躍から、安喜県の尉（警察署長）に任命され、ようやく役職を得ました。しかしこの役職は劉備の活躍に見合わない低い地位でした。それでも劉備は真面目に働いたため、安喜の民から慕われるようになりました。

県尉に任命されてから約４ヶ月後、都から督郵（監査官）がやってきて、劉備に賄賂を要求しました。劉備が断ると督郵はクビをちらつかせ脅迫。これに怒った張飛は督郵を枝でなぐりつけます。劉備は「ここにいても平和な世界はつくれない」と辞職し、旅に出るのでした。

黄巾の乱後、各地で反乱が起こる

黄巾の乱鎮圧後も各地で反乱があいつぎました。ここでは『三国志演義』だけではなく「正史」に記載されている反乱も紹介します。

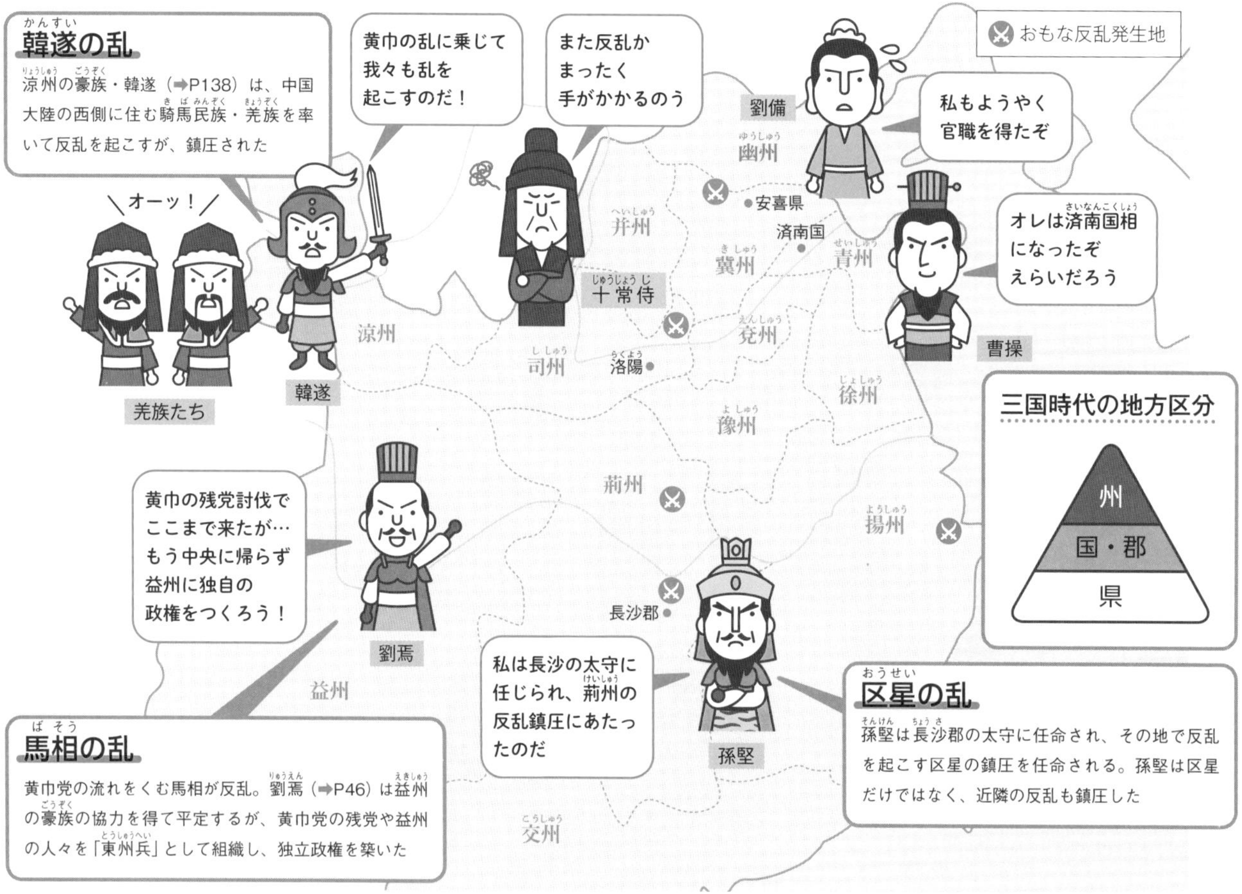

韓遂の乱
涼州の豪族・韓遂（➡P138）は、中国大陸の西側に住む騎馬民族・羌族を率いて反乱を起こすが、鎮圧された

馬相の乱
黄巾党の流れをくむ馬相が反乱。劉焉（➡P46）は益州の豪族の協力を得て平定するが、黄巾党の残党や益州の人々を「東州兵」として組織し、独立政権を築いた

区星の乱
孫堅は長沙郡の太守に任命され、その地で反乱を起こす区星の鎮圧を任命される。孫堅は区星だけではなく、近隣の反乱も鎮圧した

おもな反乱発生地

＼オーッ！／
羌族たち
黄巾の乱に乗じて我々も乱を起こすのだ！
韓遂
また反乱かまったく手がかかるのう
十常侍
劉備
私もようやく官職を得たぞ
オレは済南国相になったぞえらいだろう
曹操
黄巾の残党討伐でここまで来たが…もう中央に帰らず益州に独自の政権をつくろう！
劉焉
私は長沙の太守に任じられ、荊州の反乱鎮圧にあたったのだ
孫堅

幽州　安喜県　并州　済南国　冀州　青州　涼州　兗州　司州　洛陽　徐州　豫州　荊州　揚州　長沙郡　益州　交州

三国時代の地方区分

州
国・郡
県

県尉となった劉備

劉備は黄巾の乱での活躍を認められ、県尉の役職を任じられます。
しかし、督郵の態度に怒った張飛の暴行で、劉備は県尉を辞任しました。

そなたには
県尉を
任せよう
ありがたき
幸せ…
県尉
劉備

劉備は最初なんの役職ももらえませんでしたが、張鈞の口利きで安喜県の県尉の役職を得ます。劉備の戦いぶりから考えるととても低い地位でしたが、劉備は喜んで引き受けました。

オイオイ、オレたち
あれだけがんばったのに、
こんな低い地位かよ

張飛の怒り度
70%

新しい県尉さん
は良い人だ
治安を乱す者は
この私が許さん
民たち
関羽
張飛

劉備・関羽・張飛の３人は、県尉として町の治安維持に努めました。真面目で優しい劉備は、民から慕われるようになりました。

千里の道も一歩から。まずは
オレたちができることを、
コツコツやっていくしかないか〜

張飛の怒り度
30%

どれどれ、劉備が
ちゃんと仕事してるか
監査するか〜
督郵

この村は私が責任もって
パトロールしてますから
大丈夫ですよ！
お食事も
用意したので、
ゆっくりして
いってください

約４ヶ月後、都から監査官の督郵がやってきました。劉備の仕事ぶりを監査するためです。督郵は劉備に対して「お前は勝手に漢王室の末裔を名乗っている逆賊だ」などと、高圧的な態度をとりました。

なんだコイツ。
オレたちの兄者に
えらそうにしやがって…

張飛の怒り度
60%

監査が来たら
賄賂を払うのが
常識だろう！

ここには民が働いて
稼いだお金しかありません。
わたすわけには…

あーあ。
じゃあ
クビだな

督郵の高圧的な態度の原因は、劉備が督郵に賄賂をわたさないことでした。劉備が賄賂を断ると、督郵は「都に帰って劉備をクビにする」と脅迫します。

なんて卑しいやつなんだ！
もうガマンならねえ！

張飛の怒り度
100%

ゆるしてくれ〜
お前の腐った性根を
叩き直してやる！
これは民の分！
これも民の分！
督郵

怒った張飛は督郵を馬つなぎの杭にしばりつけ、枝でなぐりました。劉備は最初こそ止めますが、こんなところにいても平和な世界は築けないと思い、県尉をやめることにしました。

➡劉備たちは官職を捨て旅に出る

正史では？ 督郵をなぐったのは劉備

正義のためとはいえ「暴れん坊の張飛」のイメージを決定づけたこの逸話。しかし「正史」では督郵をなぐったのは劉備です。『三国志演義』は主人公の劉備のイメージを良くするため、張飛がやったことにしたのです。

兄者の代わりに
オレが嫌われ役だぜ…
張飛

6 霊帝の死で後継者争いが激化

おもなできごと 十常侍と何進が霊帝の後継者争いで対立。その隙に董卓が朝廷を支配する

事件の舞台

洛陽

黄巾の乱の最中、後漢王朝のトップ・霊帝は、政治を宦官の十常侍に任せていました。その霊帝が病気になると、後継者争いが勃発。何皇后の子・劉弁（少帝）が即位し、何皇后の兄・何進が権力をにぎります。あせった十常侍は何進を暗殺。何進の部下・袁紹は、敵を討つため十常侍を殺し始めます。

十常侍の１人・張譲は幼い少帝と、腹ちがいの弟・劉協を連れ逃走。袁紹軍に追いつかれた張譲が自殺したため迷子になった少帝と劉協を、通りすがりの董卓（➡P48）が保護し、董卓は２人の後見人として朝廷をのっとりました。

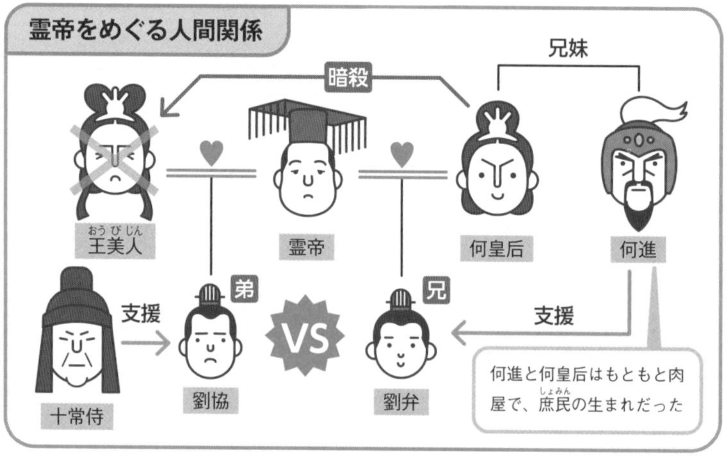

霊帝をめぐる人間関係

兄妹
暗殺
王美人
霊帝
何皇后
何進
十常侍
支援
劉協 弟
VS
劉弁 兄
支援
何進と何皇后はもともと肉屋で、庶民の生まれだった

黄巾の乱発生時の朝廷

霊帝には、王美人との間に生まれた劉協と、何皇后との間に生まれた劉弁の２人の子がいました。

世の中はどうなっておるのだ？
民はみな、帝の政治に満足していますよ
霊帝
十常侍たち

黄巾の乱が起こった時、霊帝は十常侍の操り人形状態でした。十常侍は朝廷の財政で好き放題に暮らします。黄巾の乱の鎮圧は、将軍・何進に任せていました。

甥っ子が皇子なんて嬉しいな
本当は劉協に跡を継いでほしいんだが…
何進がジャマだなあ
何進
劉弁
霊帝
十常侍

霊帝は優秀な劉協を後継者にしたいと思っていましたが、甥・劉弁を後継者にしたい何進との対立は避けたい状況でした。

とてもつらい
霊帝

霊帝が病気になると、何進と十常侍の後継者争いは、いっそう激しくなります。

何進を追い出さないとワシらが好き放題できなくなる…対抗するぞ！
甥っ子が即位したら十常侍を追放できる…？
何進
劉弁
VS
劉協
十常侍

霊帝の死が招いた朝廷の混乱

霊帝が死去すると、何進と何皇后は劉弁を即位させました。あせった十常侍は何進を暗殺し、血みどろの争いが始まります。

何進の部下・袁紹

何進の部下・袁紹は三公（➡P18）を輩出したエリート中のエリートでした。十常侍の勝手なふるまいを止めるべく、何進とともに十常侍暗殺を計画し、各地の豪族に協力を要請。董卓はその1人で、結果、董卓に朝廷をのっとられてしまいます

余計なことをしてしまった
袁紹

劉弁（少帝）即位

何進は劉弁（少帝）を即位させ、外戚として権力をにぎる

何進暗殺

十常侍は権力を取りもどすため、何進を暗殺した。家臣の部下・袁紹は現場へ向かう

十常侍殺害

一部始終を知った袁紹は十常侍を殺害。袁紹は少帝・劉協兄弟を見失う

なんとか劉協様を即位させ、ワシらの政権をキープするのだ
十常侍
何進
劉弁様を即位させるぞ
説得できなかった…
霊帝
どうしたものか
何進を暗殺しましょう
甥っ子が帝になったぞ
十常侍が何進将軍暗殺をたくらんでるだと!? 各地から仲間を集め、十常侍を倒すぞ！
袁紹
やばい！
何進将軍のかたきめ！
あれ、帝たちはどこへ？

しまった！ 帝と劉協様が董卓の手に…

だれか助けて！
帝！ もう大丈夫です！
少帝
劉協
十常侍の1人・張譲は皇帝兄弟を連れ逃走するが、追っ手に見つかり自殺。路頭に迷う兄弟を、董卓が保護した
朝廷がヤバイだと？ 混乱に乗じて朝廷を支配できたりして…

袁紹より
董卓

無念…

そこのお前！ 我々を保護せよ！
びえ～ん！

この董卓にお任せください！
フハハハ！皇帝と王を保護したぞ～
嫌な予感
GOAL

人物ガイド

劉備三兄弟の生涯

『三国志演義』の主人公は、漢王室の末裔・劉備と、その義兄弟である豪傑の関羽と張飛です。３人は黄巾の乱をきっかけに後漢復興と世界平和を目指して戦い続け、最終的に劉備は蜀の皇帝となるものの、志半ばで病死します。３人の生涯をすごろくで追ってみましょう。

START

オレたち３人
死ぬ時は同じだ！
関羽
劉備
張飛

1 桃園の誓い

劉備・関羽・張飛の３人は、桃園で「一生一緒にいる」と義兄弟の契りを結ぶ

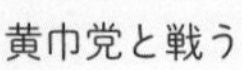

黄巾党と戦う

県尉になる

官位があっても
悪人は許さん！
督郵

張飛が督郵をなぐる

董卓討つべし！
曹操

2 反董卓連合軍に参加する

董卓・呂布の横暴を許せない劉備たちも反董卓連合軍に参加

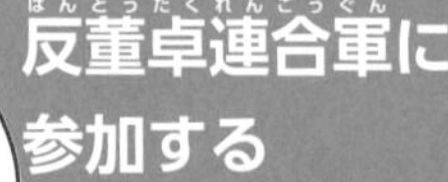

関羽が華雄を斬る

3対1はキツイぜ
呂布

虎牢関で呂布と戦う

連合軍が解散し公孫瓚に従う

徐州の陶謙の援軍になる

ありがとう
劉備君！
陶謙

3 徐州を得る

呂布の反乱で曹操は撤退。劉備はラッキーで徐州を得る

張飛が酔ってる
チャンスだ！
呂布

呂布に徐州を奪われる

呂布討伐のため曹操と協力

呂布！観念しろ！
曹操

4 下邳城の戦い

曹操と協力し、呂布を下邳城に追いつめ、処刑する

呂布
ちくしょー

陶謙殺す！
曹操

献帝に謁見する

献帝
本物の帝…
素敵だ

許田での狩で曹操が嫌になる

献帝から曹操暗殺命令を受ける

英雄とは君と余だ！

5 曹操との英雄論

曹操暗殺計画がバレたと思った劉備は曹操と距離を置くことに

袁術を討伐する

6 暗殺計画がバレ曹操の攻撃を受ける

劉備・張飛は曹操の猛攻を受け散り散りに。関羽は城に取り残される

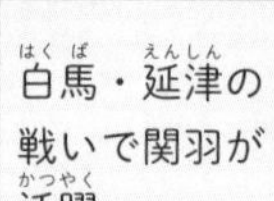

むむむ
曹操殿に
降伏しろ！
張遼
ひぇー！

関羽が曹操に降伏

白馬・延津の戦いで関羽が活躍

ふんっ
顔良

関羽が劉備を見つける

ありがとう
曹操殿
曹操

7 関羽千里行

劉備の元に帰るべく関羽は５つの関所を突破

関羽、山賊になった張飛と再会する

劉備は袁紹の元へ

➡8に進む

やっと３人
そろったぞ！

8 三兄弟の再会

三兄弟は再会。趙雲も仲間に加わる

良かった〜

趙雲

劉表の元へ逃げる

徐庶の力で曹仁軍を破る

徐庶や水鏡先生に諸葛亮のことを教わる

徐庶

曹仁

なんだあの軍師は！

9 三顧の礼

天才軍師・諸葛亮（孔明）を３度訪ねて仲間にする

諸葛亮

これからよろしくね孔明！

博望坡で夏侯惇軍に勝利する

孔明が新野を焼き逃亡

10 長坂の戦い

曹操軍に追いつかれるが、張飛と趙雲の力でなんとか逃亡

阿斗様は私が守る！

趙雲

この先は通さん！

夏口に到着する

孔明が呉に行く

11 赤壁の戦い

張飛・関羽は曹操の撤退ルートで待ち伏せした

風を吹かせましょう

関羽が曹操を見逃す

曹操

見逃してくれ〜

劉備軍が荊州を奪う

孫夫人

劉備が孫夫人と結婚

関羽が黄忠と戦う

龐統を仲間にする

龐統

蜀の張松が劉備に味方する

行ってらっしゃい

諸葛亮

12 劉備の入蜀

蜀を拠点とするべく、太守・劉璋に援軍するふりをして蜀に侵入

ぎゃー！

龐統

龐統が戦死しピンチに

張飛は劉備の援軍に向かう

関羽は荊州で留守番

関羽が単刀赴会で魯粛をあしらう

➡15に進む

暗殺できるものならやってみよ

魯粛

張飛、厳顔を生け捕る

張飛が馬超と戦う

馬超

13 劉備、蜀を得る

馬超を孔明の策略で仲間にしたことで、劉璋は負けを認める

張飛、張郃を破る

定軍山で夏侯淵を破る

夏侯淵

黄忠

14 漢中王・劉備

曹操を撤退に追いこみ、漢中を獲得。劉備は漢中王を名乗る

ご先祖様の漢中をゲットだ！

やったぜ！

漢中王

関羽・張飛は五虎大将軍となる

今度は拙者の番だ

15 樊城の戦い

漢中に呼応して、関羽は曹操軍の樊城への攻撃を開始

関羽は麦城で呉軍に包囲される

16 関羽の死

呉の裏切りで関羽が殺される。首は曹操の元に届けられる

劉備、皇帝に即位

みんな燃えてしまった…

張飛が部下に殺される

夷陵で劉備軍が呉に大敗

17 劉備の死

失意の中で劉備は孔明にあとを託し、白帝城で病没する

GOAL

劉備殿…
諸葛亮
趙雲

なぜ劉備が主人公なの？

『三国志演義』は劉備が主人公、というのは先に説明した通りです（➡P16）。ではなぜ正統な曹操ではなく、劉備が主人公なのでしょうか。その理由は、三国時代終焉からしばらく経ってから起きた諸葛亮（孔明）人気や、朱子学者の影響でした。

劉備が主人公なワケ

❶ 東晋の人々が孔明にシンパシー

三国を統一した晋は、騎馬民族に中原（中国大陸の中心）を奪われ、追いやられてしまいます（東晋、➡P202）。人々は中原奪還のために北伐をくり返す孔明に同情、人気が高まりました。

我々も孔明のように
中原を取りもどすた
めにがんばろう！

❷ 朱子学者が孔明を評価

宋時代に朱熹が「孔明こそ義臣だ」といいます。朱熹は「朱子学（儒教の学派のひとつで、宋以降の儒教の基本となる）」を始めたすごい学者なので、人々はこの意見を尊重します。結果、孔明が仕えた劉備こそ正統だという考えが生まれます。

孔明こそ
義臣だ！
朱熹

➡ **これらの影響を受けた『演義』は、孔明がいる劉備チームを主人公にした。**

『演義』ができるまで

『演義』は説三分という噺家の台本や、『三国志平話』に影響を受けました。

❶ 宋の説三分

あーだこーだ
劉備がんばれ

噺家が『三国志』の逸話を面白おかしく話し、民衆に定着。子どもたちが劉備チームを応援したという記録もある

❷『三国志平話』成立

説三分の台本に挿絵を入れた漫画のようなもの。孔明が妖術を使ったりと、ぶっ飛んだ設定が人々を魅了

❸『三国志演義』成立

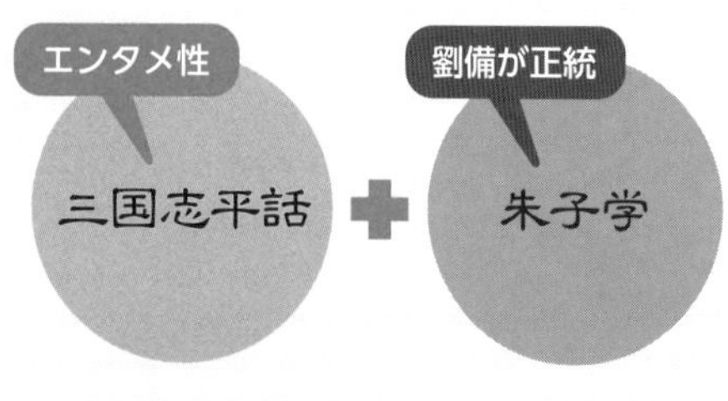
エンタメ性
劉備が正統
三国志平話
朱子学

➡『三国志演義』成立

『三国志平話』の誤りを正し、史実に寄せた内容。朱子学の劉備＝正統論を採用した

さらに…

『演義』の決定版！「毛宗崗本」の成立

清時代に毛宗崗が『演義』を新解釈。三絶の3人を中心にしたバージョンで、中国では今もこれが流通

日本では「毛宗崗本」より前に完成した「李卓吾本」が江戸時代に広まり定着した。そのため日・中でストーリーに少しちがいがある

本書はこの毛宗崗本を
ベースに『演義』の
ストーリーを
解説します
劉備

三絶

- 知絶（知力がすごい）……………諸葛亮
- 義絶（義がすごい）……………関羽
- 奸絶（悪者ぶりがすごい）…………曹操

column 中国での『三国志』の受容

『三国志』は京劇（中国の演劇）や笑府（ギャグ小説）のテーマとなり、庶民からも大人気。また「正史」『演義』以外にもさまざまな民間伝承があり、その逸話が日本の漫画やゲームに反映されていることもあります。

第2章 董卓・呂布の横暴

皇帝を抱えこんだ董卓は、豪傑・呂布を仲間にし、好き放題し始めます。曹操や劉備は反董卓連合軍として戦うも失敗。しかし呂布は董卓を暗殺して独立、曹操や劉備の領地で暴走します。劉備は曹操と協力して、呂布討伐に挑みます。

2章の流れが一気にわかる！

董卓・呂布の横暴

董卓は少帝と劉協を保護して後見人となり、猛将・呂布を味方にし、独裁政治を始めます。曹操は反董卓連合軍を結成するも失敗。董卓は敵なしでしたが、美女・貂蝉をめぐり呂布と対立し暗殺されます。その後、呂布は独立して周辺勢力をかき乱しますが、曹操と劉備に滅ぼされます。

① 董卓の独裁

董卓
呂布

少帝の後見人となった董卓は朝廷を牛耳り、猛将・呂布を部下にします。さらに少帝を廃位させた後、劉協を即位させ献帝にします

この時 曹操は？

董卓
曹操

曹操は董卓暗殺を試みるも失敗。都から逃れ、地元で反董卓連合軍の結成をうながす偽詔（ニセの皇帝の命令書）をつくり、配ります

② 反董卓連合軍

劉備
関羽
張飛
呂布

曹操の呼びかけで諸将は反董卓連合軍を結成。劉備三兄弟や孫堅も参加し善戦しますが、董卓は洛陽の都を燃やして逃亡。連合軍は解散します

この時 孫堅は？

燃えた都を掃除していた孫堅は皇帝の証である伝国の玉璽を見つけ、拠点に持ち帰ります。袁紹は孫堅を怪しみ、帰国を妨害しました

③ 呂布が董卓を暗殺

貂蝉は
オレのものだ
呂布
董卓

貂蝉は呂布と董卓それぞれに色じかけをし、２人を対立させます。呂布は貂蝉と結婚するため、董卓を暗殺。その後、放浪します

この時 曹操は？

徐州太守・陶謙に父・曹嵩を殺された曹操は怒って徐州の民を虐殺。陶謙は劉備に援軍を頼みますが、呂布が曹操領を荒らしたため曹操は撤退

④ 曹操が献帝を保護

許都へようこそ
許都
曹操
献帝

呂布との戦で消耗した曹操は態勢を立て直します。その後曹操は、董卓の元部下・李傕と郭汜の争いに巻きこまれていた献帝を許都へ迎えます

この時 呂布は？

今だ！
張飛
呂布

陶謙から劉備は徐州を受け継ぎますが、劉備の留守中、張飛が酔っている隙をねらい、客将の呂布が徐州をのっとります

⑤ 呂布の死

曹操と劉備は協力して呂布を討つことに。下邳城に追いこみ、水攻めをしかけたのちに捕縛します。呂布は絞首刑に処されました

この時 孫策は？

袁術
孫策

孫堅は劉表の配下に殺され、孫堅の子・孫策は袁術に仕えます。父の敵討ちをするため、袁術に玉璽をわたして独立。江東に拠点を持ちました

2章の登場人物

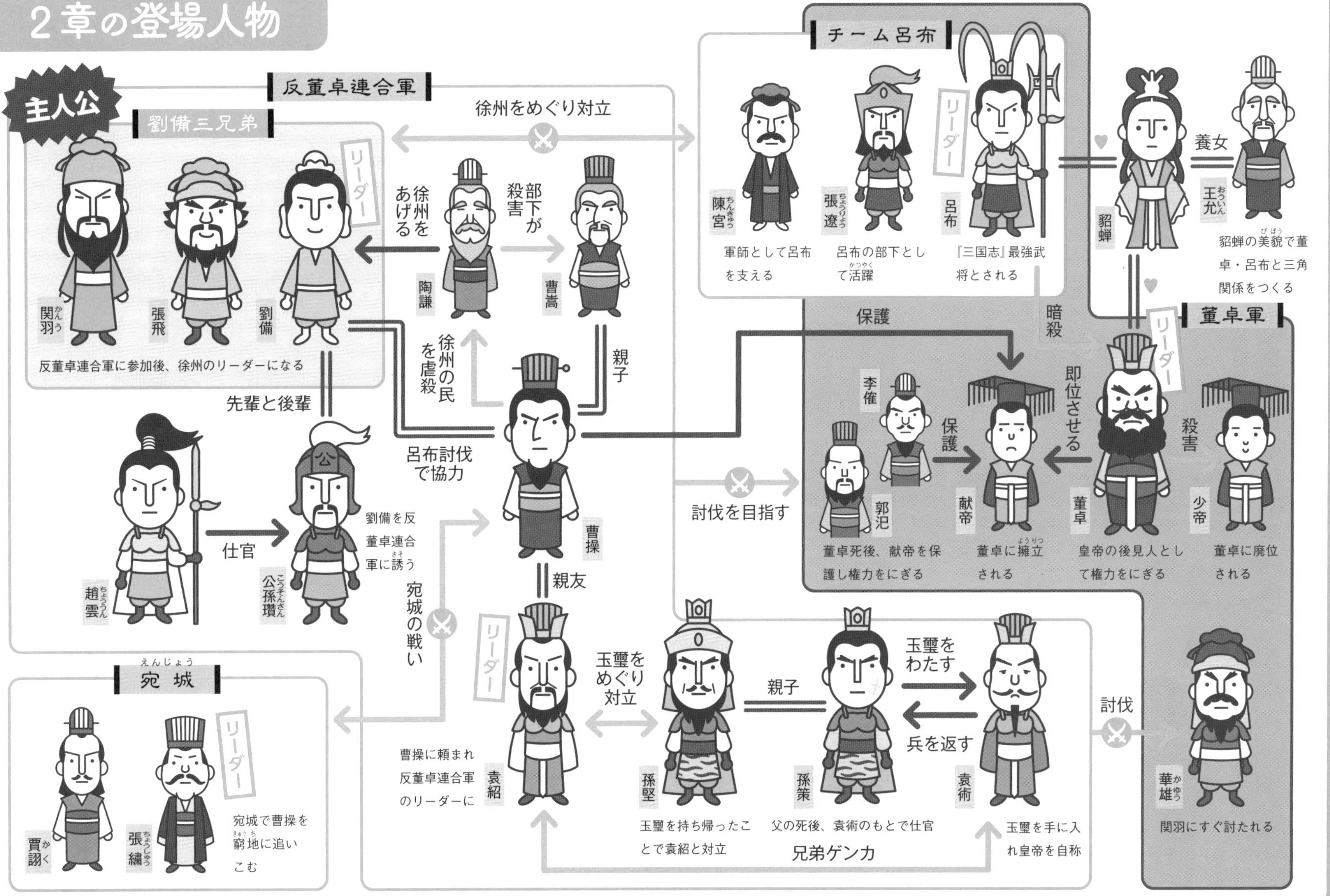

主人公

反董卓連合軍

劉備三兄弟

関羽
張飛
劉備 リーダー

反董卓連合軍に参加後、徐州のリーダーになる

徐州をめぐり対立

徐州をあげる

陶謙

部下が殺害

曹嵩

親子

徐州の民を虐殺

先輩と後輩

呂布討伐で協力

趙雲

仕官

公孫瓚

劉備を反董卓連合軍に誘う

曹操

親友

宛城の戦い

袁紹 リーダー

曹操に頼まれ反董卓連合軍のリーダーに

宛城

賈詡
張繡 リーダー

宛城で曹操を窮地に追いこむ

玉璽をめぐり対立

孫堅

玉璽を持ち帰ったことで袁紹と対立

親子

孫策

父の死後、袁術のもとで仕官

玉璽をわたす

兵を返す

袁術

玉璽を手に入れ皇帝を自称

兄弟ゲンカ

討伐

華雄

関羽にすぐ討たれる

チーム呂布

陳宮

軍師として呂布を支える

張遼

呂布の部下として活躍

呂布 リーダー

『三国志』最強武将とされる

貂蝉

養女

王允

貂蝉の美貌で董卓・呂布と三角関係をつくる

暗殺

保護

討伐を目指す

董卓軍

李傕
郭汜

董卓死後、献帝を保護し権力をにぎる

保護

献帝

董卓に擁立される

即位させる

董卓 リーダー

皇帝の後見人として権力をにぎる

殺害

少帝

董卓に廃位される

7 献帝の即位と董卓の横暴

おもなできごと
朝廷をのっとった董卓は少帝を廃位させ、献帝を即位させる

事件の舞台

洛陽

十常侍と何進の後継者争い（➡P52）のどさくさにまぎれて、董卓は朝廷に入りこみます。さらに、猛将・呂布を味方につけ、自分に反抗する丁原を殺害。無能な少帝を皇帝の地位から引きずり下ろし、劉協（献帝）を即位させました。

その後、董卓はまだ幼い献帝の後見人として朝廷をのっとり、横暴を行います。そんな中、曹操（➡P46）は董卓暗殺を決意。しかし失敗に終わり、都・洛陽から逃亡せざるを得なくなります。

うえーん！
朕は皇帝ぞ！
情けない皇帝だ
このままでは良くない
少帝
董卓

呂布が裏切り董卓の配下に

董卓は少帝に代わって、少帝の弟・劉協を即位させます。その際、自分に反抗した丁原を、呂布を買収して暗殺させました。

少帝より
劉協様を
皇帝にすべきだ
勝手なことは
許さん！
少帝
劉協
董卓
丁原
呂布

董卓は、現在の皇帝・少帝よりも頭の良い劉協を即位させたいと考えます。しかし、丁原に反対されます。丁原の養子で、とんでもないパワーを持つ猛将・呂布ににらまれた董卓は、あきらめます。

老いぼれの
丁原はともかく、
呂布がジャマ
だなあ

呂布にプレゼントを
あげて、こちらに
寝返らせましょう

董卓
李粛

董卓は口うるさい丁原を暗殺するために、呂布を味方につけようと考えます。すると呂布の親友・李粛は、呂布にプレゼントを贈ることを提案します。

呂布！お前がこっちに
ついたらこの赤兎馬を
あげよう
なんだって！
ようし寝返ろう！
董卓
呂布

董卓は呂布に1日に千里（約400～500km）を走る名馬・赤兎馬と役職をプレゼント。呂布は大喜びし、董卓の配下に加わることを決意します。

作戦大成功！

わりぃな親父！
ぐはあ！
なぜだ呂布ぅ！
呂布
丁原
劉協が即位し
献帝となる

呂布は、養父である丁原を殺害。董卓の養子になります。2人に反抗できる者はほかにおらず、董卓は劉協（献帝）を即位させました。

董卓の悪逆非道ぶり

董卓は幼い献帝の後見人となり、朝廷をのっとりました。少帝を暗殺したり、民を虐殺したり、悪逆非道な行いを重ねました。

少帝と何太后の暗殺

董卓の腹心・李儒は「少帝が再び皇帝になろうと考えるかもしれない」と董卓に進言。董卓はそれを防ぐため、少帝とその母・何太后の殺害を命じ、宮廷のベランダからつき落としました。

やっちまえ！
董卓
はいっ！
李儒
助けてー！
何太后
少帝

都で虐殺を行う

董卓は気に入らない役人を処刑するなど権力をふるいます。また、ある時、董卓が都の周辺を散策していると、ちょうど村祭りの日だったため民は働かず、休んでいました。これに怒った董卓は民を虐殺しました。

村祭り？
農民は休まず
働かんか！
サボリは殺せ！
董卓

なんて
ひどい…
民たち

曹操の董卓暗殺未遂

董卓のひどい行いに人々は困っていましたが、怖くてだれも反抗できません。すると曹操はみんなのために董卓暗殺を決意します。しかし失敗に終わりました。

もう後漢は
終わりだ〜
王允
泣いても何も始まらん！
オレが董卓を暗殺する！
曹操

みんなが嘆く中で、曹操は1人で董卓暗殺を決意。役人・王允（➡P66）は曹操に剣を授けて応援しました。

➡曹操は１人で董卓の部屋に向かうことに

曹操！何をしておる！
しまった！
董卓
曹操

曹操は董卓の部屋に潜入しますが、鏡の反射で気づかれます。曹操はなんとかその場を取りつくろって宮廷から脱出しましたが、すぐに董卓から指名手配されてしまいます。

➡曹操は都で指名手配され故郷へ逃走
陳宮の助けでなんとか逃げ切る

董卓暗殺を考えるなんて、
曹操殿は勇敢だ！
陳宮

column 曹操のあだ名「乱世の奸雄」

曹操は若い頃、許劭という男に「治世の能臣、乱世の奸雄（平和な世の中では有能な臣下、乱世では悪知恵の働く英雄）」と評されます。その奸雄ぶりを表すエピソードがあります。

董卓暗殺未遂の罪で指名手配となった曹操は、陳宮とともに知人・呂伯奢の家へ逃げこみます。呂伯奢が買い物へ出かけると、外から「縛り殺そう」という声が聞こえました。曹操は「呂伯奢の家族は俺を殺すのだ」と、一家を殺害。そこには曹操にふるまうためのブタが縛られており、曹操は勘ちがいに気づきます。

その後、曹操は呂伯奢も殺害。陳宮は「勘ちがいで殺すのとわざと殺すのはちがう」ととがめますが、曹操は「呂伯奢を生かしたら俺たちは捕まる。俺はここで死ぬわけにはいかないんだ」と言い、去っていきました。

オレが生き残るためだ
仕方ない…
うわあ…
曹操
呂伯奢
陳宮

8 反董卓連合軍の結成

おもなできごと
曹操は董卓を倒すため、反董卓連合軍を結成。孫堅や関羽が活躍する

事件の舞台

汜水関

曹操は実家のある陳留（兗州）に帰ると、董卓を倒すため兵を募集。いとこの夏侯惇・夏侯淵兄弟や、義勇兵の李典・楽進など、このあと曹操に生涯従う仲間が集まりました。

さらに曹操はニセの詔（皇帝の命令）をつくり、全国の群雄に決起をうながします。こうして反董卓連合軍が結成され、袁紹（➡P52）がリーダーに選ばれました。また、放浪中の劉備・関羽・張飛の３人も参加しました（この時、劉備は各地で反乱鎮圧の功績を残していたため、督郵をなぐった罪は許されていました）。

董卓軍と反董卓連合軍はまず汜水関でぶつかり、猛将・華雄が立ちはだかります。最初は孫堅（➡P48）が戦いますが、袁紹の弟・袁術が補給をさぼったため敗退。続けて関羽が参戦すると、関羽は華雄を一刀両断。汜水関の戦いは、反董卓連合軍の勝利で終わりました。

反董卓連合軍のメンバー

曹操はニセの詔で各地の群雄に反董卓連合軍の結成をうながします。その中には劉備の先輩・公孫瓚もおり、劉備たちは公孫瓚に従い仲間に加わりました。

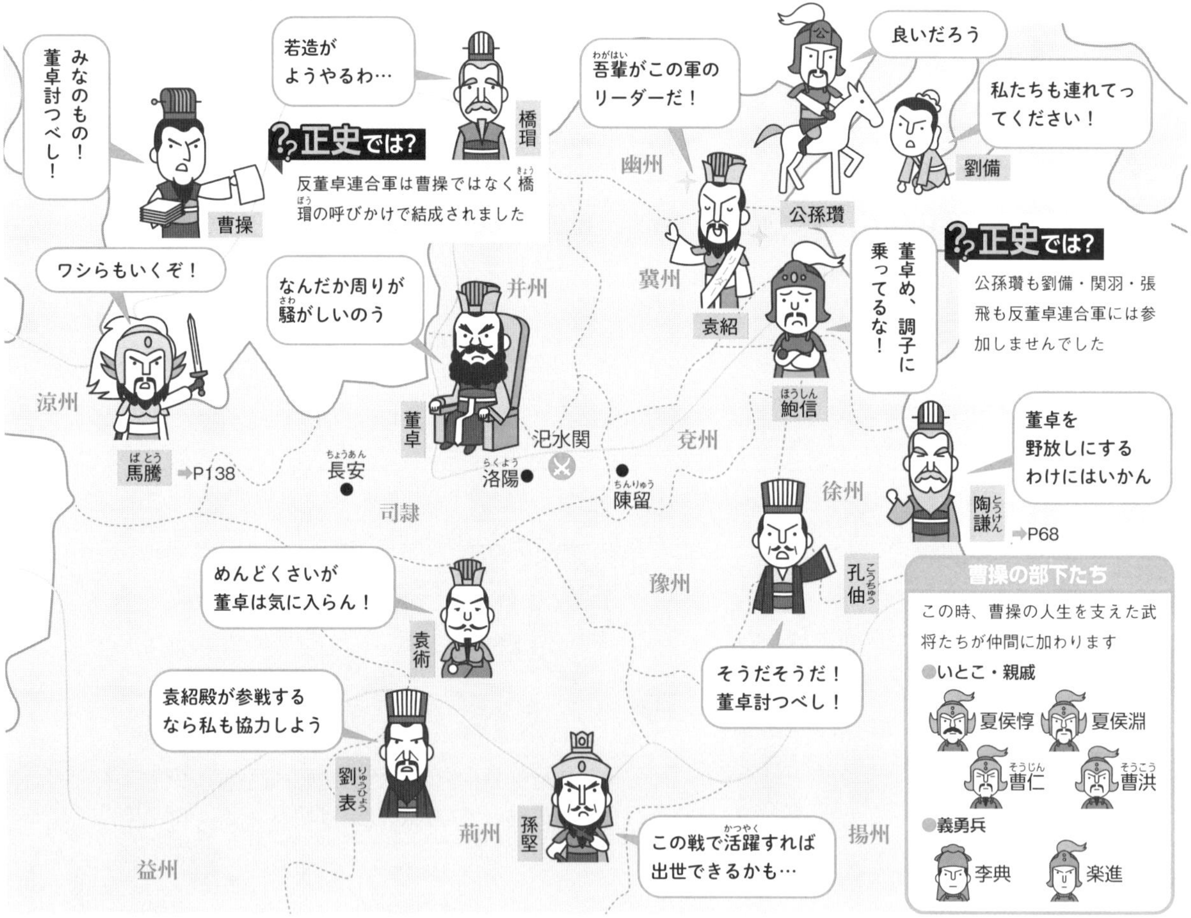

曹操「みなのもの！董卓討つべし！」
橋瑁「若造がようやるわ…」

?正史では?
反董卓連合軍は曹操ではなく橋瑁の呼びかけで結成されました

袁紹「吾輩がこの軍のリーダーだ！」
公孫瓚「良いだろう」
劉備「私たちも連れてってください！」
馬騰「ワシらもいくぞ！」（➡P138）
董卓「なんだか周りが騒がしいのう」
鮑信「董卓め、調子に乗ってるな！」

?正史では?
公孫瓚も劉備・関羽・張飛も反董卓連合軍には参加しませんでした

陶謙「董卓を野放しにするわけにはいかん」（➡P68）
袁術「めんどくさいが董卓は気に入らん！」
孔伷「そうだそうだ！董卓討つべし！」
劉表「袁紹殿が参戦するなら私も協力しよう」
孫堅「この戦で活躍すれば出世できるかも…」

幽州　冀州　并州　涼州　兗州　徐州　司隷　豫州　荊州　揚州　益州
長安　洛陽　汜水関　陳留

曹操の部下たち
この時、曹操の人生を支えた武将たちが仲間に加わります
●いとこ・親戚
夏侯惇　夏侯淵　曹仁　曹洪
●義勇兵
李典　楽進

汜水関の戦い

両軍は汜水関で激突。董卓軍の猛将・華雄と５万の兵を相手に先鋒の孫堅は善戦していました。しかし、補給係の袁術の妨害で孫堅は撤退。その後、関羽が華雄を斬りました。

孫堅 VS 華雄

行けーい！
程普
孫堅
黄蓋
なんて
勢いだ…
華雄

董卓軍の華雄に対し、反董卓連合軍は孫堅を向かわせました。孫堅たちは華雄の軍をどんどん撃破していきます。

お腹が空いた？
はて、なんのことやら
（私の傘下のくせに、
活躍しすぎ！）
プイッ
袁術
あとちょっとで
勝てるが食糧が
来ない…
ぐ～～
孫堅

孫堅の快進撃を聞いた袁術は「孫堅が出世したら自分の領地を奪われる」と思い、補給をさぼります。

もう空腹が限界だ！
撤退！撤退！
孫堅
今が
チャンスだ！
華雄

華雄の勝ち

袁術が食糧を送らないため、孫堅軍は力を失い、華雄に追いこまれます。孫堅はなんとか逃げ切りました。

関羽 VS 華雄

もはや華雄に敵う
武将はいないのか…
曹操
袁紹
どうれ、拙者が華雄を
斬ってしんぜよう
関羽

反董卓連合軍が、孫堅に続く武将を探していると関羽が立候補。曹操は関羽に温かい酒を注いで応援します。関羽は酒を飲まずに出陣しました。

曹操
袁紹
お見事！
酒が温かいうちに
終わらせましたぞ
関羽
まるでかませ犬
ではないか…
関羽の勝ち

関羽は華雄を一刀両断し帰ってきました。この時、曹操が注いだ酒は、まだ冷めていませんでした。

正史では？ ちゃんと華雄に勝った孫堅

「正史」では、孫堅が華雄の首を斬りました。『三国志演義』は劉備とその仲間たちが主人公のため、関羽を活躍させたのです。とくに関羽は現在「商売の神様」として祀られていること（➡P172）から、活躍するシーンが追加されています。

ワシが董卓を追い
つめたのだ！
孫堅

9 虎牢関の戦いと反董卓連合軍の崩壊

おもなできごと
虎牢関の戦い後、董卓は洛陽から長安へ遷都。反董卓連合軍は解散する

事件の舞台

虎牢関

反董卓連合軍の崩壊

華雄の死を受けて、董卓は虎牢関で決戦すべく、呂布を派遣しました。
劉備・関羽・張飛の３人は呂布をなんとか追い返しました。

華雄を討った
今こそチャンス！
虎牢関に攻めこむぞ！
＼オーッ！／
＼オーッ！／
袁紹

華雄の敵は
オレが討つ！
りょっ
呂布だーっ！
虎牢関
反
反
呂布

勝負だ！
呂布ー！
さすがのオレも
３対１はキツイ！
撤退だ！
劉備
関羽
張飛
呂布

呂布が撤退した
じゃと!?
ヤバイじゃないか
董卓

START
反董卓連合軍のリーダー・袁紹は、虎牢関まで進軍します。董卓がいる洛陽まで、あと一歩のところです

董卓配下の呂布が参上
反董卓連合軍が虎牢関に現れたと聞き、董卓は「人中の呂布（最強の呂布）」とあだ名される、呂布を派遣します

劉備３兄弟 VS 呂布
張飛は呂布を見つけて一騎討ちを挑みます。そこへ関羽も参戦、さらに劉備も参戦し３対１で戦います。さすがの呂布も撤退しました

董卓、遷都する
呂布の撤退を聞いた董卓は、献帝を長安へ連れ出し遷都しました

洛陽の都を焼き払い
董卓様の拠点に近い
長安へ遷都しましょう
李儒

華雄の討ち死にを知った董卓は、虎牢関に呂布を派遣しますが、劉備・関羽・張飛が３人がかりでこれを迎撃しました。

呂布の撤退を受け、董卓は腹心・李儒のアドバイスで、洛陽を焼き払い、長安に都を移します。曹操はこれを追いかけますが、待ち伏せしていた呂布と徐栄の攻撃を受け撤退。反董卓連合軍の面々は戦意を喪失し、各々の陣地に帰っていきました。

この時、焼けた洛陽を掃除していた孫堅は、皇帝の証である伝国の玉璽を発見し、しれっと持ち帰りました。

正史では？ 虎牢関はない!?

そもそも「虎牢関」は、華雄が討たれた「汜水関」の別名であり、同じ場所を指しました。『三国志演義』はそれぞれを別の場所として扱い、劉備たちの見せ場をつくったのです。この虎牢関の戦いは京劇などで人気を博しました。

董卓の拠点
涼州
洛陽
虎牢関
都を移動
長安
長安にはりっぱな城壁もあり、安全だった
今ココ

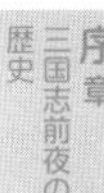

洛陽大炎上

董卓は遷都の際に洛陽の都を焼き払いました。たくさんの住民が巻きこまれ、焼け死にました

曹操ルート

逃げた董卓を追うのだ！

曹操

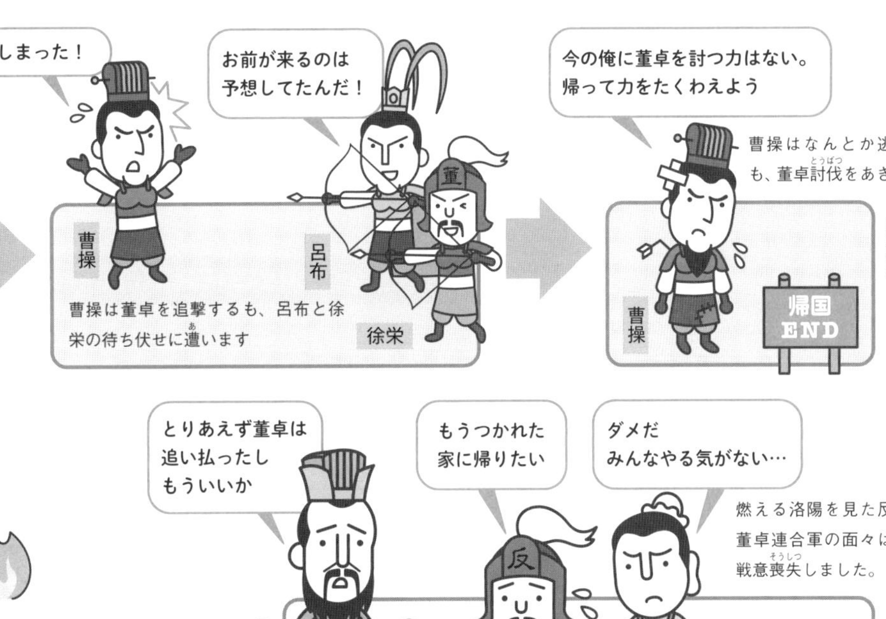

しまった！
お前が来るのは予想してたんだ！
曹操
呂布
董
徐栄
今の俺に董卓を討つ力はない。帰って力をたくわえよう
曹操
帰国 END

曹操は董卓を追撃するも、呂布と徐栄の待ち伏せに遭います

曹操はなんとか逃げのびるも、董卓討伐をあきらめます。

劉備ルート

とりあえず董卓は追い払ったしもういいか
もうつかれた家に帰りたい
ダメだみんなやる気がない…
反
袁紹
劉備
戦意喪失 END

燃える洛陽を見た反董卓連合軍の面々は戦意喪失しました。

反董卓連合軍解散！

言い出しっぺの曹操も帰国し、やる気を失った反董卓連合軍は、ひとまず「洛陽から董卓を追い出す」という目標はクリアしたということで、解散しました。群雄たちはそれぞれの国に帰っていきました

フハハハハハ！ワシに敵うものなどおらんのだ！

董卓

孫堅ルート

焼けた都を掃除しよう

孫堅

こんなものがありました！
これは伝国の玉璽じゃないか！
孫
孫堅
そろそろ地元が心配なので帰りますねー
孫堅…何か隠している？
孫堅
袁紹
帰国 END

孫堅たちが洛陽を掃除していると、井戸から伝国の玉璽を発見しました

孫堅はこっそりと伝国の玉璽を持ち帰ります。袁紹は怪しみました

伝国の玉璽って何？

伝国の玉璽とは、秦の始皇帝（➡P32）以来、代々の皇帝が受け継いできたハンコのことです。孫堅はこの玉璽を根拠に皇帝になろうと、ひそかに持ち帰ったのです。しかし、孫堅が玉璽を持っていることは袁紹の耳に伝わり、袁紹の指示を受けた劉表によって、孫堅は殺されてしまいます

玉璽をめぐる戦いは➡P76に続きます

10 美女連環の計に討たれる董卓

おもなできごと 董卓と呂布は貂蟬をめぐって対立。董卓は暗殺され、呂布は追放される

事件の舞台

長安

長安に逃げた董卓たちは、いよいよ向かうところ敵なしとなり、いっそう暴虐を行いました。そこで名士・王允は悩んだすえに養女・貂蟬に、董卓と呂布に色じかけをして仲を引き裂く「美女連環の計」を提案します。貂蟬のハニートラップは見事成功。呂布は貂蟬と結ばれるために、王允の援助のもと、董卓を暗殺しました。

しかしその後、董卓の部下である李傕と郭汜が献帝を保護し、後見人の地位を奪取。王允は殺され、呂布は貂蟬を連れて都から逃亡します。居場所を失った呂布は袁紹や袁術のところを転々とするも、うまくいかず、放浪の旅に出ます。

王允の養女・貂蟬

貂蟬はもともと孤児でしたが、王允に拾われ歌と踊りを学び、歌妓となりました。貂蟬はその恩返しをするために、自分にできることはなんでもすると言います。そこで王允は、貂蟬を宮廷に送りこみ、董卓・呂布の２人に色じかけを行う「美女連環の計」を思いつきます。

➡貂蟬
宮廷に侵入！

すまん貂蟬…
天下のためには
お前の力が必要だ
お任せください
だんな様
王允
貂蟬

貂蟬の色じかけで三角関係に

貂蟬は董卓の側室となりますが、呂布にもアピールします。こうして董卓と呂布は貂蟬をめぐり対立。王允はすかさず呂布に董卓暗殺をうながします。

呂布がしつこく
言い寄ってくるの

本当は董卓とじゃなくて
呂布様と結婚したいの

かわいい貂蟬！
呂布はワシがこらしめよう

愛しの貂蟬！
オレが董卓を殺すから
結婚しよう！

貂蟬

美女連環の計

貂蟬をめぐって
対立！

董卓

呂布

絶対に罠なのに…
我々は女の手に
かかって死ぬのか…

呂布殿！
我が娘のために
私も手伝います！

かたじけない

李儒

董卓の腹心・李儒は「貂蟬の罠だ」と気づきましたが、董卓は聞く耳を持ちませんでした。

王允

呂布

呂布の董卓暗殺と長安の混乱

呂布は貂蝉をものにするため、董卓を暗殺します。その後、董卓の部下である李傕・郭汜の反撃に遭い、王允は死亡、呂布は逃亡しました。

董卓、覚悟！
ぐわー！
呂布め、裏切りおったか！
呂布
董卓

董卓は王允がつくったニセの詔に呼び寄せられたところを、呂布に殺されました。

呂布よ！
長安は頂いたぞ！
都を奪われてしまった…
李傕
献帝
郭汜
呂布

異変に気づいた李傕・郭汜は王允を殺害。献帝を保護します。呂布は居場所を失い、逃亡します。

オレを部下にしてみないか！
丁原と董卓、2回も親を殺したお前など信用できん
呂布
袁紹
袁術

呂布は袁紹や袁術のもとへ逃げ、仕官しますが、丁原（➡P60）と董卓、2回も上司を裏切った呂布は信用されません。

もうオレに居場所はないのか…
呂布殿！
こっちこっち！
➡曹操領
呂布
陳宮

その後、呂布は兗州に逃げこみます。そこで、軍師・陳宮（➡P60）と初めて出会います。

正史では？ 貂蝉はいなかった？

貂蝉は『三国志演義』に登場するオリジナルキャラクターで、実在しません。しかし「正史」でも、「呂布が董卓の侍女と密通しており、事がバレるのを恐れていた」という記録が残っています。

美女はすべてワシのものじゃ！
董卓
呂布

日本では？ 自害した貂蝉

『三国志演義』では貂蝉は呂布の側室となり最期までそいとげます。しかし吉川英治『三国志』では、董卓暗殺が成しとげられた直後、貂蝉は自害します。作戦とは言え、色じかけという行動を恥じてのことでした。

さあ貂蝉、結婚しよう…うわー！
貂蝉
呂布

11 曹操の徐州虐殺事件

おもなできごと 父を殺された恨みで曹操は徐州の民を虐殺。その隙に呂布が兗州を獲得

事件の舞台

徐州

反董卓連合軍の解散後、袁紹と袁術の対立を筆頭に、群雄たちは争い始めました。そんな中で、兗州牧（＝兗州のリーダー）になった曹操は、青州兵（兗州にいた黄巾党の残党）を従え、勢力を拡大。徐州にいた父・曹嵩を呼び寄せます。

この時、徐州牧・陶謙は、自分の部下に曹嵩を警護させます。しかし部下たちは曹嵩を勝手に殺害。怒った曹操は大軍を引き連れ、徐州の民を虐殺しました。困った陶謙は劉備に援軍を頼みました。

一方、陳宮は曹操の虐殺に怒り、呂布を引き入れて兗州に攻めこみます。曹操は急いで帰るも兗州を呂布に奪われます。劉備は何もしていませんでしたが、曹操を追い返した功績として、陶謙から徐州を譲られました。

反董卓連合軍解散後の群雄

この時、とくに強い権力を持っていたのは袁紹・袁術兄弟でした。群雄の多くが袁紹派・袁術派に別れて争いました。

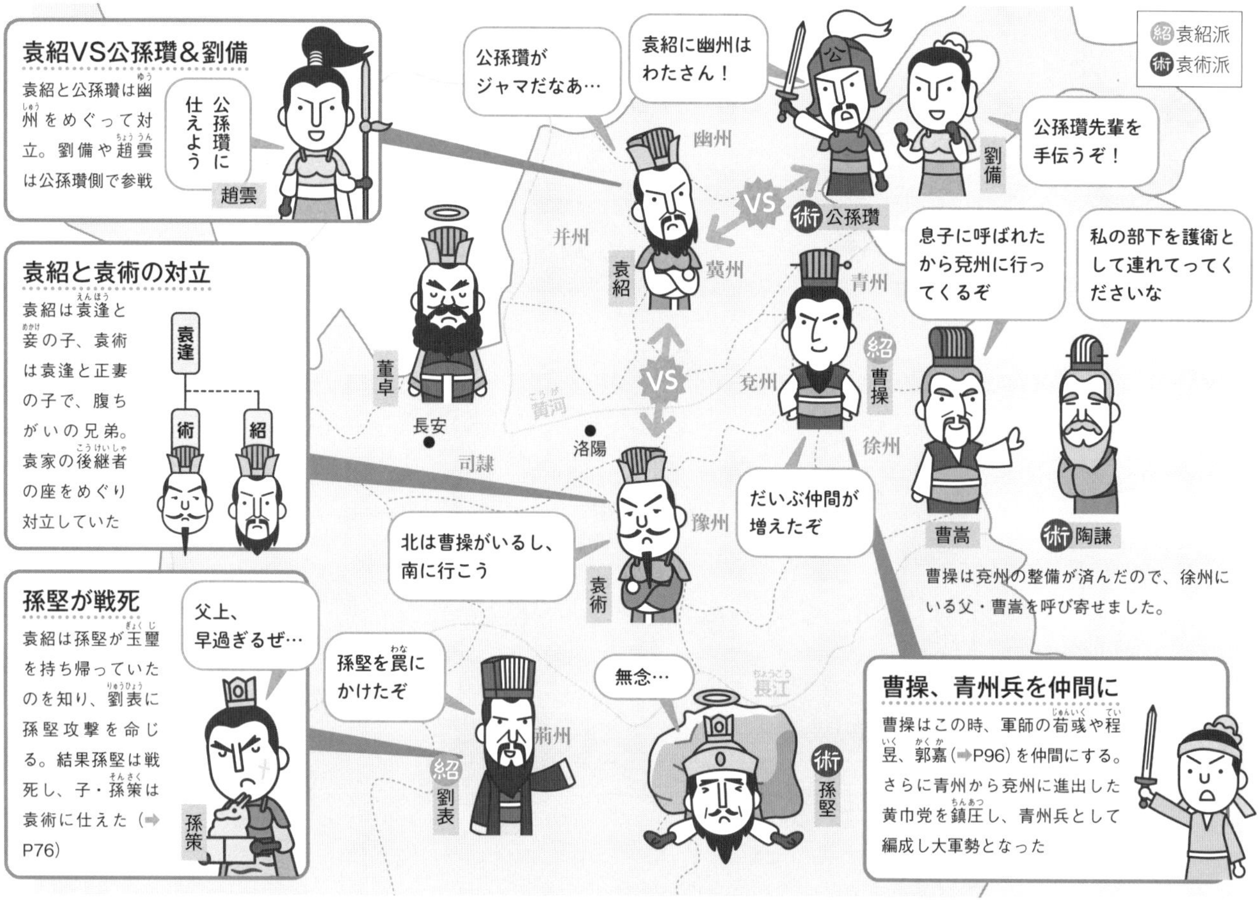

紹 袁紹派
術 袁術派

袁紹VS公孫瓚＆劉備

袁紹と公孫瓚は幽州をめぐって対立。劉備や趙雲は公孫瓚側で参戦

公孫瓚に仕えよう
趙雲

袁紹と袁術の対立

袁紹は袁逢と妾の子、袁術は袁逢と正妻の子で、腹ちがいの兄弟。袁家の後継者の座をめぐり対立していた

袁逢
術
紹

孫堅が戦死

袁紹は孫堅が玉璽を持ち帰っていたのを知り、劉表に孫堅攻撃を命じる。結果孫堅は戦死し、子・孫策は袁術に仕えた（➡P76）

父上、早過ぎるぜ…
孫策

公孫瓚がジャマだなあ…
袁紹に幽州はわたさん！
公孫瓚先輩を手伝うぞ！
術 公孫瓚
劉備
袁紹
VS
幽州
并州
冀州
青州
董卓
長安
洛陽
司隷
黄河
兗州
徐州
豫州
荊州
長江
紹 曹操
息子に呼ばれたから兗州に行ってくるぞ
私の部下を護衛として連れてってくださいな
曹嵩
術 陶謙
曹操は兗州の整備が済んだので、徐州にいる父・曹嵩を呼び寄せました。
だいぶ仲間が増えたぞ
北は曹操がいるし、南に行こう
袁術
孫堅を罠にかけたぞ
紹 劉表
無念…
術 孫堅

曹操、青州兵を仲間に

曹操はこの時、軍師の荀彧や程昱、郭嘉（➡P96）を仲間にする。さらに青州から兗州に進出した黄巾党を鎮圧し、青州兵として編成し大軍勢となった

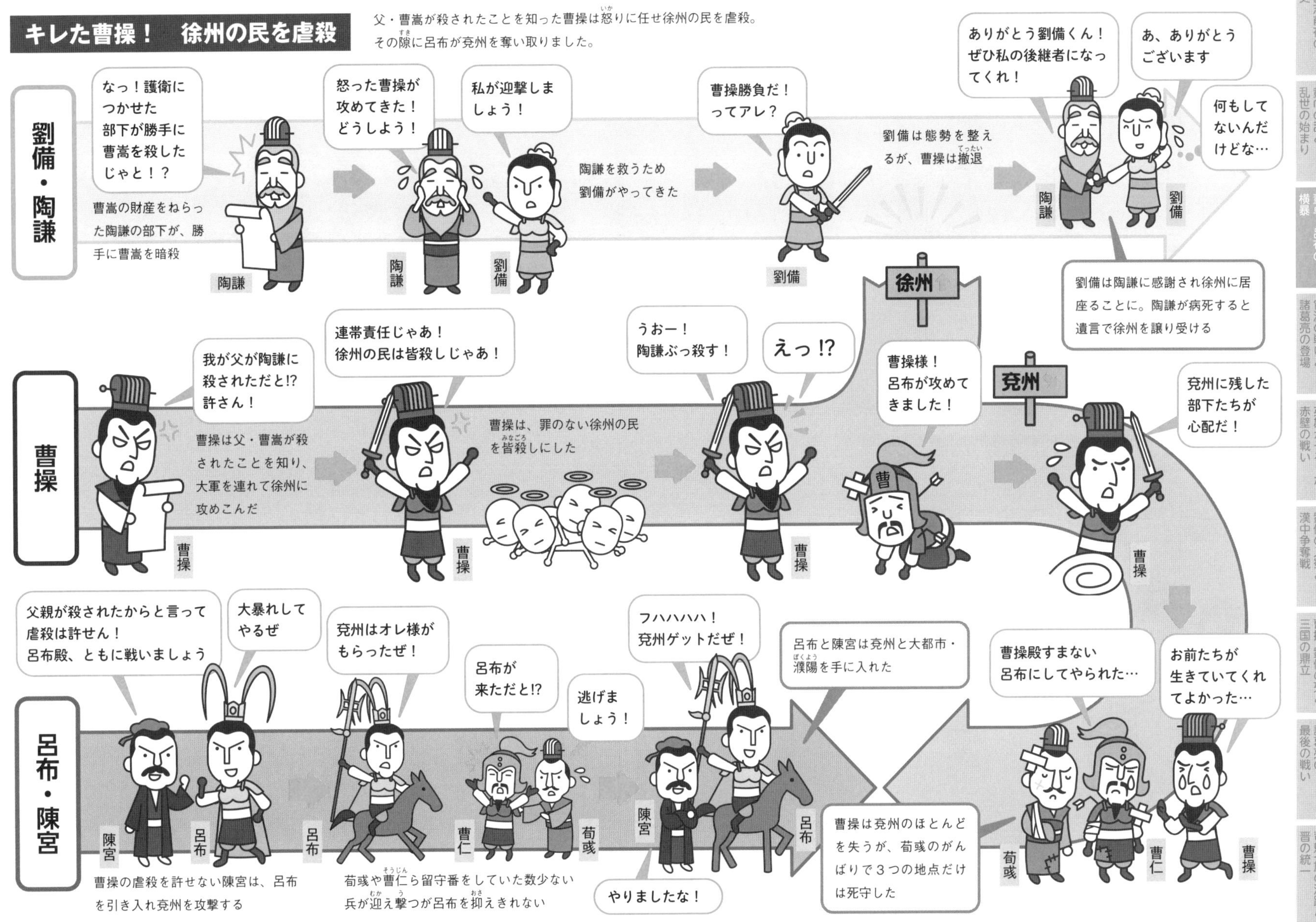
キレた曹操！　徐州の民を虐殺
父・曹嵩が殺されたことを知った曹操は怒りに任せ徐州の民を虐殺。
その隙に呂布が兗州を奪い取りました。
劉備・陶謙
なっ！護衛につかせた部下が勝手に曹嵩を殺したじゃと！？
曹嵩の財産をねらった陶謙の部下が、勝手に曹嵩を暗殺
陶謙
怒った曹操が攻めてきた！どうしよう！
私が迎撃しましょう！
陶謙
劉備
陶謙を救うため劉備がやってきた
曹操勝負だ！ってアレ？
劉備
劉備は態勢を整えるが、曹操は撤退
ありがとう劉備くん！ぜひ私の後継者になってくれ！
あ、ありがとうございます
何もしてないんだけどな…
陶謙
劉備
劉備は陶謙に感謝され徐州に居座ることに。陶謙が病死すると遺言で徐州を譲り受ける
徐州
兗州
曹操
我が父が陶謙に殺されただと!? 許さん！
曹操は父・曹嵩が殺されたことを知り、大軍を連れて徐州に攻めこんだ
曹操
連帯責任じゃあ！徐州の民は皆殺しじゃあ！
曹操は、罪のない徐州の民を皆殺しにした
曹操
うおー！陶謙ぶっ殺す！
えっ!?
曹操
曹操様！呂布が攻めてきました！
曹
兗州に残した部下たちが心配だ！
曹操
呂布・陳宮
父親が殺されたからと言って虐殺は許せん！呂布殿、ともに戦いましょう
大暴れしてやるぜ
陳宮
呂布
曹操の虐殺を許せない陳宮は、呂布を引き入れ兗州を攻撃する
兗州はオレ様がもらったぜ！
呂布
荀彧や曹仁ら留守番をしていた数少ない兵が迎え撃つが呂布を抑えきれない
呂布が来ただと!?
逃げましょう！
曹仁
荀彧
フハハハハ！兗州ゲットだぜ！
陳宮
呂布
やりましたな！
呂布と陳宮は兗州と大都市・濮陽を手に入れた
曹操は兗州のほとんどを失うが、荀彧のがんばりで３つの地点だけは死守した
曹操殿すまない呂布にしてやられた…
お前たちが生きていてくれてよかった…
荀彧
曹仁
曹操

12 曹操が献帝を迎え入れる

おもなできごと
曹操は呂布から兗州を取りもどし、献帝を迎え入れ許都に遷都した

事件の舞台

許都

呂布が兗州に侵入したと聞き、徐州から急いで帰ってきた曹操ですが、呂布との決着をつける前にイナゴの群れが来たため撤退します。曹操は食糧確保のため、黄巾党の残党を倒し、豊かな汝南の地を獲得。その際、猛将・許褚を仲間に入れて兵力を増強し、呂布にリベンジマッチを挑み兗州を取り返します。曹操に敗れた呂布は、徐州にいる劉備のもとへ逃げこみました。

その後、曹操は李傕・郭汜（➡P66）が仲たがいしている隙に洛陽で献帝を保護。献帝の身柄を本拠地・許都に移し、曹操は大将軍・武平侯の地位につきました。

だれか朕を助けてくれ
献帝

兗州をめぐる呂布と曹操の戦い

曹操は呂布から兗州を奪還すべく、濮陽で戦います。曹操はなかなか勝てず、最終的にイナゴの群れが来たため兗州奪還をあきらめました。

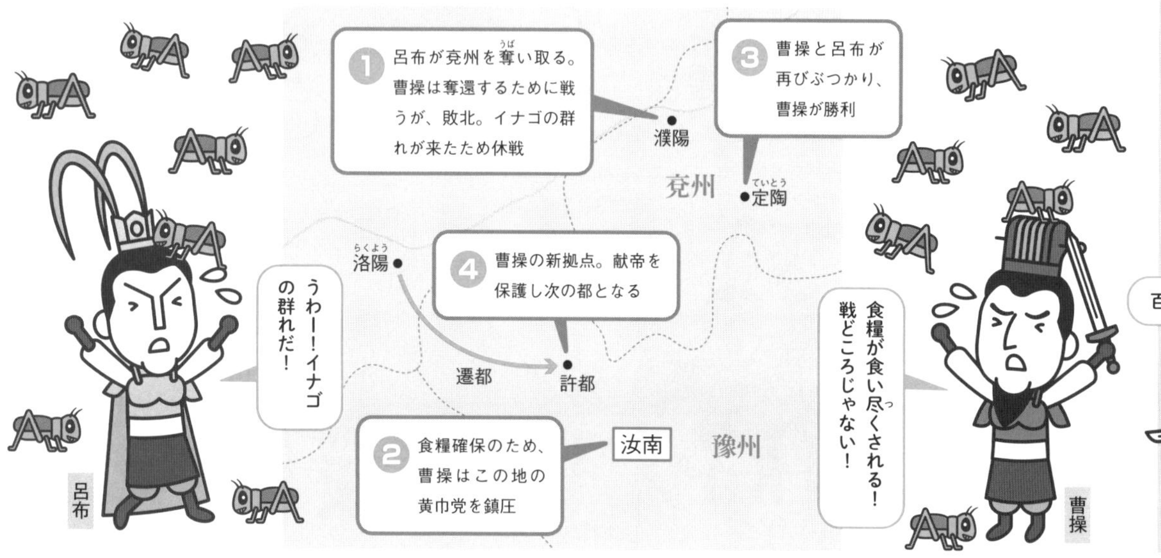
①呂布が兗州を奪い取る。曹操は奪還するために戦うが、敗北。イナゴの群れが来たため休戦
②食糧確保のため、曹操はこの地の黄巾党を鎮圧
③曹操と呂布が再びぶつかり、曹操が勝利
④曹操の新拠点。献帝を保護し次の都となる
濮陽
兗州
定陶
洛陽
遷都
許都
汝南
豫州
うわー！イナゴの群れだ！
呂布
食糧が食い尽くされる！戦どころじゃない！
曹操

column
呂布軍を蹴散らした曹操軍の猛将たち

曹操と呂布は、反董卓連合軍の結成（➡P62）以来、多くの戦をくり広げました。この戦の中で、曹操軍は何度も危機におちいりますが、そのたびに武将たちが活躍しました。ここではその一例を紹介します。

隻眼となった夏侯惇

夏侯惇は曹操のいとこで、曹操がもっとも信頼した部下といわれています。ある時、激しい戦闘の中で呂布軍の曹性が射った矢が左目に刺さる事態が発生。夏侯惇は矢を引きぬき「両親からもらった体を捨てるわけにいかない」と目玉を食べました。その後、曹性を討ちました。

もったいない
パクッ
夏侯惇

短戟の使い手・典韋

百発百中じゃ
典韋

呂布軍に包囲され大ピンチの曹操。そこへ典韋が前に進み出し、敵兵をダーツのように一人一人短戟で倒し、活路を開きました。その活躍は曹操から「悪来（殷時代の剛腕の持ち主）の再来」と評されました。

献帝を迎え入れ曹操が起死回生

曹操は汝南を制圧し、食糧と兵力を確保すると、呂布と再戦。勝利したあとは献帝を保護し、許都に遷都（せんと）しました。

食糧確保政策・屯田制（とんでんせい）

曹操は食糧確保のため、屯田制を始めます。身寄りのない農民に土地を分配し、土地代として収穫物の５割を曹操に納める仕組みです。この屯田制は後世多くの王朝・国が採用しました

土地を分配
土地代として収穫物の５割を納める

腹が減っては戦はできぬ…
曹操

イナゴのせいで食糧不足に

イナゴの群れは食糧を食いつくしました。曹操は食糧の確保を急ぎました

オレたち武将も畑仕事だ
まったく蝗害（こうがい）には困ったものだ 数百年後には解決してるかなあ…
夏侯惇

黄巾の民たちよ！ オレに従え！ まずは土地を耕すぞ！
ハハーッ！
曹操

黄巾党の残党を従（したが）える

曹操は新しい畑をつくるべく、広大な汝南の地に攻めこみます。汝南にいた黄巾党の残党を従え、農地を開拓（かいたく）しました

おもしろい奴だ オレについてこい
はーい
曹操
許褚

農民・許褚を仲間に

汝南での戦闘中、同じく黄巾党の残党退治を行う勇士・許褚を発見。許褚は農民ながらりっぱな体つきで、力持ちでした。曹操は許褚を気に入り、配下に組み入れました

呂布！覚悟！
さすがに豪傑（ごうけつ）２人相手はキツイ…
典韋
許褚
呂布

呂布を追い払（はら）う（定陶の戦い）

食料と兵力を確保した曹操は、呂布にリベンジを挑み、兗州を取り返しました

➡呂布は劉備のもとへ逃亡

オレがリーダーだ！
いやオレだ！
李傕
郭汜
ここには城壁もあるから安心ですよ
許
曹操
献帝
あ、ありがとう…（信用できるかな）
陛下（へいか）！私がお守りします！
そうか…
曹操
献帝

献帝を迎（むか）え入れる

李傕・郭汜の対立を知った曹操は急いで献帝を迎えに行き、洛陽で保護しました

許都に遷都する

曹操はりっぱな許都に献帝を移動させ遷都します。その功績で大将軍となり、献帝に代わって号令できる立場につきました

スマン劉備 助けてくれ…
いいですよ
裏切り者の呂布を入れて大丈夫かな？
呂布
劉備
張飛（ちょうひ）

column 曹操はどうして献帝を迎え入れたの？

曹操は徐州虐殺（ぎゃくさつ）事件をきっかけに、人望を失っていました。その人望を回復するために献帝を保護したのです。結果曹操のもとには献帝のために働きたい名士たちが集まり、人材の宝庫となりました。

陛下を守るため私も曹操に降ろう
徐晃（じょこう）

13 宛城の戦いと張飛の大失敗

おもなできごと
曹操は張繡から攻撃を受け退却。劉備は呂布に徐州を奪われた

事件の舞台

下邳
宛城

曹操は、徐州に逃げこんだ呂布が劉備と結託するのを防ぐため、計略で仲たがいさせようとします。結果、劉備の留守中、張飛が酔っぱらっている隙をついて呂布が徐州城を奪い取りました。

一方、曹操は反乱を起こした張繡を倒すべく、宛城へ侵攻。張繡はそそくさと降伏します。しかしこれは張繡の軍師・賈詡の謀略で、曹操は息子・曹昂と猛将・典韋を失うこととなりました。

許都から宛城へ

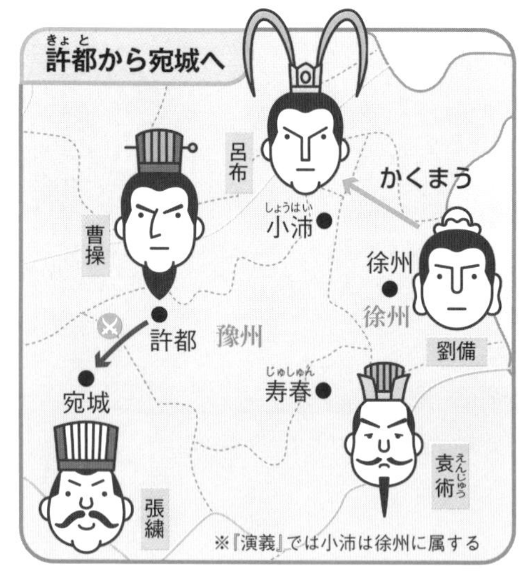

呂布
かくまう
曹操
小沛
徐州
徐州
劉備
許都
豫州
宛城
寿春
袁術
張繡
※『演義』では小沛は徐州に属する

大炎上した宛城

張繡は献帝を保護するべく、曹操討伐の兵をあげます。曹操軍に圧倒された賈詡は、張繡に降伏を提案。しかしこれは賈詡の作戦の第一歩だったのです。

① 宛城をわたした張繡＆賈詡

さあ、宛城をわたしてもらおうか
むむむ…
張繡様、ここはガマンですぞ
宛城
曹操
張繡
賈詡

曹操軍の大群を見た賈詡は張繡に降伏するようアドバイスします。張繡はこれを受け入れ曹操に降伏し、毎日宴会をしました。

② 鄒氏に一目惚れした曹操

なんてカワイイんだ！
これはチャンスですね
ああ、ワシの兄嫁が…
曹操
鄒氏
賈詡
張繡

酔った曹操は鄒氏（亡くなった張繡の兄の妻）に一目惚れ。毎日鄒氏と過ごすようになります。賈詡はこの隙に曹操を討とうと考えます。

③ 宛城、炎上する

父上！張繡の裏切りです！お逃げください！
宛城を返せー！
しまった！美女に夢中になってたばっかりに！
張
張
曹昂
曹操
胡車児
張繡

曹操が寝ているうちに張繡軍は宛城に火をつけます。ボディーガード・典韋の武器も酔って寝ているうちに、張繡軍の胡車児に奪われていました。

④ 典韋や曹昂に守られ逃亡する曹操

曹昂…典韋…スマン！
迎え討つぞ！
典韋は最期、立ちながら死んだという
死んでも通さん！
曹
曹昂
曹操
典韋

典韋は鎧を着ずに張繡軍を迎撃し戦死。曹操の子・曹昂も、曹操に自分の馬を貸して身代わりに戦死します。曹操は泣きながら逃走しました。

呂布に城を奪われた劉備

曹操は呂布と劉備が結託しないよう、2人の仲を引き裂こうとします。結果、曹操の思惑通り、呂布は劉備の留守中に徐州城を奪い取りました。

呂布と劉備がたがいにつぶし合うよう仕向けましょう!
このタイミングで劉備と呂布が結託したらどうしよう
作戦①
作戦②
荀彧
曹操

荀彧の作戦① 二虎競食の計

劉備に徐州牧の地位と、呂布暗殺の密命を送る。エサを取り合う虎のように、劉備と呂布に殺し合いをさせる作戦

ガオー
ガオー
徐州
劉備
呂布

結果は… 劉備は「徐州牧の地位を与える見返りに呂布を殺せ」という曹操の密命を読むが、呂布に報告し策を破る。

自分を頼ってきた呂布殿を殺すなんて私にはできない
徐州のリーダーになったぞ!
おめでとう!
劉備は徐州牧
劉備
呂布
関羽
張飛

劉備は曹操の密命を無視し呂布を殺さなかった

ミッション
失敗

つ、次は必ず!
荀彧、失敗したぞ
作戦②
曹操
荀彧

荀彧の作戦② 駆虎呑狼の計

袁術に劉備(狼)をけしかけるうちに、呂布(虎)が徐州を飲みこむよう仕向ける作戦。曹操は献帝の命令という形で劉備に命令書を送る

劉備
袁術
徐州
呂布

劉備が攻めてくるぞ!

袁術を討て!

なに!?格下の劉備が攻めてくるだと!?
紀霊!行ってまいれ!
御意!
袁術
紀霊

劉備は、献帝の命令には逆らえず、張飛に留守を任せて袁術討伐にでかけた。

拙者がお供しましょう
じゃあ俺が留守番するぜ!

帝が袁術を倒してくれとお命じだ
劉備

関羽
張飛

結果は… 張飛が宴会で酔っぱらい、曹豹に暴力をふるう。怒った曹豹は呂布を徐州城に呼びこんだ。

オレの酒が飲めんのか〜
張飛が酔っているうちに徐州城を奪うのだ!
張飛
曹豹
呂布
陳宮
呂布殿!今がチャンスです!

呂布は劉備の留守中に徐州城を奪い取る

ミッション
成功!

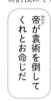

兄者、申し訳ない死んで詫びる!

起きてしまったことは仕方ない!死ぬな張飛!

張飛　劉備　関羽

張飛は失態を恥じて自害しようとするが劉備に止められる。その後、劉備は呂布に降伏し、2人の立場は逆転する。

劉備殿には小沛城を任せよう

ありがとう

呂布　劉備

14 下邳城の戦い ～猛将・呂布の最期

おもなできごと 曹操と劉備は協力して呂布を下邳城に追いこみ、討伐した

事件の舞台

下邳城

徐州城を呂布に取られた劉備は呂布に降伏します。しかしその後、張飛が呂布の馬を盗んだため、曹操のもとに逃亡。これを機に曹操は、劉備と結託して呂布を討伐することにしました。

劉備の裏切りを知った呂布は怒りに任せて出撃しますが、曹操の策略や陳珪・陳登親子の裏切りにより下邳城に追いつめられ、ついに捕縛されました。曹操が呂布の処遇を劉備にゆだねると、劉備は処刑を望みます。こうして「三国志最強」とうたわれる猛将・呂布は、最期まで大業を成しとげることなく、絞首刑にされました。

column スナイパー呂布の弓さばき

呂布と劉備の争いを知った袁術軍の紀霊は、ここぞとばかりに劉備を攻撃。すると呂布は、自らの戟を立たたせて「150歩離れた距離から矢を射ち、戟に当たったら戦をやめろ」と言います。矢は見事戟に当たり、劉備と紀霊は休戦しました。

オレの弓さばきに免じて仲直りしろ
呂布
劉備
紀霊

劉備と呂布の仲間割れ

徐州城を奪われた腹いせに、張飛は呂布の馬を盗難。怒った呂布から逃れるべく劉備は曹操領を目指します。

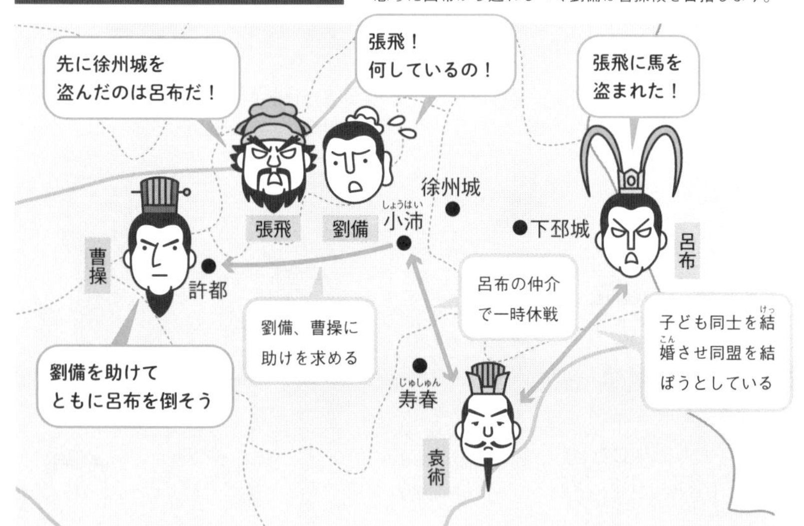

先に徐州城を盗んだのは呂布だ！
張飛！何しているの！
張飛に馬を盗まれた！
張飛
劉備
徐州城
小沛
下邳城
呂布
曹操
許都
呂布の仲介で一時休戦
劉備、曹操に助けを求める
子ども同士を結婚させ同盟を結ぼうとしている
寿春
袁術
劉備を助けてともに呂布を倒そう

曹操の呂布討伐作戦

曹操は逃げてきた劉備をかくまい、ともに呂布を討とうと提案。同じ頃、陳親子も呂布討伐に向けて暗躍していました。

❶ 劉備と呂布を和睦させる

張飛の馬泥棒に怒る呂布に対し、曹操は官位をあげてなだめます。すっかりご機嫌になった呂布は劉備と和睦。劉備は再び小沛に戻り、呂布討伐の機会をうかがうことにします。

しゃーねえなー
官位をあげるから仲直りしなさい 曹操
ごめんなさい
劉備
呂布

❷ 呂布と袁術の同盟を妨害

袁術と呂布は子ども同士を結婚させ、同盟を組もうとしていました。劉備のファンである徐州の名士・陳珪とその子・陳登は、呂布の勢力を削ぐために結婚を引き留めます。陳親子はのちに曹操と内通し、呂布の動向を伝えるスパイとなります。

まだ早いですよ！エライ人ほど準備が長いものです！
娘の結婚式はいつにしようかな
呂布
陳珪
陳登

下邳城の戦い

曹操と劉備が内通していることに気づいた呂布は劉備を猛攻撃。劉備は再び曹操のもとに逃げこみました。

1 劉備の裏切りがバレる

呂布が陳親子と連日宴会しているのを見かねた軍師・陳宮は呂布をいさめますが怒られます。落ちこんだ陳宮が気分転換に小沛で狩りをしていると、不審者がいました。

お前はいつも
口うるさいな～
最近呂布殿が
私の話を
聞いてくれない…
ん!?
ギクッ
呂布
陳宮

不審者の正体は、劉備が曹操に向けて送った使者でした。劉備と曹操の結託を知った呂布は大激怒します。

呂布殿！劉備が
裏切りました！
なにー！
曹操殿
呂布を倒そう
劉備より
呂布

劉備！
覚悟ー！
まずい！バレた！
曹操殿のもとに
逃げよう！
劉備！
こっちだ！
張遼
高順
呂布
劉備
関羽
張飛
曹操

呂布は強者の張遼と高順のコンビを引き連れ劉備を追撃。劉備はぎりぎりで曹操の領地に逃げこみました。

2 下邳城の戦い

曹操と劉備は合流すると、反撃を開始。呂布を下邳城に追いこみ、水攻めにします。呂布軍は籠城せざるを得なくなり、投降兵が続出します。

徐州城は
もらったぞ！
城から出られないから
攻撃しようもない
降伏するしかないか…
あきらめろ！
呂布！
陳珪
陳登
徐州城
張遼
呂布
下邳城
陳宮
曹操
劉備

陳親子の裏切り

陳親子は闇に紛れて呂布と陳宮を同士討ちさせる。さらに徐州城や小沛城を奪い呂布を下邳城に追いこんだ

下邳城を水攻め

曹操たちは下邳城周辺の川の水を使って水攻めを行う。呂布たちは城の外に出られなくなった

3 呂布の最期

呂布は部下に裏切られ捕縛されます。曹操は呂布を部下にするかどうか悩みますが、劉備が「呂布は丁原と董卓を斬った男だ」と言ったため、曹操は呂布を死刑にしました。

おい曹操！
オレを部下に
しないか！
うーん
呂布殿は信用
できません
呂布
曹操
劉備

呂布軍のその後

陳宮と張遼も主君・呂布とともに処刑されることを希望。曹操は陳宮の才能をおしみ説得しますが、陳宮は折れませんでした。また、張遼は関羽の助命嘆願を受け、曹操の配下に加わります。関羽はかつて戦場で張遼に会った時、張遼が忠義に厚い人物だと見抜いていたからでした

お前には命を
救われたのに
早く殺せ！
張遼は
見逃してくれ
曹操
陳宮
張遼
関羽

15 孫堅の子・孫策の江東制覇

おもなできごと
孫堅の子・孫策は玉璽と引き換えに袁術から独立し江東に領地を持った

事件の舞台

江東

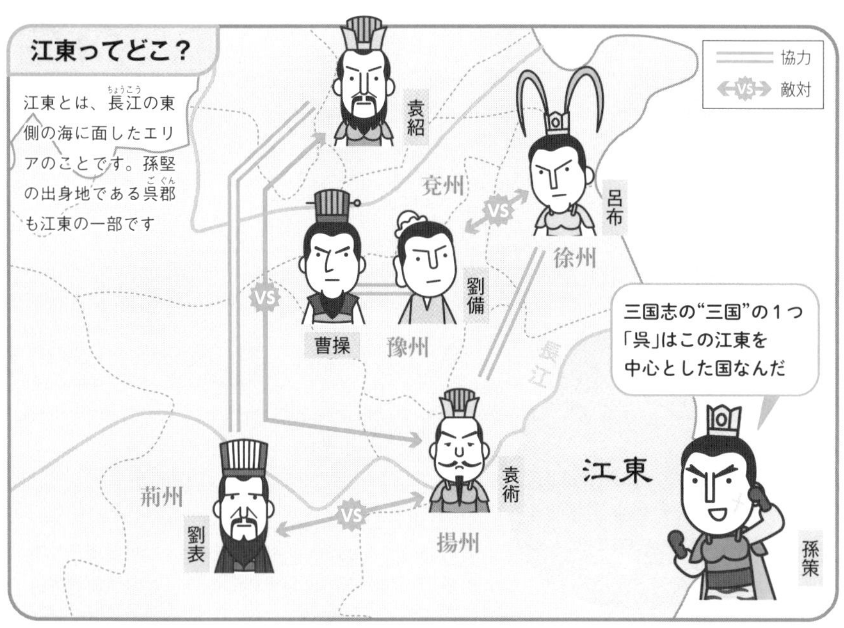

協力
VS 敵対
袁紹
呂布
兗州
徐州
曹操
劉備
豫州
長江
三国志の"三国"の1つ「呉」はこの江東を中心とした国なんだ
袁術
江東
荊州
劉表
揚州
孫策

江東ってどこ?

江東とは、長江の東側の海に面したエリアのことです。孫堅の出身地である呉郡も江東の一部です

反董卓連合軍の解散後、孫堅は玉璽を持って荊州に帰りました（➡P64）。それを知った袁紹は、劉表に孫堅討伐を命令。劉表は配下の黄祖とともに、孫堅を戦死させました。残された孫堅の子・孫策は、袁術に仕えることとなり、孫堅配下の武将たちも袁術に吸収されます。

数年後、孫策は父の敵討ちのために決起。玉璽と引き換えに袁術から兵を借りて、江東を制覇します。この戦いの中で孫策は、軍師・周瑜や猛将・太史慈など、優秀な仲間を増やしていきました。

孫堅の死

孫堅は玉璽を持ち帰る道中、劉表に妨害されました。その報復に劉表を攻撃しますが、その部下・呂公の罠にかかり死んでしまいます。程普はまだ若い孫策を連れて逃亡。その後、孫策たちは袁術に帰順します。

荊
くらえ！岩落とし！
呂公
うう…
孫堅
うう…若君だけでも私が救う！
孫策
程普

孫策、玉璽と兵を交換する

孫策は袁術のもとで戦い、大活躍。袁術から気に入られますが、自分の軍を持っておらず敵討ちができないことを悩んでいました。

うう、父の敵を討ちたい…
玉璽を与えれば袁術が兵を貸してくれますよ
泣かないで…
朱治
孫策
呂範

孫策がくやし泣きをしていると、朱治と呂範がなぐさめ、袁術に玉璽を与えて、兵士を借りることを提案しました。

なんと！玉璽をくれるだと？ようし、兵を貸してやろう
袁術
ありがとうございます！これで父の敵が討てます！
孫策

玉璽をもらった袁術は大喜び。孫策に兵を与えます。その中には、かつて孫堅に仕えた猛将たちもいました。また朱治と呂範も孫策に仕えました。

孫策の快進撃

孫策は父の敵討ちをする前に、家族がいる曲阿や父の生まれ故郷・呉などを征圧し、拠点を持つことにしました。

せいぜい
がんばれ
ありがとう
ございます！
孫策

START!
寿春
歴陽
牛渚
曲阿
秣陵
舒
呉
涇
会稽

① 周瑜たち仲間が合流

孫策の挙兵を聞いて、幼馴染の周瑜が駆けつける。また孫策のカリスマに惹かれて張昭や周泰が仲間入り

徐州の
名士じゃ
張昭
元河賊っす
周泰

親友の孫策を
助けねば
周瑜

② 太守・劉繇を倒せ！

太守・劉繇が孫策の叔父・呉景を攻撃していると聞き救援。劉繇の部下・太史慈を、壮絶な一騎討ちのすえ配下に加える

厚遇するから
オレの部下に
なれ！
だが断る！
孫策
太史慈

③ 海賊・厳白虎を倒せ！

勝手に「東呉の徳王」を名乗り呉で好き放題する海賊・厳白虎を攻撃。厳白虎は会稽の太守・王朗に助けを求めて南に逃亡

ワシは東呉の
徳王だぞ〜
厳
厳白虎

④ 太守・王朗を倒せ！

王朗は孫策に挑むも敗北。王朗の軍師・虞翻はずっと王朗に降伏を勧めたが聞いてもらえず、厳白虎と王朗は敗北。虞翻は孫策の配下に加わる

むむむ…
降伏してって
言ったのに！
王朗
虞翻

若のもとなら
元気100倍じゃ！
こんなに暴れて
大丈夫かのう
黄蓋
韓当
程普
若い頃の孫堅殿を
思い出すのう

じいたちの力が
あれば江東制覇も
夢じゃない！
孫策

⑤ 袁術から独立

孫策は袁術に玉璽の返却を頼むが袁術は拒否。これを機に袁術から独立した勢力となる

楚の項羽(➡P34)にならい
「小霸王」と呼ばれたのだ
孫策

column 自称皇帝・袁術

玉璽を手にした袁術は、勝手に皇帝を名乗り「仲王朝」を開きます。これには多くの人があきれて袁術を見限ります。

これからは
仲王朝じゃ
袁術

人物ガイド

董卓の生涯

董卓は、少帝を暗殺したり、洛陽の都を民もろとも燃やしたりと、数々の悪逆非道な行いから、『三国志演義』一番の暴君とされています。しかしながら、呂布や李儒などすぐれた人物を従える手腕を持つ、カリスマ性にあふれた人物でもありました。

正史では？ 董卓の最強部隊

董卓が生まれた隴西は騎馬民族・羌族が多く住む地域でした。董卓は羌族と強い結びつきを持ち、従えていました。

弓が得意だったんだ
董卓

涼州に生まれる

董卓は涼州の隴西という地域出身でした。「正史」には、若い頃の董卓は親分肌で気前が良く、馬に乗りながら、左右両方向に弓を放つほど、武芸にも秀でていたと書かれています。

助かった〜
大丈夫ですか？
董卓
劉備

黄巾の乱で敗北

董卓が黄巾党に追いつめられているところを、劉備が救助。劉備が無位無官だと知ると、董卓は見下して悪態をつきました。

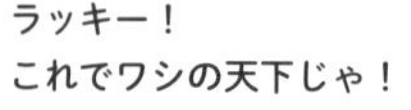
ラッキー！
これでワシの天下じゃ！

董卓
劉協
少帝

少帝と劉協を保護

袁紹が「打倒十常侍」を掲げて各地に号令を出すと、董卓も洛陽に向かいました。その道中で迷子になっている少帝・劉協（のちの献帝）兄弟を見つけて救出。朝廷に乗りこみ、２人の保護者として権力をにぎりました。

呂布！　これから
よろしく頼むぞ！
おう！
董卓
呂布

呂布を味方にする

董卓に逆らう丁原を排除するべく、丁原の警護役・呂布を赤兎馬と役職で買収します。呂布は丁原を暗殺し、董卓と呂布は親子の契りを結びました。

少帝を殺して
献帝を即位させろ
董卓
少帝
劉協

少帝を廃位させ献帝を即位させる

董卓は無能な少帝を廃位させ、献帝を即位させます。さらに少帝とその母・何太后を暗殺しました。

董卓の仲間❶ 李粛

董卓に仕えていた李粛は、呂布と同郷で呂布が欲深い性格なのを知っていた

呂布とはずっと
友達だったのさ
李粛

董卓の仲間❷ 李儒

少帝暗殺の実行犯・李儒は董卓を支えたブレーンで、長安遷都など数々の悪事の発案者でもある

天下太平のためには
手段を選びませんよ
李儒

烏合の衆のくせになかなかしぶといのう
董卓

最強はオレだ！
虎牢関
漢
漢
呂布

反董卓連合軍と戦う

袁紹や曹操らが反董卓連合軍を結成。董卓は、華雄や呂布に迎撃させますが、華雄は関羽に討たれ、呂布は撤退させられます。

董卓の仲間③ 徐栄

長安へ逃れる董卓を追撃してきた曹操を撃ち返した猛将。その際、曹操に矢が刺さり、曹操は撤退した

曹操を倒したぜ
董
徐栄

フハハハハハ！
ワシに敵う者などおらんのだ！
董卓

洛陽を焼き長安へ遷都する

呂布の撤退を受け、董卓は洛陽を焼いて長安に遷都します。長安は高い城壁もあり、董卓の拠点である涼州に近いためでした。反董卓連合軍は「董卓を洛陽から追い出す」という目標はクリアできたということで、解散します。

人間ろうそくになった董卓の遺体

董卓が暗殺された後、その遺体は市中にさらされます。この時、死体の番をする兵士が董卓のへそにろうそくをさして火をつけたところ、董卓の脂肪の油で翌日まで消えなかったといいます

董卓

なんてかわいいんだ！
ワシの愛人になれ！
董卓
貂蝉

貂蝉に出会う

董卓は美女・貂蝉に一目惚れします。さらに貂蝉は董卓が病気になると献身的に看病するなど性格も優しく、董卓はメロメロになります。しかし彼女は、董卓暗殺をくわだてる王允の養女でした。李儒は貂蝉をあやしみますが、董卓は聞く耳を持たず。李儒は「我々は女に殺されるんだ」と嘆きました。

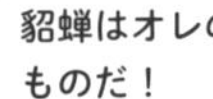

貂蝉はオレのものだ！

ぐはっ！
呂布
董卓

呂布に殺される

呂布もまた貂蝉に一目惚れしており、貂蝉をめぐって２人は対立していきます。そしてついに、王允にそそのかされた呂布は董卓を暗殺しました。

後世の評価

悪逆非道だったけど先駆者だった董卓

『演義』ではひどい暴君として描かれている董卓ですが、じつは「正史」では人材を広く集め、好き嫌いだけではない組織編成を行っていた面が描かれています。董卓は名士（知識人）に高い位を与え、自分の部下は低い地位のままにすることで政権の安定化をはかっていたのです。

その名士の中には後漢末期を代表する学者・蔡邕もおり、娘・蔡琰（➡P170）を経由して今に伝わった彼の著書が、現在、三国時代研究の一級資料となっています（現在内容が確認できるのは一部のみ）。つまり、董卓がいなければ、三国志の実情は解明できなかったといえます。そんな蔡邕は董卓が殺された時、遺体にすがりついて泣いているところを、王允に殺されたそうです。

董卓殿のもとで後漢復興を目指すのだ！
蔡邕

人物ガイド

呂布の生涯

「人中の呂布、馬中の赤兎(人では呂布、馬では赤兎馬が一番)」と呼ばれる呂布。そのパワーから漫画やゲームでも最強キャラとして描かれています。そんな呂布ですが、丁原と董卓といった主君を裏切るなど、その生涯は血にまみれたものでした。

お前は私の自慢の息子だよ
ありがとよ
丁原
呂布
わりいな親父！
呂布
丁原
呂布を倒せー！
3対1はキツイぜ
劉備
関羽
張飛
呂布

丁原の養子となる

呂布は并州の刺史(県知事)だった丁原に仕え、息子のように大事にされていました。呂布は丁原のボディーガードとして、ともに洛陽の都に入ります。

丁原を暗殺し董卓の配下に

丁原が董卓と対立すると、呂布は董卓軍と戦い勝利します。董卓は呂布を味方に引き入れるため、役職と1日に千里を走る名馬・赤兎馬を呂布にゆずりました。欲に目がくらんだ呂布は董卓の配下となり、丁原を暗殺します。

虎牢関の戦い

反董卓連合軍との戦いが始まると、呂布は虎牢関の戦いに参戦します。すると張飛に遭遇し一騎討ちに。そこへ関羽が現れ2対1に。最後は劉備がやってきて3対1となり、呂布はようやく撤退します。このシーンは、呂布の最強さを物語る名場面として、京劇や絵画作品でよく主題となっています。

今度は我々が帝をお守りする！
李傕
献帝
郭汜
オレは利用されたのか…
呂布

董卓を暗殺し朝廷を追われる

呂布は王允の娘・貂蝉に一目惚れし婚約しますが、董卓に横取りされてしまいます。怒った呂布が董卓を暗殺すると、董卓の部下・李傕と郭汜が献帝を保護。呂布は逃亡します。

イナゴの群れだ！一時休戦しよう！
呂布
曹操

曹操と戦う

呂布は放浪の果てに軍師・陳宮と出会い、曹操の領土を奪います。その後も曹操と戦をくり返します。

呂布の仲間❶ 陳宮

呂布のブレーンで曹操の命の恩人。最後は呂布に指示を聞いてもらえず、自滅する

呂布殿についていくのだ！
陳宮

うい～

今です！

わりぃな劉備！
下邳城はもらったぜ！

張飛

曹豹

呂布

劉備から徐州城を奪い取る

曹操に敗れた呂布は、徐州にいる劉備の元へ敗走。劉備が留守の間、張飛が酔っぱらっている隙を見て徐州城を奪い取ります。

戦の仲裁もリーダーの役目だよな！

呂布

劉備

紀霊

徐州の実質的なリーダーとなる

劉備から城を奪った呂布は、徐州の実質的なリーダーとなります。劉備と紀霊（袁術の配下）との対立を見かねて、「オレが戟に矢を当てたら戦をやめろ」と仲裁しました。

呂布の仲間② 曹豹

張飛のパワハラに耐えかね、呂布を徐州城に引き入れた曹豹。彼は呂布の妻の父親でもあった

劉備はダメだ
呂布殿についていこう

曹豹

呂布の仲間③ 高順

のちに曹操に帰順する張遼と並ぶ、呂布軍の猛将。呂布の処刑にともない殺された

オレは呂布殿と添いとげるぞ！
高順

呂布の命運をにぎった呂布の娘

呂布はなかなか子宝に恵まれず、唯一娘がいました（名前は不明）。呂布はこの娘を袁術の息子と結婚させ、袁術と同盟を結ぼうとします。しかしこの計画は陳珪・陳登親子の裏切りで失敗。その後、下邳城に追いつめられた呂布は、袁術に援軍を頼むべく、自ら娘を抱きかかえ袁術の元へ行こうとしますが、これまた失敗。もしこの娘が袁家に嫁いでいたら、呂布の運命は大きく変わったことでしょう

父上のため
袁家に
嫁ぐわ

くそう、ここまでか…

呂布

張遼

下邳城

陳宮

下邳城の戦い

劉備は曹操と協力し、呂布を下邳城に追いつめます。下邳城を水攻めにすると、呂布軍からは次々と投降する者が現れ、呂布はついに部下に捕まり曹操たちの前に連れてこられました。

曹操！大耳野郎が
一番信用できねえぞ

うーん

処刑しましょう

呂布

曹操

劉備

処刑される

曹操は呂布の処遇を劉備に託します。劉備が呂布の処刑を望むと、呂布は劉備を「大耳野郎」とののしり抵抗。曹操はこれを無視して呂布を絞首刑にしました。なお陳宮も死刑となり、張遼は曹操軍に加わりました。

後世の評価

京劇では貂蝉との恋物語で人気に！

先に述べた通り、呂布は"最強キャラ"として、日本では漫画やゲームで大活躍の人気者です。しかし中国では、裏切りをくり返し、「自分さえ良ければ良い」というスタンスの呂布は嫌われ者です。

そんな呂布ですが、中国の伝統的な劇である京劇では、呉のイケメン軍師・周瑜と同じ「小生＝美青年」にカテゴライズされています。

呂布がテーマの京劇の演目は「虎牢関」や「轅門射戟（戟に矢を当てる）」など多数ありますが、やはり人気なのは貂蝉との恋物語。この貂蝉の美貌とつり合うように呂布も美化されていったのかもしれません。

ちなみに呂布のシンボルである頭につけた大きな羽飾りも、京劇の衣装が元だと考えられています。

呂布
貂蝉

Pick up

三国時代の城攻め

三国時代の城は、城壁で街全体を囲うのが特徴。攻防のための兵器も多数生まれました

古代中国の城は、城壁が街全体を囲む構造になっているのが特徴です。最重要拠点である城を守るため、城にはさまざまな工夫がされていました。逆に城を攻める方も、攻城兵器を使ってなんとしても城を陥落させようとしました。ここでは具体的に当時の城がどのような構造になっていたのかを紹介します。

三国時代の城の特徴

日本で「城」というと、1つの建物や戦場につくられた拠点のイメージがあります。しかし、古代中国の城は、街全体を城壁がぐるっと囲む巨大な「城塞都市」を示します。

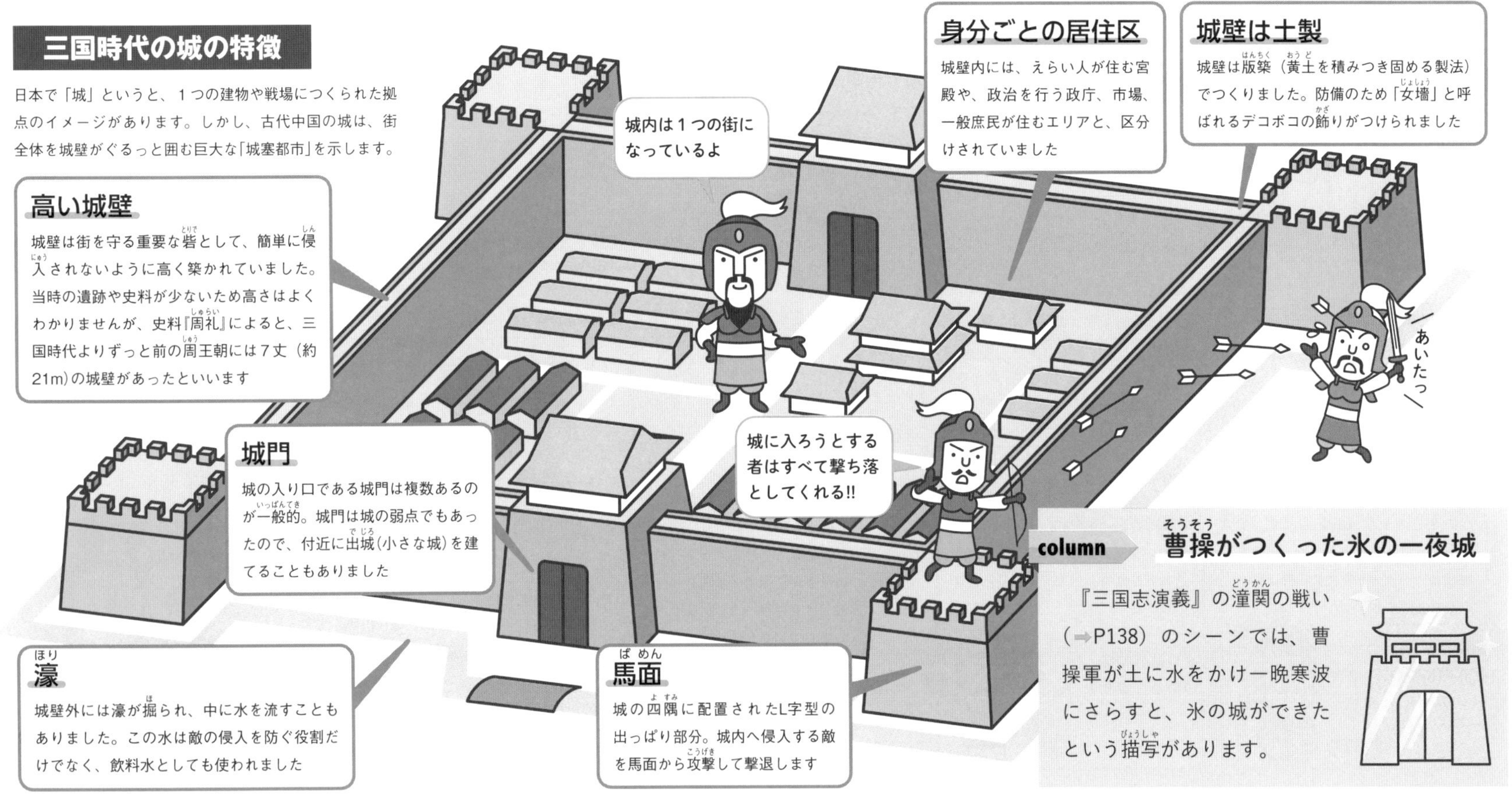
城内は1つの街になっているよ
城に入ろうとする者はすべて撃ち落としてくれる!!
あいたっ

高い城壁

城壁は街を守る重要な砦として、簡単に侵入されないように高く築かれていました。当時の遺跡や史料が少ないため高さはよくわかりませんが、史料『周礼』によると、三国時代よりずっと前の周王朝には7丈（約21m）の城壁があったといいます

身分ごとの居住区

城壁内には、えらい人が住む宮殿や、政治を行う政庁、市場、一般庶民が住むエリアと、区分けされていました

城壁は土製

城壁は版築（黄土を積みつき固める製法）でつくりました。防備のため「女墻」と呼ばれるデコボコの飾りがつけられました

城門

城の入り口である城門は複数あるのが一般的。城門は城の弱点でもあったので、付近に出城（小さな城）を建てることもありました

濠

城壁外には濠が掘られ、中に水を流すこともありました。この水は敵の侵入を防ぐ役割だけでなく、飲料水としても使われました

馬面

城の四隅に配置されたL字型の出っぱり部分。城内へ侵入する敵を馬面から攻撃して撃退します

column 曹操がつくった氷の一夜城

『三国志演義』の潼関の戦い（➡P138）のシーンでは、曹操軍が土に水をかけ一晩寒波にさらすと、氷の城ができたという描写があります。

攻城＆守城兵器

街全体を囲った城を陥落させることは、戦いの決定打となりました。
そのため敵は城を攻め落とすため、攻められる側は城を守るために、さまざまな攻城・守城兵器が開発されました。

攻 雲梯

城壁を乗り越えるための梯子車。陳倉の戦い（➡P182）では諸葛亮（孔明）が使用しました。しかしその時は焼き壊されてしまったのだとか…。

これで城内に
侵入するぞ！

攻 守 衝車

先端部分を城門や城壁につき刺して破壊する攻城兵器。敵の雲梯を壊す際などに守城兵器としても機能しました。

これで城壁を
突き破るんだ

攻 床弩

射撃武器である弩を大型化した攻城兵器。数人で操作し、飛距離の長い強力な矢を放つことができました。

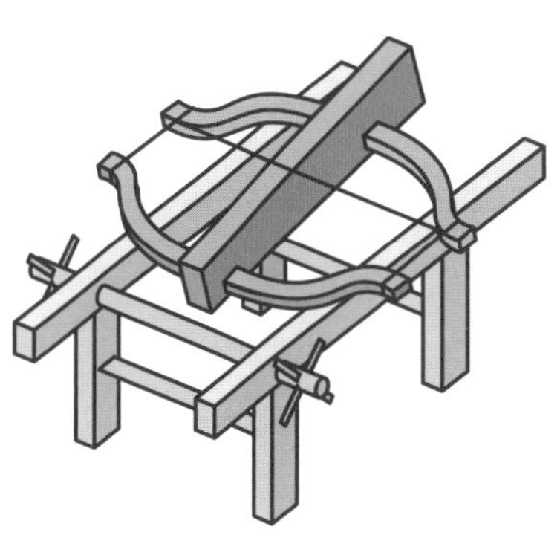

守 投下兵器

連挺

狼牙拍

縄で棒をつないだ連挺や板に鉄釘がびっしりとついた狼牙拍などで、城壁に登ってきた敵を叩き落としました。

うりゃー!!

攻 井闌

城壁より高くつくられた巨大兵器。上に兵士を配置して、そこから城内を攻撃しました。

ここから城壁の
上の敵をねらう！

攻 巣車

ゴンドラに兵士を乗せて引っぱり上げ、城内の様子を偵察しました。

よいしょ！
ここから
城内を
偵察するぞ

守 塞門刀車

城門が破壊された時に、刀状の刃で防御する守城兵器。荷台から攻撃も行いました。

破られた城門は
これで防御するぞ

攻 投石機

数人で縄を引いて石を飛ばす攻城兵器。城壁を壊すのに使われました。

ブンッ
おりゃー！

三国志トリビア②

三国志に登場する馬

三国時代、馬は重要な移動手段でした。とくに戦の時は騎馬部隊を編成し、そのスピードでいち早く戦場に現れ、そのパワーで歩兵を蹴散らしました。また『三国志』には武将の愛馬も登場します。ここではその一部を紹介します。

三国時代の馬の役割

速さを活かす！

パワーを活かす！

車のない時代、馬は一番速い乗り物。伝令や奇襲などスピード命の場面で大活躍。

馬の脚力なら歩兵部隊を蹴散らすなんて、なんのその。

こんな騎馬部隊があった！

公孫瓚の白馬義従

劉備の先輩・公孫瓚は白馬でそろえた騎馬部隊を編成

曹家の虎豹騎

馬に鎧を着せた部隊。リーダーは必ず曹家の者が担当

関中の軽騎兵

馬超や韓遂らはスピード重視で馬に鎧をつけなかった

三国志に登場する馬

赤兎馬

体が赤く、「1日に千里走る」と言われた名馬。董卓→呂布→曹操の手に渡り、関羽を喜ばせたい曹操が関羽にプレゼントした（➡P94）。関羽の死後、赤兎馬はエサを食べなくなり、そのまま死亡。

人中の呂布！
馬中の赤兎！
呂布
これで遠くの兄者の
元に早く帰れる！
関羽

絶影

お前にも
迷惑かけたな
曹操

曹操の黒い馬。曹操が宛城で張繡の奇襲を受けた際、曹操を乗せて逃げる途中で矢が刺さり死亡（➡P72）。

的盧

よし！
乗り切ったぞ！
劉備

額が白い馬。乗ると不幸になる「凶馬」とされたが、劉備は迷信だと言い切り愛馬に。その後、蔡瑁に殺されかけた劉備を救う（➡P100）。

第3章 官渡の戦いと諸葛亮の登場

劉備(りゅうび)は、献帝(けんてい)から曹操(そうそう)暗殺を命令されるも失敗。劉備は袁紹(えんしょう)のもとに逃げます。こうして、曹操と袁紹、2大勢力による天下分け目の戦いが始まりました。戦いの後、劉備は力をつけるため、天才・諸葛亮(しょかつりょう)(孔明(こうめい))を仲間にしようと考えます。

3章の流れが一気にわかる！

官渡の戦いと諸葛亮の登場

呂布・袁術の滅亡後、2大勢力となった曹操と袁紹は官渡で激突。曹操が勝利し袁氏を滅ぼしました。一方、流浪のすえに荊州に腰を落ちつけた劉備は、「臥龍」と名高い軍師・諸葛亮(孔明)を三顧の礼で獲得。しかし、荊州にも曹操の手がせまり、趙雲・張飛の活躍で命からがら夏口へ逃れます。

① 曹操暗殺計画

曹操め…！
董承

献帝は董承にひそかに曹操暗殺命令を下しますが、計画はバレて董承は処刑。加担していた劉備も曹操軍に攻撃され、三兄弟は離散します

この時袁術は？

ハチミツ……
袁術

没落した袁術は袁紹を頼ろうと華北へ向かいますが、徐州で劉備に敗北。拠点・寿春に戻ろうとするも、途中で吐血し、死去してしまいます

② 関羽千里行

曹
関羽
孔秀

曹操の客将となっていた関羽は、白馬・延津の戦いで顔良・文醜を倒すと、劉備の元へ戻るため、5つの関所を突破。無事、再会を果たしました

この時劉備は？

関羽
顔良
劉備

袁紹軍にいた劉備は、関羽が顔良を斬ったことで処刑されかけます。関羽との合流後は曹操に敗れ、同族の劉表が治める荊州へ向かいました

③ 官渡の戦い

許都に帰りたい…
曹操
袁紹

曹操は大軍の袁紹に苦戦しますが、許攸の情報で食料庫を奇襲し勝利。その後、曹操は烏桓と袁紹の子を破り、公孫康も降伏させ、華北を平定します

この時劉備は？

劉表
劉備

荊州の劉表は劉備を歓迎。荊州乗っ取りをたくらむ蔡瑁は邪魔な劉備を排除しようとしますが、凶馬・的盧の活躍で難を逃れました

④ 三顧の礼

がんばります
よろしくね
諸葛亮
劉備

徐庶から孔明を推薦された劉備は彼が住む隆中に向かいます。3度目の訪問で劉備と対面した孔明は、「天下三分の計」を説きます

この時曹操は？

孔明は自分よりはるかにすぐれています
曹操
徐庶

劉備が軍師を得たことを知った曹操は、夏侯惇らに劉備を攻撃させます。しかし、夏侯惇は孔明の策にかかり、敗北してしまいました

⑤ 長坂の戦い

オレ様と戦おうぜ！
ドーーン
長坂橋
張飛

劉表の死後、子の劉琮が曹操に降伏。劉備は江陵へ向かいますが、曹操軍と乱戦に。趙雲・張飛の活躍で援軍と合流し、夏口へ逃れます

この時魯粛は？

孔明殿、孫権様と会いませんか？
諸葛亮
魯粛

曹操対策のため劉備軍との同盟を考えていた呉の魯粛が劉表の弔問を名目に夏口へやって来ました。彼は孔明に呉へ来てくれと頼みます

3章の登場人物

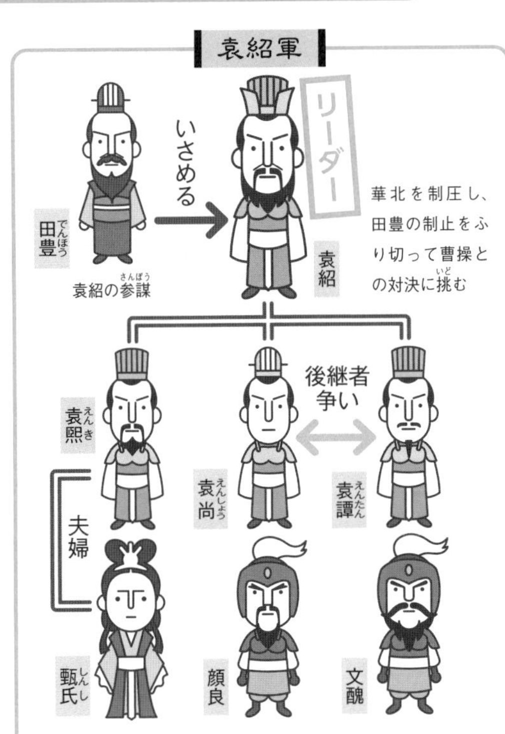

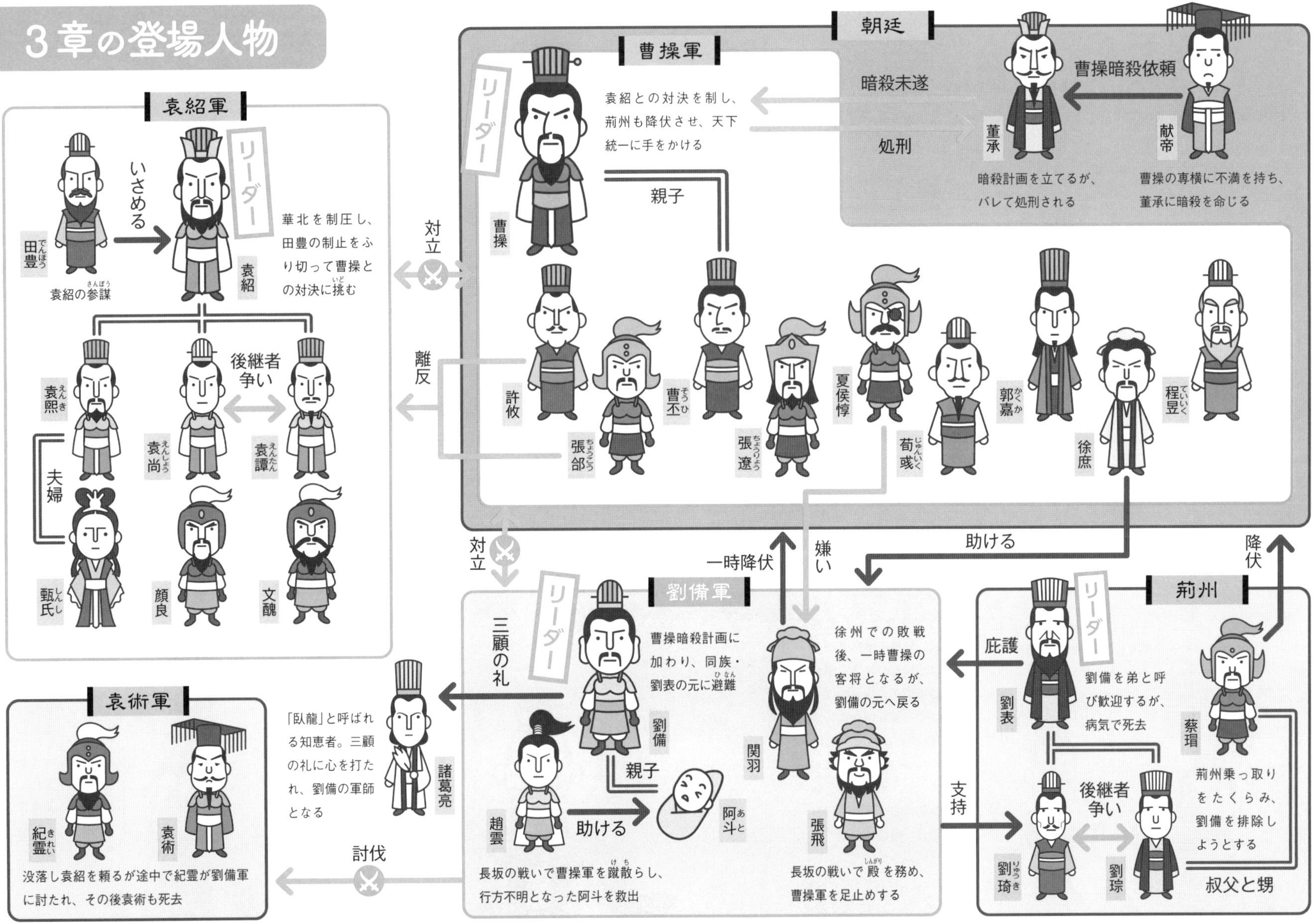

袁紹軍
リーダー
田豊
いさめる
袁紹
袁紹の参謀
華北を制圧し、田豊の制止をふり切って曹操との対決に挑む
後継者争い
袁熙
袁尚
袁譚
夫婦
甄氏
顔良
文醜

対立

離反

曹操軍

リーダー

曹操

袁紹との対決を制し、荊州も降伏させ、天下統一に手をかける

親子

許攸

張郃

曹丕

張遼

夏侯惇

荀彧

郭嘉

徐庶

程昱

朝廷

暗殺未遂

処刑

曹操暗殺依頼

董承

暗殺計画を立てるが、バレて処刑される

献帝

曹操の専横に不満を持ち、董承に暗殺を命じる

対立

一時降伏

嫌い

助ける

降伏

劉備軍

リーダー

三顧の礼

劉備

曹操暗殺計画に加わり、同族・劉表の元に避難

諸葛亮

「臥龍」と呼ばれる知恵者。三顧の礼に心を打たれ、劉備の軍師となる

親子

趙雲

助ける

阿斗

長坂の戦いで曹操軍を蹴散らし、行方不明となった阿斗を救出

関羽

徐州での敗戦後、一時曹操の客将となるが、劉備の元へ戻る

張飛

長坂の戦いで殿を務め、曹操軍を足止めする

支持

荊州

リーダー

庇護

劉表

劉備を弟と呼び歓迎するが、病気で死去

蔡瑁

荊州乗っ取りをたくらみ、劉備を排除しようとする

後継者争い

劉琦

劉琮

叔父と甥

討伐

袁術軍
紀霊
袁術

没落し袁紹を頼るが途中で紀霊が劉備軍に討たれ、その後袁術も死去

16 天下に英雄は曹操と劉備のみ

おもなできごと
曹操に従った劉備だが、皇帝の曹操暗殺計画に巻きこまれる

事件の舞台

許都

呂布討伐のあと、劉備は曹操の配下に。劉備は献帝への謁見を許され、同じ劉一族として官職を授けられます。この時、献帝は曹操の専横に不満を持ち、義父・董承に曹操暗殺を命令。董承は劉備を計画に引き入れます。劉備が暗殺のチャンスを待っていると曹操から酒席に誘われ、2人は天下の英雄について議論。曹操に「天下に英雄は自分と劉備だけだ」と言われた劉備は、暗殺計画がバレることを恐れて、袁術討伐を言い訳に、許都から脱出します。

劉一族として、陛下のためにがんばります
劉備を左将軍に任命する（同じ劉一族か… 頼りになりそうだ）
劉備
献帝

曹操暗殺計画

許田での狩り

曹操は献帝や劉備を引き連れ狩りに出かけます。その際、曹操が献帝の弓矢を借りて鹿を仕留めます。人々が「献帝が仕留めた」と思いこんだところで、曹操が大声で自分の獲物だと主張し、献帝に恥をかかせたのです。

帝ではなくワシが射たのだ！
なんてことを…
劉備
曹操
献帝

献帝の密詔

許田の一件で自分の無力さを痛感した献帝は、曹操の排除を願うようになります。献帝は帯の中に自分の血で書いた曹操暗殺の密詔（秘密の命令書）を隠し、舅の董承に託しました。董承は王子服や劉備らに計画を打ち明け、暗殺への協力を求めました。

正史では？ 劉備を厚遇する曹操

この期間、曹操は劉備を厚遇しました。「正史」は出かける際には同じ車を使い、宴席では自分と同格の席に座らせたと伝えます。劉備以外で曹操が自分と同じ車に乗せた記録のある人物は腹心の夏侯惇のみ。劉備の待遇がいかに異例だったかがわかります。

そなたは許都は初めてだったな。ワシが案内してやろう
こんな立派な馬車初めて乗ったよー
曹操
劉備

曹操は朕を都合の良い操り人形としか思っていない。董承よ、彼を暗殺して朕を助けてほしい
帝…おいたわしい
董承
帝のため、曹操暗殺に協力してくれ
曹操め、もう許さんぞ
董承
王子服
ワシがヤツを毒殺しましょう
暗殺を成功させるには計画がバレないようにしないと…
吉平
劉備

曹操と劉備の英雄論

劉備は曹操に暗殺計画が悟られぬよう、関羽・張飛にも伝えず、畑仕事に精を出しました。

曹操に悟られないように…
張飛
関羽
劉備
兄者何してんだろう？

ある日、劉備は曹操からサシ飲みに誘われ、天下の英雄について議論します。

今、天下に英雄と呼べる人物はお前とワシだけだ！
ピカッ
曹操
劉備

曹操に「だれが英雄と呼ぶにふさわしい人物か」と聞かれた劉備は、当時大勢力を誇っていた袁紹らの名を挙げます。しかし曹操はすべて否定し、「自分と劉備のみが英雄たりうる」と宣言。内心を見すかされたと思った劉備は思わず箸を落としますが、その瞬間に雷がとどろいたため、驚いた理由を曹操に悟られずにすみました。劉備は曹操暗殺をなすために、曹操と距離を置くことにします。

劉備の逃亡

劉備が曹操から離れたいと思った矢先、落ちぶれた袁術（➡P76）が袁紹を頼って曹操領である徐州を通ろうとしていました。これを知った劉備は徐州防衛を名目に出陣。曹操の拠点・許都からまんまと脱出します。

❶ 袁紹を頼る袁術

玉璽を手に入れ皇帝を自称した袁術ですが、贅沢におぼれたため、人々に見放されてしまいます。袁術は兄・袁紹を頼るため徐州を通ろうとしていましたが、その道中も家臣の逃亡が相次いでいました。

袁術はもうダメだ。オレは逃げる！
雷薄
オレも！
陳蘭
袁紹を頼るなど屈辱じゃ…
自分の贅沢のせいで自業自得じゃないか…！
袁術
紀霊

❷ 劉備、徐州へ

袁術襲来を知った劉備はこれを許都脱出のチャンスと考え、曹操に袁術討伐のため徐州に向かうことを提案します。

袁術は袁紹領に向かう途中、徐州を通る可能性が高い。私が徐州を袁術からお守りしましょう
それはいい考えだ。よろしく頼むぞ劉備
急にどうした？
関羽は置いていってもいいぞ…
張飛
関羽
劉備
曹操

❸ 袁術軍を破る

袁術配下の猛将・紀霊を張飛が討ち、袁術本隊も撃退した劉備。しかし、許都に戻ろうとせず、徐州に留まり続けます。

フンッ
え、帰らないの？
紀霊
張飛
関羽
もうおしまいだ…
袁術
え、袁術の脅威は去ったけど、引き続き私は徐州を守ろうかな
劉備

column 袁術の最期

劉備に敗れた袁術は寿春に戻ろうとしますが、離反した雷薄・陳蘭に物資を略奪されてしまいます。わずかな食料しかなく兵が飢えていく中、食事のまずさに辟易した袁術はハチミツ水を出すよう命じますが、料理人は「そんなものはない」と一蹴。絶望した袁術は血を吐いて死んでしまいました。

のどが…かわいた。ハチミツ水はないか…
袁術

17 三兄弟が離散し、関羽は曹操に降る

おもなできごと

曹操暗殺計画が発覚。曹操に攻められた劉備は逃げ、関羽は曹操に降った

事件の舞台

下邳

曹操暗殺計画が発覚

董承の召使いの密告で暗殺計画が発覚。曹操は医師・吉平や董承、王子服らを捕らえて処刑し、董承の娘・董貴妃(献帝の妻)も殺害します。

曹操様、頭痛の薬でございます

お前がワシを毒殺しようとしていることは知っている 捕らえよ！

吉平

曹操

ヒエエ…
呉子蘭
王子服
吉平

お前たちもグルだな。こいつを拷問して吐かせてやるぞ
曹操

散り散りになった三兄弟

暗殺計画に劉備が加担していたことを知った曹操は激怒。大軍で徐州を攻め、劉備軍を蹴散らしました。

劉備め！
あれだけ目をかけてやったのに許さんぞ！
曹操

曹操は自ら約20万の兵を率いて劉備を攻めた

劉備からこの隙に許都を攻めろって言われたけど、子どもの病気でそれどころじゃない…
袁紹

せまる曹操軍に対し張飛は夜襲を提案。しかし、曹操に見抜かれ大敗してしまい、劉備は袁紹領へ逃亡しました。

曹操
劉備を捕らえよー！
夏侯淵
許褚
楽進
降伏しろ！
于禁
策がバレたなら、戦うしかねぇ！って、兄者どこ行くんだよ!?
張飛
待て！
夏侯惇
目散！
この数はムリ！私は逃げるぞ！
劉備

故事成語

曹操のウワサをすると曹操が来る

多くの人物が曹操暗殺をたくらみますが、情報収集力に長けていた曹操はそれらをすべて暴き、結局成功した者はいませんでした。このことから、中国では「ウワサをすれば影がさす」と同じ意味で「説曹操、曹操就到」ということわざが生まれました

曹操を暗殺しよう
漢
呼んだ？

関羽、曹操に降伏する

劉備を蹴散らした曹操軍は関羽が守る下邳城を包囲。劉備から妻子を託されていた関羽は、最初は自害しようとしますが、張遼（➡P74）の説得で降伏を決めたのでした。

大丈夫、関羽殿がついているわ
怖いわ…
くっ、囲まれた…こうなったら自害するしか…
関羽の武勇は惜しい。降伏させられぬか？
私は関羽殿と親友。必ずや説得して見せましょう
甘夫人
糜夫人
関羽
張遼
曹操

…兄嫁を守れず死ぬのは兄者に申し訳ない。この条件を守ってくれるなら降伏しよう

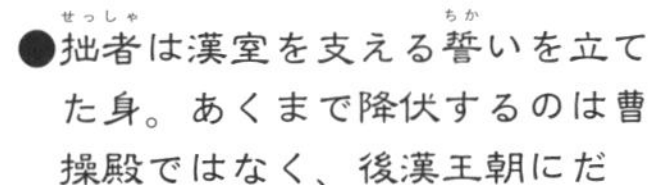

降伏条件

●拙者は漢室を支える誓いを立てた身。あくまで降伏するのは曹操殿ではなく、後漢王朝にだ

●兄嫁２人の安全を保障し、生活できるよう給料をいただきたい

●兄者の行方がわかり次第、曹操殿のもとを辞し、兄者のもとにはせ参じることを許してほしい

以上３つを曹操殿が必ず守ってくれるというのなら、兄者が見つかるまでの間、曹操殿に仕えよう

関羽

関羽殿、今死んでは あなたは３つの罪を犯すことになる！

①生死をともにという義兄弟との誓いを破ること
②２夫人の守りを放棄し、劉備の信頼に背くこと
③後漢王朝の復興という大義を成さずに死ぬこと

ここは、一時的に我が軍に身を寄せ、劉備を探すのがよかろう

張遼

column 曹操を怒らせた禰衡

青州の禰衡は優秀かつ傲慢でした。友人の孔融が彼を曹操に推挙すると、禰衡は荀彧や荀攸、張遼に許褚、夏侯惇…と曹操の部下を次々に罵倒。曹操から下級役人の役目である太鼓叩きを命じられると着古した服で宴会に参加。演奏自体は見事でしたが、彼のみすぼらしい格好に怒った曹操が着がえを命じると、禰衡はその場で全裸になり着がえたのです。禰衡の態度に激怒した曹操は、彼を使者という名目で荊州に送ってしまいました。かなりの奇人ですが、悪役・曹操に逆らった人物として、中国では人気が高いのだとか…。なお「正史」でも上とほぼ同じ活躍（？）をしています。

荀彧は弔問の使者がお似合い！荀攸は墓守！程昱は門番！郭嘉は文章読みくらいしか能がない！
えっ
なんじゃと！
ないわーアイツ
は、墓守…
禰衡
郭嘉
程昱
荀攸
荀彧

18 袁紹と曹操、2大勢力の衝突

おもなできごと
袁紹が白馬・延津を攻めるが、関羽の活躍で曹操が勝利する

事件の舞台

白馬・延津

朝廷を支配した董卓が敗れ（➡P66）、最強と呼ばれた呂布も滅亡（➡P74）、偽帝・袁術もみじめに死んだこの時期。人々は2人の男が天下にもっとも近いと考えていました。

1人は華北の袁紹。三公を4代にわたって輩出した名門の出であり、冀州・青州・并州・幽州を勢力下に置く大勢力です。兵力も当時最大規模を誇っていました。もう1人は曹操。宦官・曹騰の孫で、当時は兗州・豫州・司隷・徐州を支配していました。血筋や兵力は袁紹に及びませんが、各地からすぐれた武将や軍師を多数集め、献帝を手中にしています。

199年に北の公孫瓚（➡P68）を滅ぼした袁紹は、配下の田豊・沮授らの反対を押し切って曹操領に侵攻。猛将の顔良と文醜に白馬・延津を攻略させますが、曹操軍に降っていた関羽によって2将は討ち取られてしまいました。

袁紹 vs. 曹操

呂布・袁術の滅亡後、もっとも大きな勢力を誇っていたのは華北の袁紹と許都の曹操でした。この2勢力がぶつかることは、もはや避けられない事態でした。

袁紹の支配地
曹操の支配地

公孫瓚の滅亡
袁紹に攻められた公孫瓚は易京にこもるが、救援を求める配下を見殺しにしたため、武将たちに見放され孤立。さらに袁紹軍が坑道（トンネル）を掘って易京に侵入し、追いつめられた公孫瓚は妻子とともに自害。公孫瓚に仕えていた趙雲（➡P68）は放浪の旅に出る

易京
公孫瓚
滅ぼす
曹操め、帝を担いで天下に号令など生意気な！
袁紹
鄴
黄河
さて、どうしよう
趙雲
曹操に対抗できる袁紹のところに逃げよう
劉備
白馬
延津
官渡
洛陽
兄者と関羽はどこ行ったんだよー
張飛
関羽のヒゲ立派だなー
献帝
下邳
張飛は劉備＆関羽とはぐれ山賊になった
許都
目の上のこぶだが、袁紹の兵力はあなどれん
曹操
関羽は一時的に曹操に降伏
兄者…
関羽

足並みのそろわない袁紹軍

打倒曹操を掲げた袁紹は重臣たちに戦略を相談しますが、田豊は「曹操が劉備を攻撃した時(➡P90)がチャンスだった」と反対。しかし、袁紹は彼らの反対を押し切って出陣を決めてしまいます。

長期戦派

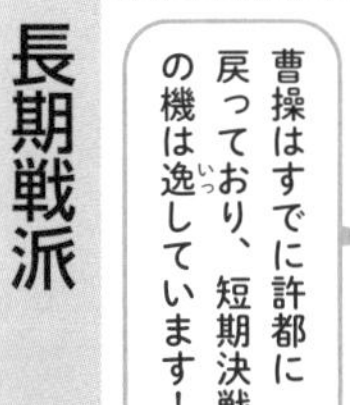

曹操はすでに許都に戻っており、短期決戦の機は逸しています！
田豊

戦上手の曹操に勝つには、我らの兵力と物量を活かした長期戦しかありません！
沮授

短期決戦派

沮授のヤツ
権限デカすぎ
オレにも分けろよ…
大軍で攻めれば、
曹操ごとき簡単に
踏みつぶせる！
郭図
袁紹
審配

田豊は出陣が決まっても袁紹をいさめ続けたため、投獄されてしまいました。

殿、策なしに曹操を攻めてはいけません。準備を整え、長期戦を挑まねば負けてしまいます！
これ以上士気を下げるようなことを言うと処刑するぞ！
田豊
袁紹

白馬・延津の戦い

袁紹軍は黄河を渡るため、白馬・延津を占領しようとします。曹操軍は袁紹軍の猛将・顔良と文醜に苦戦しますが、客将となっていた関羽の活躍で白馬・延津の防衛に成功しました。

袁紹軍
重要拠点である、
白馬と延津をまず
占領するぞ！
袁紹
曹操の将なんて
オレの相手に
ならないぜ！
顔良
なんで関羽が曹操軍にいるんだろう…
劉備
顔良が討たれただと！おのれ曹操！敵討ちだ！
文醜
袁紹軍の猛将・顔良が白馬を攻め、宋憲らを討ち取る。
顔良の義兄弟・文醜が敵を討つため、劉備とともに延津に出撃する。
曹操殿への恩義を
返すため、討たせ
てもらうぞ！
なんで曹操軍に
関羽がいるんだ!?
関羽
顔良
くそー、オレじゃ
関羽には敵わねえ…
関羽
文醜
これで曹操殿への
恩は返した。
っ！ あれは兄者!?
劉備

曹操軍

顔良の猛攻に対し、曹操は関羽を出撃させる。関羽は劉備の2夫人と自分を厚遇してくれた恩を返すため顔良を討ち取った。

承知した！
関羽
白馬を落とされる訳にはいかん。
関羽よ、顔良を討ってくれ
（関羽が顔良を斬れば、袁紹は劉備を疑い処刑する。そしたら関羽はずっと…）
曹操
文醜強いぞ…
張遼
関羽殿を
頼るしか…
徐晃
LOVE 関羽
キャー関羽ー
かっこいいー
曹操

曹操軍は文醜を罠にかけ追撃するが、張遼・徐晃は文醜に苦戦。結局、関羽が出撃し討ち取った。

19 劉備の元へ急ぐ関羽の千里行

おもなできごと
劉備の無事を知った関羽は５関を破り、劉備のもとへ戻る

事件の舞台

許都

関羽に貢ぐ曹操

関羽の武勇に惚れこんだ曹操は、彼を引き留めるため多くの贈り物をします。しかし、劉備の身を案じる関羽の気を引くことはできませんでした

曹操が関羽にあげたものリスト

- **美しい織物や金銀の皿**
  ➡すべて２夫人に献上してしまう
- **10人の美女**
  ➡こちらも全員２夫人に侍女として献上
- **錦の戦袍**
  ➡別れ際にわたされた物。青龍偃月刀で受け取り、着用して許都を去った
- **錦のヒゲ袋**
  ➡朝議で身につけ、献帝に感心されている。気に入ったのだろうか？
- **赤兎馬**
  ➡贈り物の中で１番喜んだ。だが、その理由は「これですぐ兄者のもとに戻れるから」
- **漢寿亭侯の位**
  ➡最初は「寿亭侯」の位を贈られるが固辞。「漢の寿亭侯」とすることでようやく受け取った

関羽が来てくれたたくさん贈り物しちゃおう♪
こんなにもらっても…
曹操
関羽

「関羽千里行」は、「先主（劉備）が袁紹軍にいると知った関羽は曹操のもとを辞去した。曹操は追おうとする家臣たちを止めた」という「正史」の簡潔な文章から発展した『三国志演義』のオリジナルエピソードです。しかし、関羽が５つの関を守る武将を倒して劉備のもとへひた走るこの場面は『演義』の中でも屈指の名シーン。武勇と義を兼ね備えた関羽を象徴するエピソードと言っても過言ではありません。

関羽千里行

劉備が鄴にいることを知った関羽は、劉備の２夫人（糜夫人・甘夫人）とともに許都を離れます。ところが通行手形をもらい忘れたため、５つの関所で曹操の武将と戦う羽目に。果たして、関羽は無事に劉備と合流できるのでしょうか…？

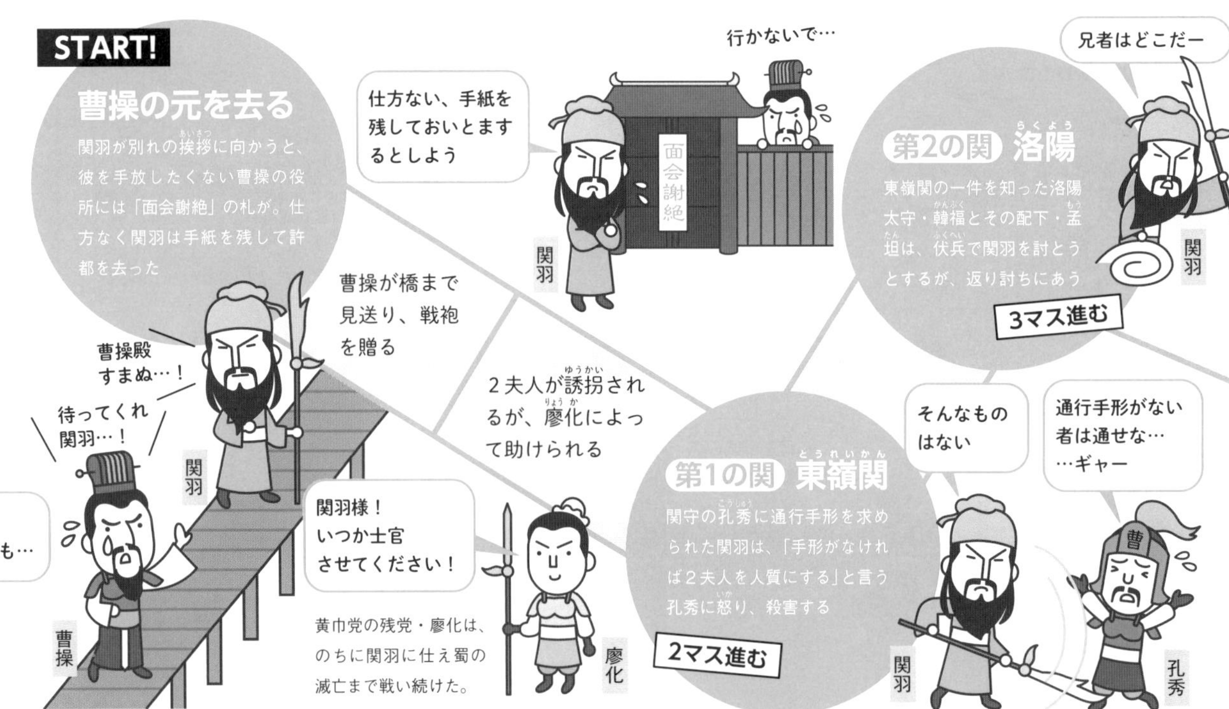

START!
曹操の元を去る
関羽が別れの挨拶に向かうと、彼を手放したくない曹操の役所には「面会謝絶」の札が。仕方なく関羽は手紙を残して許都を去った
仕方ない、手紙を残しておいとまするとしよう
行かないで…
面会謝絶
関羽
曹操が橋まで見送り、戦袍を贈る
曹操殿すまぬ…！
待ってくれ関羽…！
関羽
曹操
２夫人が誘拐されるが、廖化によって助けられる
関羽様！いつか士官させてください！
黄巾党の残党・廖化は、のちに関羽に仕え蜀の滅亡まで戦い続けた。
廖化
第1の関 東嶺関
関守の孔秀に通行手形を求められた関羽は、「手形がなければ２夫人を人質にする」と言う孔秀に怒り、殺害する
2マス進む
そんなものはない
通行手形がない者は通せな…
…ギャー
関羽
孔秀
曹
第2の関 洛陽
東嶺関の一件を知った洛陽太守・韓福とその配下・孟坦は、伏兵で関羽を討とうとするが、返り討ちにあう
3マス進む
兄者はどこだー
関羽

column 関羽は方向音痴？

千里行で関羽はまず西の洛陽方面へ向かいますが、劉備のいた鄴は許都の北にあるため、じつは千里行のルートはかなりの遠回り。急いでいたはずの関羽が遠回りをした理由は、『演義』の作者が地理をよく知らなかったからという説が有力です。

ここは…どこだ…？
関羽

鎮国寺の僧・普浄が卞喜に気をつけるよう忠告

第3の関 沂水関

関守・卞喜は鎮国寺で関羽をだまし討ちにしようとするが、普浄の忠告を受けていた関羽に討たれる

2マス進む

こちらの寺でお休みください(だまし討ちにしてやる)
あやしい…
曹
卞喜
関羽

第4の関 滎陽

滎陽太守・王植は部下の胡班に関羽を討たせようとするが、関羽から父の手紙を受け取った胡班が知らせたため返り討ちに

2マス進む

太守の王植はあなたをだまし討ちしようとしています。すぐにお逃げください！
胡班
なんと!? よく教えてくれた、感謝する
関羽

東郡太守・劉延が黄河の渡し守・秦琪に気をつけるよう忠告

もうすぐ袁紹領だ
関羽

2マス進む

第5の関 黄河

関羽は夏侯惇の部下・秦琪を一刀両断し、船で対岸に渡る

対岸に渡らせてくれ
船は出せぬ！
関羽
秦琪

孫乾と合流し、劉備が汝南に移ったことを知る

劉備様は華北から逃れ、汝南へ向かわれましたよ
孫乾

ラスボス 夏侯惇

部下を殺され怒る夏侯惇が襲ってきたが、張遼が止める

1回休み

よくもオレの部下を殺したな
夏侯惇
襲われたから応じたまでだ！
関羽

張遼が夏侯惇に兵を退くよう曹操の命令を伝える

2人ともやめろ！
張遼

元黄巾党・周倉を部下に加える

どこまでもお供しますぜ関羽将軍！
周倉

裏ボス vs.張飛

関羽が劉備を裏切ったと勘ちがいした張飛に襲われるが、どうにか誤解を解いた

2回休み

関羽！この裏切り者めぇ！

張飛!? 何をするのだ！

糜竺・糜芳兄弟と合流する

鄴に戻っていた劉備と簡雍が関羽と合流

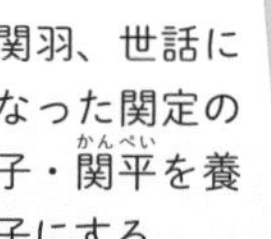

関羽、世話になった関定の子・関平を養子にする

義父上を見習い、劉備様に尽くします！
関平

流浪していた趙雲(➡P92)が劉備軍に合流

GOAL! 劉備軍再集結！

合流した劉備軍は劉辟・龔都の招きに応じて、汝南へ向かう

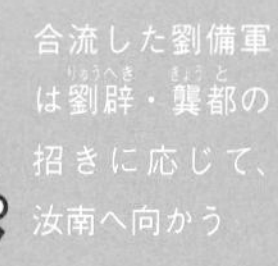

やったー
兄者〜
趙雲
劉備
関羽
張飛

20 華北の覇者を決めた官渡の戦い

おもなできごと 曹操と袁紹は官渡の地で激突。曹操の逆転勝利で終わる

事件の舞台

官渡

曹操軍は圧倒的な物量を持つ袁紹軍に耐えられず、官渡の地まで後退します。戦況が膠着すると、袁紹軍から許攸が投降し、袁紹軍の食糧庫の場所を曹操に密告。曹操が食糧庫を燃やすと、袁紹軍はパニックにおちいり、撤退します。

態勢を立て直した袁紹軍は、今度は倉亭の地にスタンバイ。しかし曹操の軍師・程昱が考えた「十面埋伏の計」により大ダメージをくらい、袁紹は本拠地・鄴に逃げ帰りました。こうして官渡の戦いは曹操軍の逆転勝利に終わりました。

column 陳琳の檄文

袁紹の部下・陳琳は、官渡の戦いの前に檄文（決起をうながす文章）を書きました。その内容はとても過激で、曹操の父や祖父も誹謗中傷するものでした。袁紹軍の敗戦後、曹操は「父や祖父のことまでひどく書かなくても」と陳琳に注意。陳琳は謝罪し、仲直りしました。

曹操は汚れた宦官の孫で、父親は金で官位を買った乞食だ！　そして曹操自身も虐殺や処刑を平気で行う残虐な男である。今、そんな男の手に帝が囚われ、忠臣も処刑されてしまった。これは極悪非道な曹操から帝を救い、漢室の威光を取りもどす戦いである！

官渡の戦い 前半戦

袁紹の大軍を抑えきれなくなった曹操は、本拠地・許都に近い官渡まで後退。官渡を落とされたら曹操の命はない状況でした。

① 曹操軍、官渡城に撤退

関羽の活躍で最初こそ勝利した曹操軍（➡P92）でした。しかし袁紹軍が陽武に陣を敷くと、曹操軍は官渡に撤退します。

関羽もいないし、大軍相手に白馬・延津を維持するのは無理だ…
曹操は官渡に逃げたな。このまま踏みつぶしてやる！
曹操
袁紹

② 袁紹軍の猛攻

袁紹軍は高い櫓や土山を築き、官渡に矢の雨を降らせます。「正史」では、「曹操軍は10人に2～3人がケガを負った」と書かれています。

うわー、矢の雨あられで兵がやられていく…
ハハハ、もう勝利は目の前だ！
曹操
袁紹

③ 霹靂車で反撃

曹操の軍師・劉曄は、高い櫓を壊すため、霹靂車（移動式の投石機）を開発。見事櫓を破壊し、矢の雨を止めました。

櫓なんて投石機で壊してやる！
なっ、投石なんてズルいぞ！
曹操
袁紹

④ 膠着する戦況

袁紹軍は続けて、地下トンネルを掘って曹操の陣営に侵入する計画を立てます。しかし曹操軍に見破られ、失敗に終わります。

長引けば兵力で勝る袁紹が有利、どうするか…
地下道作戦も失敗。本当に勝てるのか…？
曹操
袁紹

官渡の戦い 後半戦

戦況が膠着すると、袁紹軍の軍師・許攸が曹操に降伏。曹操は許攸から袁紹軍の食糧が烏巣に集められていることを聞き、襲撃します。これを機に、曹操軍の逆転が始まりました。

→ 曹操軍
→ 袁紹軍

鄴
倉亭
黎陽
黄河
酸棗
烏巣
陽武
官渡
許都

❶ 荀彧の予見

戦の長期化にともない兵糧が不足。曹操は弱気になり、許都にいる腹心・荀彧に手紙を送る。荀彧は曹操をはげまし「もうすぐチャンスが来る」と伝えた

❷ 許攸の投降

袁紹軍の参謀・許攸は、許都がガラ空きになっていることに気づき、袁紹に許都を攻めるよう助言。しかし袁紹は、曹操の罠を恐れてこれを無視したため、許攸は怒って曹操軍に寝返る

❸ 烏巣炎上

許攸から、袁紹軍の食糧庫が烏巣にあることを聞いた曹操軍は烏巣を燃やす。食糧を失った袁紹軍は大混乱

❹ 張郃の降伏

袁紹軍の武将・張郃は烏巣の救援に向かおうとするが、軍師・郭図は「官渡にある曹操の本陣を攻めるべき」と提案。袁紹は両方の策を採用するが、郭図の策を張郃に実行させたため、張郃は袁紹を見限り曹操軍に降伏する

❺ 袁紹の撤退

寝返りが相次ぐ袁紹軍は、官渡から黎陽に撤退。「田豊（➡P93）の言うことを聞けばよかった」と後悔した

袁紹軍多過ぎ、
半年も戦うの辛い、
許都に帰りたい…
曹操

オレの献策を
無視する袁紹には
愛想がつきた！
許攸

殿、勝つまで帰ってきちゃダメですよ！
荀彧
ギャー!
淳于瓊
郭図の策を私に実行させるなんて…
張郃

❻ 十面埋伏の計

態勢を立て直した袁紹軍は20〜30万の兵を連れて倉亭に陣を敷く。曹操軍の軍師・程昱は、猛将・許褚を囮にし、袁紹軍が集合したところを10個の伏兵部隊に攻撃させていく作戦を提案。曹操軍は袁紹軍に大打撃を与え、袁紹は命からがら鄴に帰っていった

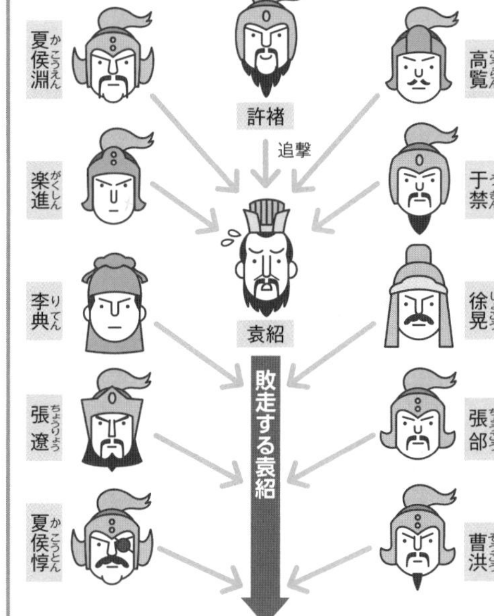

夏侯淵
許褚
高覧
追撃
楽進
于禁
李典
袁紹
徐晃
張遼
敗走する袁紹
張郃
夏侯惇
曹洪

➡袁紹はボロボロで敗走
戦は曹操の勝利で集結。

よくやったぞ！
程昱
やりましたな！殿！
ひー
袁紹
曹操
程昱

21 曹操の華北統一と袁家の滅亡

おもなできごと 袁紹の病没後、袁家の後継者争いに乗じて曹操が華北を統一する

事件の舞台

華北

官渡の戦いから2年後、袁紹は病気となり、そのまま死去します。すると袁紹の長男・袁譚と三男・袁尚の間で後継者争いが勃発。曹操はこの機会に袁家を滅ぼし、華北（黄河の北側）を我が物にしようと考えます。袁尚が北方の騎馬民族・烏桓と結託するなど、統一戦争は一筋縄にはいきませんでしたが、軍師・郭嘉の応援や武将たちの活躍により、曹操は着実に勝利を収めていきました。最後は曹操軍を恐れた遼東太守・公孫康が袁尚とその兄・袁熙の首を斬り、曹操に献上。官渡の戦いから実に7年の歳月をかけて、曹操は華北統一を成しとげたのでした。

袁紹の子どもたち

袁紹 ― 後継者を指定しておけばよかった…

- 長男 袁譚 … 袁尚と対立
- 次男 袁熙 … 美女・甄氏の夫
- 三男 袁尚 … 後継者を主張

袁家の後継者争い

官渡の戦い後、袁紹は長男・袁譚を曹操領との国境である青州へ、次男・袁熙を公孫康がいる幽州へ向かわせ、三男・袁尚とともに冀州へと帰国します。

袁紹の死

袁紹は後継者をきちんと決めぬまま病死。すると袁譚と袁尚の間ではげしい後継者争いが起こります。

袁紹
父上が一番期待してたのはオレなんだぞ！
末っ子のくせにオレに逆らうのか！
袁譚
袁尚

曹操が鄴を攻め落とす

袁紹の病死を知った曹操は、ここぞとばかりに冀州に侵入し、攻め落とします。旧友・袁紹の墓の前で、曹操は涙を流しました。

我が友・袁紹…本当にお前はもういないんだな…
曹操が来た！
袁紹の墓
曹操
袁譚
袁尚

column 曹丕、甄氏を奪う

曹操の子・曹丕はどさくさにまぎれて袁熙の妻・甄氏をめとります。その美貌に、曹操や曹丕の弟・曹植（➡P160）も恋をしたとか？

甄氏…美しいな。私の妻になれば、義母を見逃してやろう
お義母様は私が守る！
お助けを…
ワシも甄氏をねらってたのに、ズルいぞ息子よー
曹丕
甄氏
劉夫人
曹操

曹操の華北統一

曹操はその後、南皮に逃げた袁譚を討伐。さらに郭嘉の後押しで、烏桓と結託した袁尚・袁熙を追撃することにしました（白狼山の戦い）。

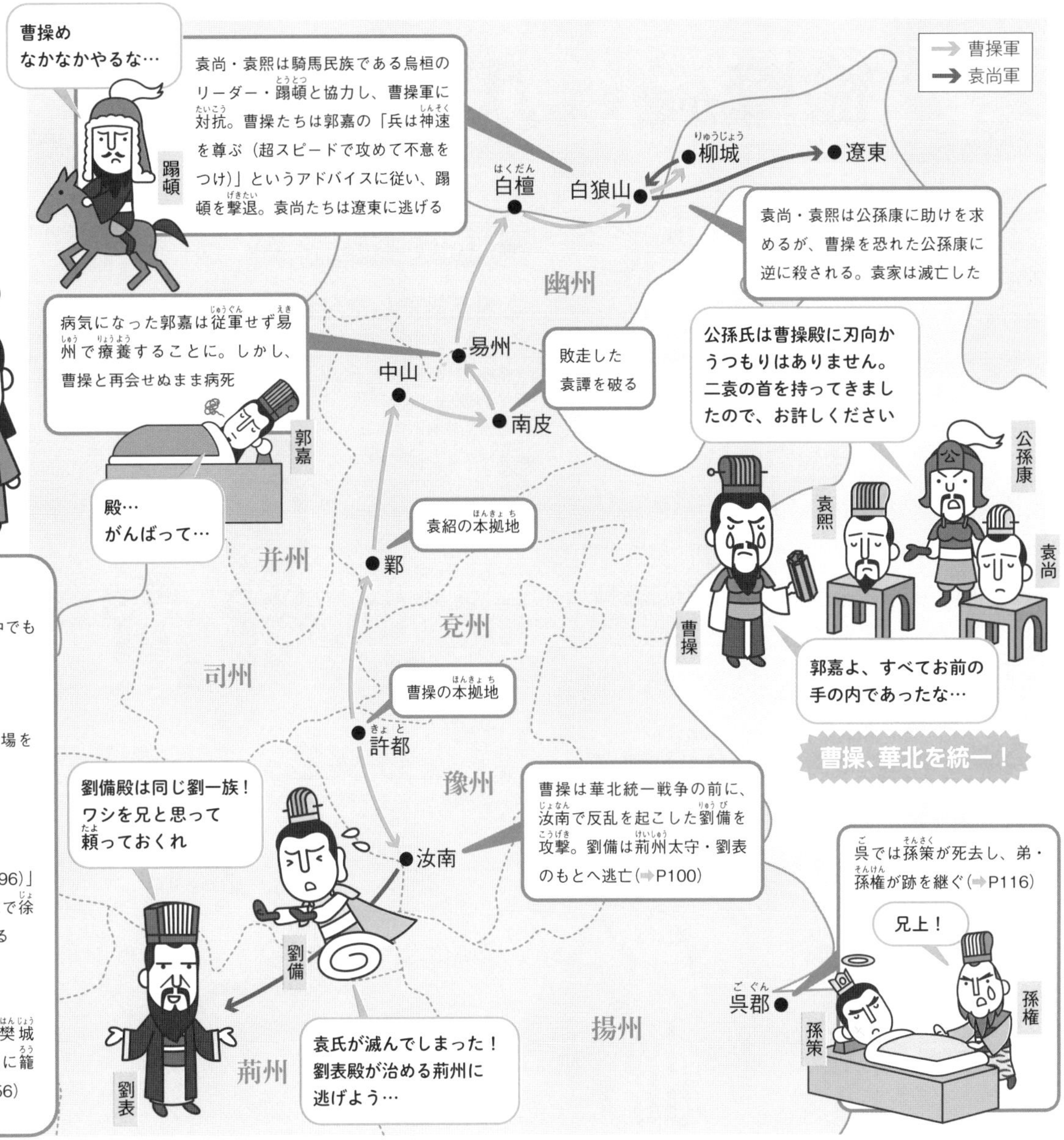

さすが郭嘉だ。みんな、北へ出陣するぞ！
曹操
今は荊州を警戒した方が…
曹洪
烏桓は遠いし、放っときましょう
程昱
いいえ、ビビリの劉表は攻めてきません。二袁と烏桓を放置すれば我らの災いとなる。今攻めねばなりません！
郭嘉

曹操軍
袁尚軍

曹操め なかなかやるな…

蹋頓

袁尚・袁熙は騎馬民族である烏桓のリーダー・蹋頓と協力し、曹操軍に対抗。曹操たちは郭嘉の「兵は神速を尊ぶ（超スピードで攻めて不意をつけ）」というアドバイスに従い、蹋頓を撃退。袁尚たちは遼東に逃げる

柳城　遼東　白檀　白狼山

袁尚・袁熙は公孫康に助けを求めるが、曹操を恐れた公孫康に逆に殺される。袁家は滅亡した

幽州

病気になった郭嘉は従軍せず易州で療養することに。しかし、曹操と再会せぬまま病死

郭嘉

殿… がんばって…

易州　中山　南皮

敗走した袁譚を破る

公孫氏は曹操殿に刃向かうつもりはありません。二袁の首を持ってきましたので、お許しください

公孫康　袁熙　袁尚　曹操

郭嘉よ、すべてお前の手の内であったな…

曹操、華北を統一！

并州　鄴

袁紹の本拠地

兗州　司州

曹操の本拠地

許都　豫州

劉備殿は同じ劉一族！ワシを兄と思って頼っておくれ

曹操は華北統一戦争の前に、汝南で反乱を起こした劉備を攻撃。劉備は荊州太守・劉表のもとへ逃亡（➡P100）

汝南　劉備　劉表　荊州

袁氏が滅んでしまった！劉表殿が治める荊州に逃げよう…

揚州

呉では孫策が死去し、弟・孫権が跡を継ぐ（➡P116）

兄上！

呉郡　孫策　孫権

曹操を支えた軍師たち

人材マニアの曹操（➡P158）は、数多くの軍師を抱えこみました。その中でも頻繁に登場する人物を紹介します

荀彧
曹操の腹心で、尚書令という位を持つ。戦時は留守番を任されることが多い（➡P97）

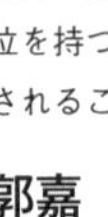

荀攸
荀彧の甥。多くの戦場を駆け回った

郭嘉
華北統一の立役者だが、38歳の若さで病死

程昱
「十面埋伏の計（➡P96）」を考案し、ニセ手紙で徐庶を許都に誘き寄せる

賈詡
官渡の戦いの前後で張繡（➡P72）とともに曹操に帰順。馬超をおとしいれる（➡P138）

満寵
曹家４代に仕える。樊城の戦いで曹仁とともに籠城戦を制した（➡P156）

22 徐庶が教える八門金鎖の攻略法

おもなできごと
荊州の劉表のもとに逃げた劉備は、徐庶の助けで曹操軍に勝利する

事件の舞台

新野

官渡の戦いで袁紹が負けたあと（➡P96）、劉備は荊州の劉表を頼り、新野に駐屯します。劉表の妻・蔡夫人と、その弟・蔡瑁は、荊州のっとりをたくらみ、邪魔者の劉備を暗殺する計画をたびたび立てますが、失敗していました。

一方、華北を統一した曹操は、荊州支配を目標に、新野へ攻めこんできます。曹操軍の武将・曹仁の「八門金鎖の陣」に劉備は困惑しますが、新加入の軍師・徐庶（単福）の助けを得て勝利します。その後、曹操に母を人質に取られた徐庶は、諸葛亮（孔明）を推薦して立ち去りました。

荊州に逃れた劉備

劉備は荊州に逃れ、遠い親戚でもある劉表を頼りました。劉表に気に入られる劉備を見て、蔡瑁は劉備暗殺をたくらみます。

劉備を排除したい蔡瑁

荊州太守・劉表は、慎重な性格で曹操や袁紹の戦いに参加しませんでした。そのため平和な荊州は、学者が集まる学問の都でした。

劉備は劉表に新野の地を任せます。荊州のっとりをたくらむ蔡瑁は、これをよく思いませんでした。

劉表が死んだあとは我々が荊州をのっとりたいのに、劉備がいたらできないじゃないか
劉備殿 ずっと荊州にいてくれ
ははは…
蔡夫人
蔡瑁
劉表
劉備

劉備はある時、蔡瑁に招かれ襄陽の城にいきます。しかしそれは劉備暗殺の罠でした。罠を察知した劉備は凶馬・的盧（➡P84）に乗って逃亡。川岸に追いつめられますが、的盧が川を飛び越え逃げ切ることができました。

的盧よ、私に祟るつもりか！
待て！ 劉備！
劉備
蔡瑁

故事成語 髀肉の嘆

劉備は太ももに脂肪（髀肉）がついているのに気づきます。劉表のもとで何年ものんびりしていたからです。劉備は自分の不甲斐なさに涙を流しました。このことから、実力を発揮できずむなしく日々を過ごすことを「髀肉の嘆」といいます

私はまだ何も成しとげていない…
劉備

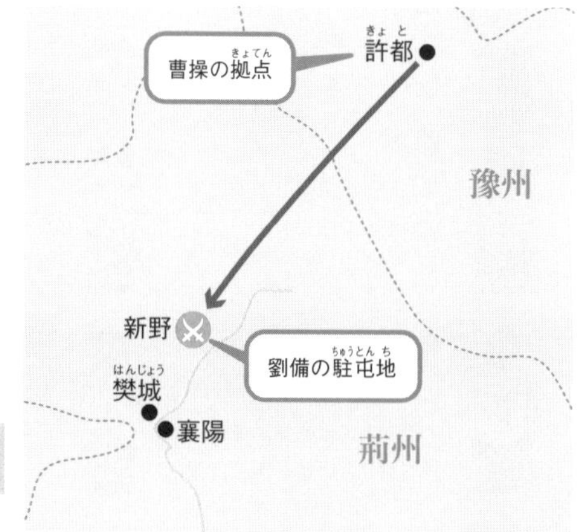

許都
曹操の拠点
豫州
新野
劉備の駐屯地
樊城
襄陽
荊州

正史では？ 新野の戦いはなかった!?

劉備が軍師の大切さを学ぶ新野での戦いですが、「八門金鎖」も徐庶の活躍も実際はありませんでした。ただ徐庶は劉備に孔明を三顧の礼（➡P102）で迎え入れるようアドバイスしたのは事実なようです。

私、「正史」だと魏のカテゴリーに入ってるんですよね…
徐庶

新野の戦い

華北統一を成しとげた曹操は、荊州支配をもくろみ、まずは劉備のいる新野に曹仁たちを派遣しました。劉備は徐庶の助けでこれを破ります。

① 二呂を討ち取る

曹仁は先鋒として呂曠・呂翔の兄弟を派遣。新加入の軍師・徐庶の指示ではさみ討ちにし、破りました。

行け、弟たち
はさみ討ちだ！
作戦通りだ！
関羽
謀られたか…
劉備
趙雲
呂翔
呂曠
軍師スゲー
張飛

② 曹仁、八門金鎖の陣をしく

曹仁は八門金鎖の陣をしき、守りに徹します。劉備が攻めあぐねていると、徐庶が現れました。

攻めてみろ！
曹仁
なんじゃや
ありゃぁ？
張飛
あんなの見た
ことないぞ…
あの陣は…
劉備
徐庶

③ 八門金鎖の陣の攻略法

徐庶は八門金鎖の攻略法を劉備に伝授。劉備たちは徐庶に言われた通りにし、曹仁を破りました。

驚門
死門
開門
景門
本陣
休門
杜門
生門
傷門
なるほど
ルートを
メモ…
フムフム

アレは八門金鎖という陣。生門・景門・開門から攻めれば吉、傷門・驚門・休門は傷つき、杜門・死門を攻めると滅亡します。しかし、あの陣は中心が欠けているので、このように攻めれば勝利できるでしょう

④ 樊城攻略

敗れた曹仁たちは樊城に逃げようとしますが、徐庶の指示で先回りしていた関羽が樊城を攻略。曹仁たちは撤退しました。

劉
この城はいただいた！
関羽
樊城
げぇ、関羽！
待ちやがれー
張飛
曹仁
イヤな予感
したんだよな…
李典
趙雲

母を人質にされ、徐庶は曹操に降る

劉備の背後に徐庶がいることを知った曹仁は、曹操に報告。曹操は「徐庶が曹操に逆らったため私は逮捕された」という、徐庶の母からのニセ手紙をつくらせます。

徐庶は撃剣の名手で人を殺して逃げていましたが、心を入れ替えて学問に励んだ男です。ヤツの才能は私の10倍はあります
10倍…！ よし、どんな手を使っても徐庶を連れてこい！
程昱
人材キター
徐庶に八門金鎖を破られ、樊城を奪われました…
曹仁
曹操

程昱がつくったニセ手紙が届くと、母思いの徐庶は曹操軍に出頭することを決意。この時、親友の孔明の存在を教えました。

えー、呼びつけようぜー
軍師…必要か？
張飛
張飛
孔明…、ぜひ力になってほしいな。会いに行ってみよう
劉備

なんと母上が…、劉備様、私は許都に行かねばなりません。しかし、孔明は私よりはるかにすぐれた男。彼をお迎えください
息子よ
お前が曹操様に逆らった罪で投獄されてしまいました。どうか許都に戻って助けておくれ
母より
徐庶

しかし、徐庶が劉備のもとを離れたことを恥じた母は自害してしまった

母上！
徐庶

23 三顧の礼で諸葛亮を得る

おもなできごと
劉備は三顧の礼によって、軍師・諸葛亮と天下三分の計を得た

事件の舞台

隆中

徐庶が曹操のもとへ去ったあと、劉備は「臥龍(伏せた龍)」と呼ばれる知者・諸葛亮(孔明)を軍師に迎えようとします。さっそく家に訪ねるも孔明は不在。日を改めて再訪しても不在。3度目にして孔明との対面を果たした劉備は、「皇帝を助けたい」という志を切々と訴えて、彼の心を動かしました。「三顧の礼」で知られるこのエピソードは「正史」にも記録され、日本でも竹中半兵衛の逸話などに転用されています。

劉備に仕えることを決めた孔明は、劉備に天下を統一し後漢を再興するには荊州・益州を得て曹操・孫権(➡P99)とともに天下を3分割し、孫権と同盟して曹操と戦うべきだという「天下三分の計」を説きました。

三顧の礼

徐庶・水鏡先生に孔明を推薦された劉備は隆中へ向かい、孔明を探し回ります。しかし、彼の知人や弟には会えたものの、本人はどこにいるかわかりません。

水鏡先生：孔明は古の太公望(➡P28)や張良(➡P35)に匹敵する軍師じゃ

劉備：そんなすごい人たちと肩を並べる才…

START! 水鏡先生・徐庶に推薦された孔明を迎えるため、劉備は隆中へ向かう

隆中の農夫から孔明がつくった詩を聞かされ、孔明が臥龍岡に住んでいることを教わる

蒼天如圓蓋〜♪
大地似棋局〜

1回目 不在
使用人の少年いわく、孔明は不在。しかも、どこに行ったかもいつ帰ってくるかも不明だった

すみません、孔明先生はご在宅ですか?
劉備

帰り道、劉備が臥龍岡の美しい風景に見とれていると、風格のある人物を見かける。孔明か!?
孔明チャンス! 1マス進む

崔州平：ワシは孔明ではありません。友人の崔州平と申します

劉備：あなたは孔明先生ですか?

彼は崔州平で孔明ではなかった。劉備は彼と少し議論し、新野へ帰還した
NOT孔明 1回休み

孔明が帰宅したという情報を得た劉備は再び隆中へ向かう

隆中はひどい雪だった。あまりの寒さに張飛が不満をもらす

張飛：兄者ァ、雪降ってるぜ、帰ろうよ

劉備：ダメだ、いつ孔明先生に会えるかわからないからな

(関羽)

column なぜ孔明は三顧の礼に心を動かしたのか?

儒教の影響が強かった当時、40代で地位もある劉備が20代無職の孔明に頭を下げるのはあり得ないこと。しかし、劉備が常識を破って彼に礼をつくしたため、孔明も仕官を決めたのです。

私にあれほど期待してくれた方はほかにいない…
諸葛亮

そろそろ帰りますか

孔明殿、客人が来ていたはずでは？

崔州平

劉備
張飛

孔明先生に会うには、吉日を選んで身を清めなければ

兄者ほどの人物が、引きこもりの若造に頭下げるなんておかしいぜ

3回目 昼寝→やっと会えた！

庵に着くと孔明は昼寝をしていたため、劉備はじっと待った。やがて孔明は目を覚まし、劉備は対面に成功する

おお、あなたこそ私に必要な軍師だ…！

何度も足を運んでいただきありがとうございます。私が孔明です

諸葛亮

劉備

我らは孔明ではないぞ
劉備
石広元
孟公威

庵から出ると詩の声が聞こえた。孔明が帰ってきたのか!?

孔明チャンス！ 1マス進む

現れたのは孔明に会いに来た舅の黄承彦だった…

NOT孔明 1回休み

劉備は孔明に会うため、3日間水で体を清める

張飛と関羽は、格下の孔明に何度も会いに行くのはやり過ぎだと不満を言う

隆中に行くと諸葛均が今なら孔明がいると教えてくれた

孔明チャンス！ 1マス進む

ワシは孔明殿の舅の黄承彦じゃ

黄承彦

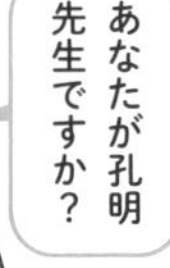

ハアハア…
劉備

あなたが孔明先生ですか？

本当ですか！
劉備
諸葛均

劉備様、兄が帰ってきましたよ

酒屋から詩を歌う2人の人物が。どちらかが孔明か!?

孔明チャンス！ 1マス進む

酒屋にいたのは石広元と孟公威だった

NOT孔明 1回休み

2回目 またも不在…

臥龍岡についた劉備は庵にいた人物と対面するが、それは孔明の弟・諸葛均だった

申し訳ありません。兄は崔州平殿と出かけてしまいました…

おお、あなたこそ孔明先生ですね！

諸葛均

劉備

天下三分の計

曹操に対抗する策を劉備に求められた孔明は、現時点で曹操を倒すのは不可能と説いた上で、「天下三分の計」を提案。それは、堅固な地形の益州と経済の要衝・荊州を獲得して力をつけ、呉の孫権と協力して曹操を攻めるというものでした。

諸葛亮
劉備

曹操は100万の軍を持ち天下に号令する身です。正直、今の劉備殿では逆立ちしても勝てません

えっ、手厳しい…曹操をなんとかする手立てはないだろうか？

本当にそんなんで天下取れるのかよ

我らの兵力で荊州や益州を制圧できるのか？

曹操
攻める
劉備
荊州
孫権
同盟
益州

まず、江東の孫権と同盟を結びましょう。そして、経済の要衝・荊州と豊かな土地を持つ益州を得ます。天下を三分して国力を高めたその時こそ、曹操を攻めるべきです

天下を三分する…。なんと壮大な策だろうか…！

劉備

諸葛亮

24 博望坡の戦い ～諸葛亮の初陣

おもなできごと 再び曹操軍が攻めてきたが、諸葛亮の策で劉備軍は快勝する

事件の舞台

新野

念願の軍師・諸葛亮（孔明）を得た劉備ですが、義弟の関羽・張飛は孔明の実力を疑っていました。そんな時、曹操の部下・夏侯惇が新野へ侵入。劉備が孔明に指揮を任せると、見事に曹操軍を破ったため、関羽と張飛も孔明に敬服しました。

博望坡の戦い

孔明はあらかじめ新野から少し離れた博望坡に伏兵をひそませると、趙雲と劉備を囮にして曹操軍をおびき寄せ、火計と伏兵で敵を破りました。

曹操軍

劉備の新しい軍師はどんなヤツだ？
孔明は私など比べものにならない軍師です
曹操
徐庶

曹操は劉備を攻めようとするが、徐庶に「孔明は自分よりはるかにすぐれた軍師だから警戒すべきだ」と忠告される。

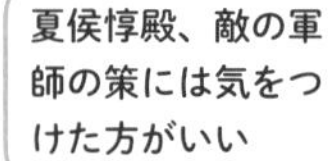

夏侯惇殿、敵の軍師の策には気をつけた方がいい
フン、どうせたいしたことない。オレが蹴散らしてやる
李典
夏侯惇

夏侯惇・李典が劉備討伐のため出陣。李典は孔明の策を警戒し慎重に進軍するよう提案するが、夏侯惇は気にもとめない。

劉備だ、追えー！
夏侯惇
うわー
劉備

劉備軍を攻撃する夏侯惇は、趙雲、次いで劉備を追いつめたように見えたが…

劉備軍

私（魚）にとって孔明はなくてはならない「水」なのだ
兄者！ なんで孔明ばっかりひいきするんだよ！
劉備
張飛

寝食をともにするほど孔明を厚遇する劉備に張飛は不満を持つが、劉備は孔明の関係を「魚と水」にたとえて彼をさとした。

私は劉備殿から剣と印璽を預かった正式な代理。逆らう者は処罰します！
なんで、お前の言うこと聞かなきゃいけないんだよ！
諸葛亮
張飛
関羽

曹操軍が攻めてくると、ふてくされている張飛は「水（孔明）」に行かせろと主張。将らの不満を懸念した孔明は劉備から剣と印璽を預かる。

趙雲
劉備殿、もう少しがんばってください！

追いつめたぞ…
…なにぃ!?
なんと…！
やったぞー！
孔明スゲぇ！
関羽
夏侯惇
劉備
張飛

劉備軍は曹操軍に大勝利！

趙雲・劉備は囮だった。深入りした夏侯惇は火計と伏兵に遭い敗走する。

正史では？ 博望坡の戦いに孔明はいなかった!?

孔明がその知略を見せつけたデビュー戦として有名なこの戦い。じつは「正史」では孔明登場前に起こっています。もちろん孔明は参戦しておらず、策を考えたのは劉備。徐州の戦い（➡P90）以降、曹操に負けっぱなしだった劉備が計略によって一矢報いたこの戦いは、名軍師を鮮烈にデビューさせる舞台として最適だったため、劉備の手柄が奪われてしまったのでしょう。

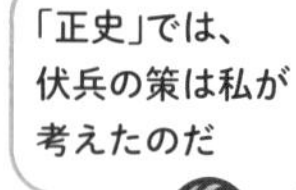

「正史」では、伏兵の策は私が考えたのだ

劉備

劉表の死

劉表（➡P100）が死去すると、劉備は荊州を奪うよう孔明に勧められますが拒否します。

劉表
劉備殿、この機に荊州を奪うべきです
孔明…、それはダメだ。私は劉表殿の信頼を裏切れない
諸葛亮
劉備

column 曹操に殺された孔子の末裔

曹操に仕えていた孔融は、儒教の祖・孔子（➡P24）の子孫。そのため「才があれば素行不良でも重用する」と公言する曹操とは反りが合わず、彼の批判をくり返していました。そのため曹操の怒りに触れ、劉備をかばった罪で殺されてしまいます（「正史」では孫権の使者の前で曹操を中傷した罪）。『演義』で曹操が悪役になった理由は、孔子の子孫を殺したことも大きな原因の１つなのです。

曹操は儒学を軽んじている！
孔融

新野を焼く

劉表の後継者で蔡瑁（➡P100）の甥・劉琮は曹操を恐れて降伏し、荊州には曹操軍の大軍が押し寄せます。劉備は曹操から逃れるため、新野におびき寄せて火計をしかけました。

① 劉琮が曹操に降伏

後継者争いのすえに劉表の跡を継いだ次男・劉琮は、曹操に降伏すべきという母・叔父の意見に従ってしまいます。

② 孔明、策を立てる

劉琮が曹操軍を迎え入れたことで窮地におちいった劉備は、新野から樊城に撤退することに。孔明が策を考えます。

弟の言う通りよ。荊州の平和を保つには曹操に降伏するべきです
母上と叔父上がそう言うなら…
袁氏が滅んだ今、曹操に勝てるものはいません。ついでに劉備も殺しましょう
蔡瑁
蔡夫人
劉琮
やってやるぜ！
張飛
関羽殿は白河、張飛殿は博陵に兵を伏せてください。趙雲殿の隊は新野城の四方にひそみ、城に火をかけてください
劉備
これは勝てる！
軍師すごいな
趙雲
関羽
諸葛亮

③ 曹操軍、空城に入る

曹操軍の許褚・曹仁は劉備軍に翻弄され疲れきっていたため、劉備が放棄した新野城に入りました。

④ 燃えた新野城

夜になると趙雲が城に火を放ち、曹操軍は大混乱。さらに糜芳・関羽・張飛の伏兵が追撃をかけ、曹操軍を撃退しました。

静か過ぎる…罠かもしれないぞ…
新野城
劉備め、恐れをなして逃げ出したか
許褚
曹仁
だから言ったろ！
罠だ!?
覚悟しろ！
許褚
曹仁
趙雲

25 長坂の戦い ～趙雲・張飛の奮戦

おもなできごと 劉備たちは曹操から逃げるも、長坂で追いつかれ混戦となった

事件の舞台

長坂

新野を燃やして樊城に逃げた劉備一行は、曹操の追撃から逃れるため、荊州の要地・江陵を目指します。しかし、新野・樊城周辺の民たちも劉備を慕ってついてきたため、逃亡はかなりスローペース。ついに長坂で追いつかれてしまいます。

混戦の中で劉備は息子・阿斗とはぐれますが、趙雲がなんとか救出。また、張飛が殿（最後尾）で時間を稼ぎ、どうにか漢津に逃げ切り、諸葛亮（孔明）たちが呼んだ援軍と合流できました。その後、劉備たちは劉琦の拠点・夏口に身を寄せます。

劉表の子どもたち

劉琮は病弱な兄・劉琦との後継者争いに勝ち劉表の跡を継ぎます。劉琦はかねてより劉備・孔明と交流がありました

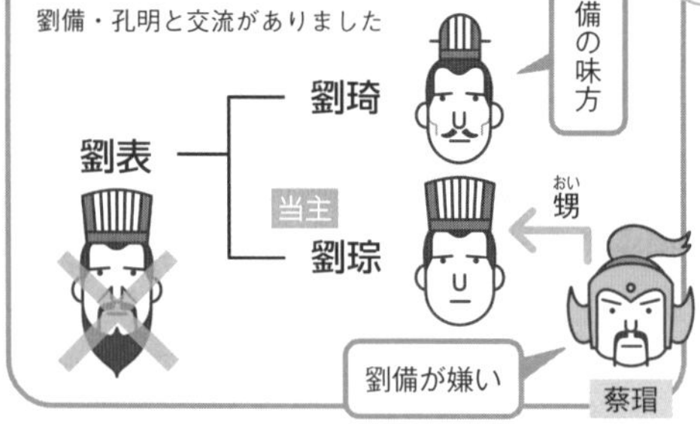

劉表
劉琦
劉備の味方
当主
劉琮
甥
劉備が嫌い
蔡瑁

江陵を目指す大逃亡劇が始まる！

襄陽についた曹操は、劉琮を殺害し、劉表が支配していた荊州を獲得。劉琮の叔父・蔡瑁は曹操に仕えることになりました。

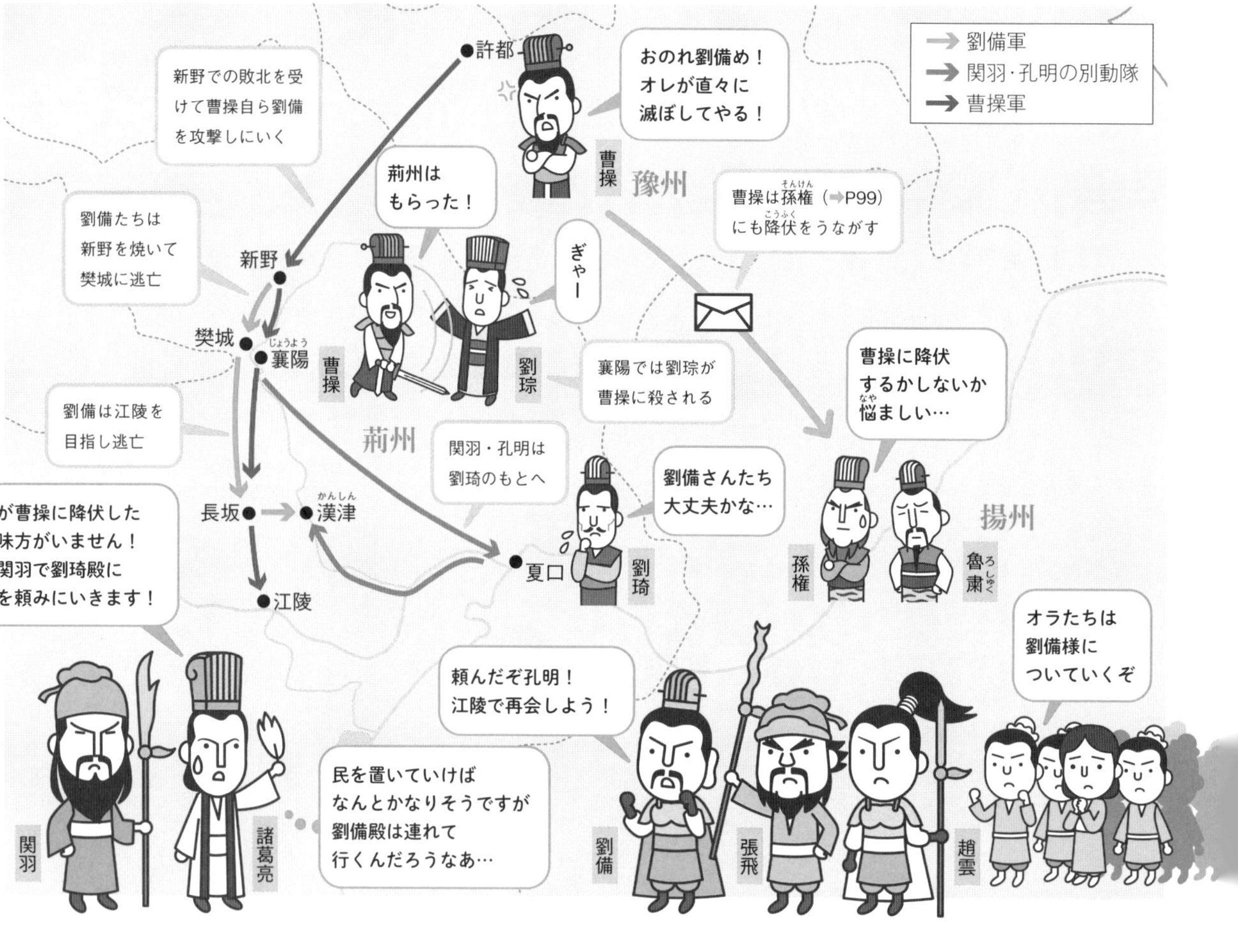

劉備軍
関羽・孔明の別動隊
曹操軍

許都
新野
樊城
襄陽
長坂
漢津
江陵
夏口
豫州
荊州
揚州

新野での敗北を受けて曹操自ら劉備を攻撃しにいく

おのれ劉備め！オレが直々に滅ぼしてやる！

曹操

荊州はもらった！

ぎゃー

曹操は孫権（➡P99）にも降伏をうながす

劉備たちは新野を焼いて樊城に逃亡

曹操
劉琮

襄陽では劉琮が曹操に殺される

曹操に降伏するかしないか悩ましい…

劉備は江陵を目指し逃亡

関羽・孔明は劉琦のもとへ

劉備さんたち大丈夫かな…

劉琦
孫権
魯粛

劉琮が曹操に降伏した今、味方がいません！私と関羽で劉琦殿に援軍を頼みにいきます！

頼んだぞ孔明！江陵で再会しよう！

オラたちは劉備様についていくぞ

民を置いていけばなんとかなりそうですが劉備殿は連れて行くんだろうなあ…

関羽
諸葛亮
劉備
張飛
趙雲

長坂の戦い

孔明は、劉琦に援軍を頼みにいった関羽からなかなか連絡がこないため、自らも劉琦のもとへ向かうことにしました。その直後、劉備は曹操に追いつかれ、大混戦となります（長坂の戦い）。

劉備め！
さんざん手をわずらわせおって！
もう許さん！
わあ！
追いつかれた！
曹操
劉備

はっ！
阿斗様がいない！
びえーん
阿斗
趙雲

START

長坂で追いつかれる

劉備一行は夜になったので休憩していました。すると曹操軍に追いつかれてしまいます。敵・味方が入り乱れる大混戦の中、張飛は劉備を守って安全地帯に送り届けます

阿斗を探して趙雲は敵軍へ

趙雲は劉備の２人の妻と息子・阿斗を探して敵軍に突入。甘夫人は救出できましたが、糜夫人は足手まといになるからと井戸に飛びこんで自害。趙雲は阿斗を抱えて逃げます

阿斗様は
私が守る！
曹
趙雲

趙雲、阿斗を救出

趙雲は阿斗を抱えたまま曹操軍の中を走り去り、何人もの武将をなぎ倒します。趙雲の勇猛さに惚れた曹操が、趙雲を生け獲ろうとしてきましたが、趙雲は逃げ切りました

張飛、殿を担当

張飛は橋の上で趙雲と合流すると、曹操軍100万に大声で叫びました。張飛の堂々たる姿に、曹操軍はひるんでしまいます。張飛はその隙に橋を切り落とし、曹操軍の追撃を防ぎました

やむを得ん
迂回するぞ
曹操
曹

オレと命懸けの勝負をしようぜ！
ドーーン
張飛
長坂橋

➡曹操は江陵に向かう

➡劉備は江陵をあきらめ漢津へ向かう

助けに参りましたよ
諸葛亮
関羽
劉琦

趙雲！
生きていたか！
趙雲
劉備
張飛

GOAL

孔明たちと合流

劉備は阿斗そっちのけで趙雲との再会を喜びます。するとそこへ劉琦の援軍を連れた孔明・関羽が現れ、劉備たちはなんとか危機を脱するのでした

➡その後、劉備たちは劉琦の居城・夏口に行き孫権に曹操を倒そうと協力を頼むことにする。
すると……

？
ごめんください
孔明殿はいますか？
諸葛亮
魯粛

正史では？ 本当にあった？ 猛将の活躍

長坂での趙雲・張飛の大活躍は、いかにも物語っぽく感じますが、「正史」にも記述があります。

とはいえ「趙雲が逃亡中、曹操軍の武将をなぎ倒した」など『演義』は多少誇張している部分があるようです。

オレたち
かっこいいだろ！
趙雲
張飛

人物ガイド

袁紹と袁術

名門・袁家出身の袁紹と袁術は、腹ちがいの兄弟です。袁紹は庶子(愛人の子)だったため努力し、袁家の出世頭になります。一方の袁術は嫡子だったため、兄・袁紹や人々を見下していました。それゆえ2人は仲が悪く、まったく異なる人生を歩んでいくことになります。

袁紹

十常侍め！
もう許さんぞ！
十常侍
袁紹

十常侍を暗殺

何進の部下となった袁紹は、何進を暗殺した十常侍をみな殺しに。しかし騒動に紛れた董卓に出し抜かれます。

私についてこい！
おー！
袁紹

反董卓連合軍のリーダーになる

曹操が集めた反董卓連合軍ですが、曹操の推薦で袁紹がリーダーになります。

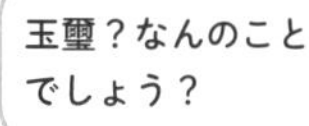

玉璽？なんのことでしょう？

あいつ絶対隠してるな…
孫堅
袁紹

孫堅と対立

反董卓連合軍が敗れた後、孫堅が玉璽を持って帰ったという密告を聞いた袁紹は、孫堅討伐を劉表に任せます。

華北はゆずらんぞ！

VS
袁紹
公孫瓚

公孫瓚と戦う

董卓の死後、諸将は領土拡大をはかります。袁紹も例にもれず、幽州の公孫瓚と幽州をめぐって戦います。

袁紹領
すごいだろう
袁紹

最大勢力となる

公孫瓚らを倒した袁紹は幽州・冀州・青州・并州の4つの州をおさえ、最大勢力となります。

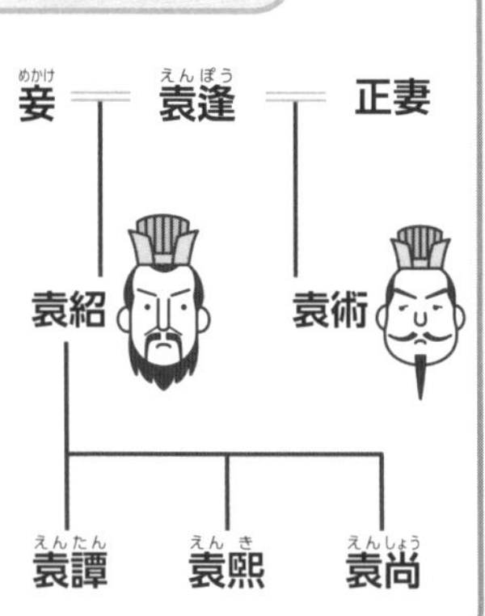

袁家の家系図
妾
袁逢
正妻
袁紹
袁術
袁譚
袁熙
袁尚

袁術

手柄を独り占めなんて許さん！
ひどい…
袁術
孫堅

反董卓連合軍に参加

袁術は自分が見下している孫堅が出世しないように、わざと食糧を送らないという嫌がらせをします。

孫堅のことは残念だったな…
くやしい…
袁術
孫策

袁紹と対立し孫家と協力

袁紹が劉表に孫堅殺害を命じたことを知った袁術は、孫堅と協力。孫堅が戦死すると、子・孫策を保護します。

ワシが皇帝だー！飲めー！食えー！
なにやってんの…
紀霊
袁術

伝国の玉璽をゲット

兵を返す代わりに孫策から玉璽をもらった袁術は勝手に「仲王朝」を築き、皇帝を名乗り始めます。

ハチミツ水を…飲みたい…
袁術

劉備に大敗し死亡

袁術の部下の多くは彼に愛想を尽かし離反。味方を失った袁術は劉備軍に征伐され、死亡します。

曹操と敵対する
劉備を助けて
良いものか…
助けてー
袁紹
劉備
どうして関羽が
曹操軍にいるんだ！
袁紹
関羽
顔良

劉備をかくまう

劉備が袁術を討伐したのは、曹操暗殺を計画しており、曹操と距離を置きたいがためでした。その計画がばれたことで劉備は曹操軍に追われ袁紹の元に逃亡。これがきっかけで、曹操と袁紹の戦が始まります。

白馬・延津の戦い

袁紹と曹操はまず白馬・延津で対立。袁紹は顔良・文醜の猛将二枚看板を派遣しますが、一時的に曹操軍に所属していた関羽がこれを破ります。事情を知った劉備・関羽はそれぞれ袁紹・曹操軍を離れ、再会します。

袁紹の軍師① 田豊

袁紹の軍師。曹操との戦いを避けるよう進言するも聞き入れられず、牢屋につながれた。官渡の戦いで袁紹が負けると、袁紹は田豊を退けたことを後悔する

曹操と戦っては
いけません！

田豊

袁紹の軍師② 許攸

官渡の戦いで曹操軍に寝返る。許攸の寝返りを信じるか信じないかで曹操軍は意見が割れるが、荀攸・賈詡の意見で信じることに。結果曹操軍は大勝利した

オレの策を聞いて
くれないなんて！

許攸

親友だった曹操と袁紹

袁紹と曹操は晩年こそ戦ったものの、じつは幼馴染で、若い頃は一緒に花嫁泥棒をしたという言い伝えもあります。袁紹の拠点・鄴を制圧したあと、曹操は袁紹のお墓の前で涙を流したそうです

さらばだ
袁紹…
曹操

華北はオレの
ものだ！
曹操
助けてー！
夏侯淵
許褚
袁紹

官渡の戦い

戦は袁紹有利に進むも、袁紹軍の許攸が寝返ったことで情報が漏洩し、袁紹軍の食糧庫を焼き払った曹操が勝利。態勢を立て直した袁紹でしたが、曹操軍の「十面埋伏の計（10個の伏兵を用意する作戦）」に敗れ、命からがら撤退します。

後継者をきちんと
決めておくべきだった…
袁紹

病気で死去

曹操にボロボロにやられた袁紹はそのまま病気となり、亡くなります。この時袁紹は後継者をきちんと定めなかったため、袁家では後継者争いが勃発。その隙をついた曹操によって滅ぼされてしまいました。

後世の評価

戦がなければ良い君主になれた袁紹？

「正史」の著者・陳寿は、袁紹のことを「優柔不断で人材を操るテクニックがない」と批判しています。しかしこの原因は「袁紹に人望があり過ぎたから」です。
袁紹は名門の人間なのに、決しておごらず人にへり下っていました。そのため袁紹の周りには人が集まり、彼は多くの家臣を抱えます。しかし、それゆえに家臣同士の言い争いが絶えず、袁紹は家臣全員を納得させる決断をなかなか出せずにいたのです。
袁紹の死後、曹操は袁紹領を支配するのに7年もかかります。つまり、それだけ盤石な体制が築かれていたのです。もし平和な世の中だったら、天下を取るのは穏やかな性格の袁紹だったのかもしれません。

あの曹操と戦うなん
てだれがやっても
難しいわ…

袁紹

あーだ
こーだ

Pick up

三国志に登場する武器

敵を倒すための武器や、身を守るための装備。三国志の時代は、どんな武器や装備が使われたのでしょうか

英雄たちが日々戦をくり返した三国時代は、新しい武器や装備が開発された時期でもあります。このページでは、当時の兵士が使っていた武器や装備についてくわしく紹介。また右ページでは、『三国志演義』オリジナルの、キャラクターの愛用武器・兵器についても解説します。

三国時代に使われた武器

弓と弩

敵に接近することなく攻撃できる遠射武器。弓の進化版である弩は、弓を発射装置に取りつけて使うボウガンのような武器でした。

両刃で折れやすい剣は廃れて、刀が主流になったぞ！

刀

漢代になると、それまで主流だった剣（両刃のもの）に代わり、おもに刀（片刃のもの）が使われました。代わりに剣は神秘的なものと考えられ、儀式で使われました。

矛や斧

矛は敵をつき刺すための武器。斧は木を切るための工具ですが打撃武器としても使われました。

戟

矛に戈という突起がついた長柄の武器。矛で相手をつき刺して、戈の部分で斬りました。

矛

戈

戈の部分で引っ掛けて攻撃もできるんだ

三国時代の装備

この時代の装備は、鉄製の札が魚の鱗のようにびっしりついた筒袖鎧（魚鱗甲）という甲冑が特徴です。一説では諸葛亮（孔明）が発明したとされています。

歩兵

刀や戟といった武器と、身を守るための盾を装備。普段は着物ですが、戦う時は動きやすいようにズボンをはきました。

孔明様がつくってくれたこの鎧サイコー!!
盾
筒袖鎧
ズボン
刀
馬に乗って敵陣に攻め込むのだ!!
鉄兜
戟
短い甲冑

騎兵

騎乗の際に邪魔にならないように胴から下の甲冑は短くしていました。また、機動力を犠牲にし、馬に鎧を着せる「重騎兵（➡P84）」もいました。

『三国志演義』に出てくる武器

『演義』では、武将たちはそれぞれ個性的な武器を持った姿で描かれました。

方天画戟

三国志最強の武将とされる呂布（➡P60）の武器。戟の進化版で、三日月型の刃で切ることも矛の先端でつき刺すこともできる武器でした。

虎戦車

孔明が開発したとされる戦車。虎の皮をかぶっており、口から火を吹いて攻撃します。南蛮攻略（➡P176）で登場。

これですべてなぎ払ってやるんだぜ！
呂布様の愛馬である私も大活躍しましたぞ！
呂布
赤兎馬
ガオーボエエエェェ
私の自信作…！敵を燃やすのです！
諸葛亮

蛇矛

張飛が愛用した矛。蛇のように曲がった刃で敵の傷口を広げました。『演義』が書かれた当時の単位で長さは6m近くもあったとか。

蛇みたいなぐねぐねで敵に致命傷を与えてやるぜ
張飛

青龍偃月刀

関羽が「冷艶鋸」と名づけて愛用した大刀。当時の単位で重さはなんと50kgもありました。

みな一刀両断にしてやろう！
関羽

槍

趙雲愛用の武器。「正史」が編纂された頃は、まだ槍は開発されていませんでした。

正義の槍で悪をつらぬく！
趙雲

column

三国時代の船

水上戦だった赤壁の戦い（➡P120）で、兵力で圧倒的に不利な呉が曹操軍に勝利したように、長江が流れている呉では、水軍が発達していました。当時呉で活躍した船は、指揮官が乗る本陣の楼船や、水上戦で主力となった中型船の闘艦、敵船に突撃して乗りこむのに活躍した艨衝、偵察や伝令などを担った走舸、馬のように速く進む赤馬など、さまざまな種類があったとされます。

呉の水軍は最強さ
くそう…！大敗だ…
周瑜
曹操

三国志トリビア③

劉備三兄弟の子どもたち

劉備・関羽・張飛には何人か子どもがおり、劉備と関羽は養子も迎えていました。劉備の子・劉禅（阿斗）は蜀の2代皇帝になり、関羽・張飛の息子たちは武将として活躍。また張飛の2人の娘は劉禅に嫁ぎ、蜀の皇后となっています。

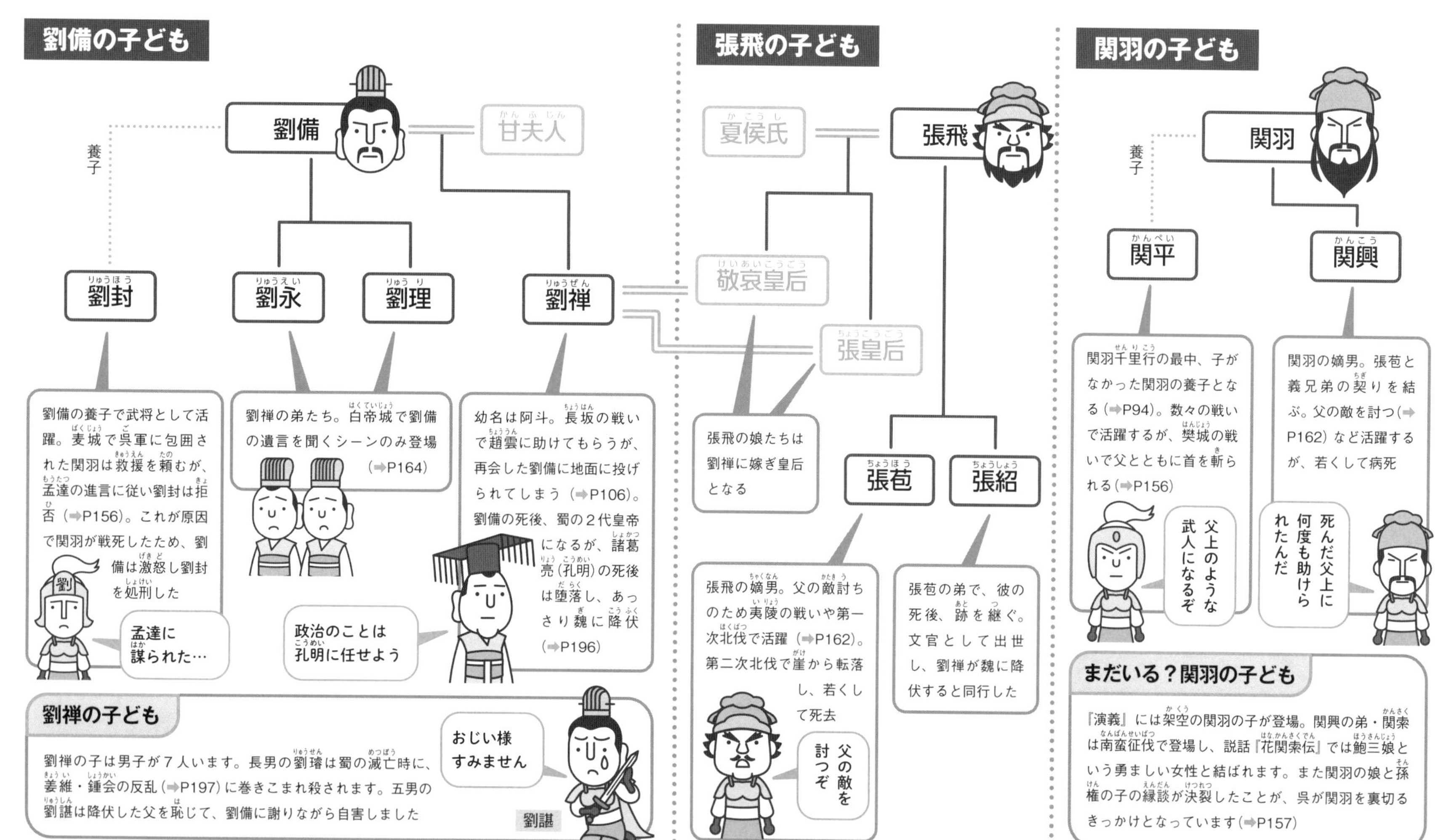

劉備の子ども
劉備
甘夫人
養子
劉封
劉永
劉理
劉禅
劉備の養子で武将として活躍。麦城で呉軍に包囲された関羽は救援を頼むが、孟達の進言に従い劉封は拒否（➡P156）。これが原因で関羽が戦死したため、劉備は激怒し劉封を処刑した
劉
孟達に謀られた…
劉禅の弟たち。白帝城で劉備の遺言を聞くシーンのみ登場（➡P164）
政治のことは孔明に任せよう
幼名は阿斗。長坂の戦いで趙雲に助けてもらうが、再会した劉備に地面に投げられてしまう（➡P106）。劉備の死後、蜀の2代皇帝になるが、諸葛亮（孔明）の死後は堕落し、あっさり魏に降伏（➡P196）
劉禅の子ども
劉禅の子は男子が7人います。長男の劉璿は蜀の滅亡時に、姜維・鍾会の反乱（➡P197）に巻きこまれ殺されます。五男の劉諶は降伏した父を恥じて、劉備に謝りながら自害しました
おじい様すみません
劉諶
張飛の子ども
夏侯氏
張飛
敬哀皇后
張皇后
張飛の娘たちは劉禅に嫁ぎ皇后となる
張苞
張紹
張飛の嫡男。父の敵討ちのため夷陵の戦いや第一次北伐で活躍（➡P162）。第二次北伐で崖から転落し、若くして死去
父の敵を討つぞ
張苞の弟で、彼の死後、跡を継ぐ。文官として出世し、劉禅が魏に降伏すると同行した
関羽の子ども
関羽
養子
関平
関興
関羽千里行の最中、子がなかった関羽の養子となる（➡P94）。数々の戦いで活躍するが、樊城の戦いで父とともに首を斬られる（➡P156）
父上のような武人になるぞ
関羽の嫡男。張苞と義兄弟の契りを結ぶ。父の敵を討つ（➡P162）など活躍するが、若くして病死
死んだ父上に何度も助けられたんだ
まだいる？関羽の子ども
『演義』には架空の関羽の子が登場。関興の弟・関索は南蛮征伐で登場し、説話『花関索伝』では鮑三娘という勇ましい女性と結ばれます。また関羽の娘と孫権の子の縁談が決裂したことが、呉が関羽を裏切るきっかけとなっています（➡P157）

第4章

英雄がそろった赤壁の戦い

諸葛亮（孔明）は呉の魯粛の要請で呉へ渡り、呉の軍師・周瑜に曹操と戦うよう説得。かの有名な赤壁の戦いの始まりです。曹操軍を破った孔明は、周瑜に先回りして荊州を奪い取り、劉備は初めて領地を得ました。

4章の流れが一気にわかる！

英雄がそろった赤壁の戦い

呉の孫権と同盟を結んだ劉備軍は諸葛亮（孔明）の活躍もあり、赤壁で曹操に勝利。さらに、孔明は呉の周瑜を出し抜いて荊州も獲得します。怒った周瑜がさまざまな荊州奪還策をしかけてきますが、孔明は彼の策をすべて見抜いたうえで、彼を煽るような手紙を送り、周瑜を憤死させたのでした。

❶ 小覇王・孫策の死

于吉
孫策

江東を制した孫策ですが、許貢旧臣の襲撃と于吉の呪いによって急死。跡を継いだ弟の孫権は優秀な人材を集め、父の敵・黄祖を討ちました

この時関羽は？

関羽
顔良

孫策の死と同月に起こった白馬・延津の戦いで、関羽は顔良・文醜を討ち、その後劉備の元へ戻るべく、5関の突破を行いました

❷ 孫劉同盟の成立

この先、降伏を唱える者は斬る！
孫権

江東へ来た孔明は、曹操に降伏派の周瑜と孫権を説得。周瑜は孔明を警戒し殺そうとしますが、彼の策は孔明にかわされてしまいます

この時劉備は？

諸葛亮
劉備

劉備たちは夏口で孔明の帰りを待っていましたが、東南の風を吹かせて帰ってきた孔明の指示で、曹操の撤退路で待ちぶせを行います

❸ 赤壁の戦い

曹操、覚悟！
黄蓋
黄蓋

周瑜は「反間の計」「苦肉の計」「連環の計」を用いて曹操軍を弱体化させた上で、曹操軍の船を焼き払い、大勝利を収めました

この時関羽は？

早く、去られよ
曹操
関羽

曹操の追撃を任された関羽でしたが、以前曹操軍に身を寄せていた恩があったため、曹操の命乞いを受け入れて、彼を見逃してしまいました

❹ 荊州争奪戦

見逃してやる馬をかえよ！
関羽
腰がー
黄忠

赤壁で勝利した周瑜はその勢いで荊州に進出。重症を負いながら南郡を制しますが、孔明に出し抜かれ、荊州の大半を劉備軍に奪われます

この時孫権は？

孫権
太史慈

長江以北に進出するべく、孫権は合肥に出陣しました。しかし、城を守る張遼に敗れ、兄以来の家臣・太史慈を失ってしまいます

❺ 周瑜の死

魯粛
諸葛亮

荊州奪還に執念を燃やす周瑜は、さまざまな策をしかけますが、孔明によって失敗。何をしても孔明に敵わないことを嘆きながら死去します

この時曹操は？

冀州の鄴に建設していた銅雀台の完成を祝うため、曹操は宴を催し、配下武将たちに弓の腕を競わせる競技大会と詩の大会を行わせました

4章の登場人物

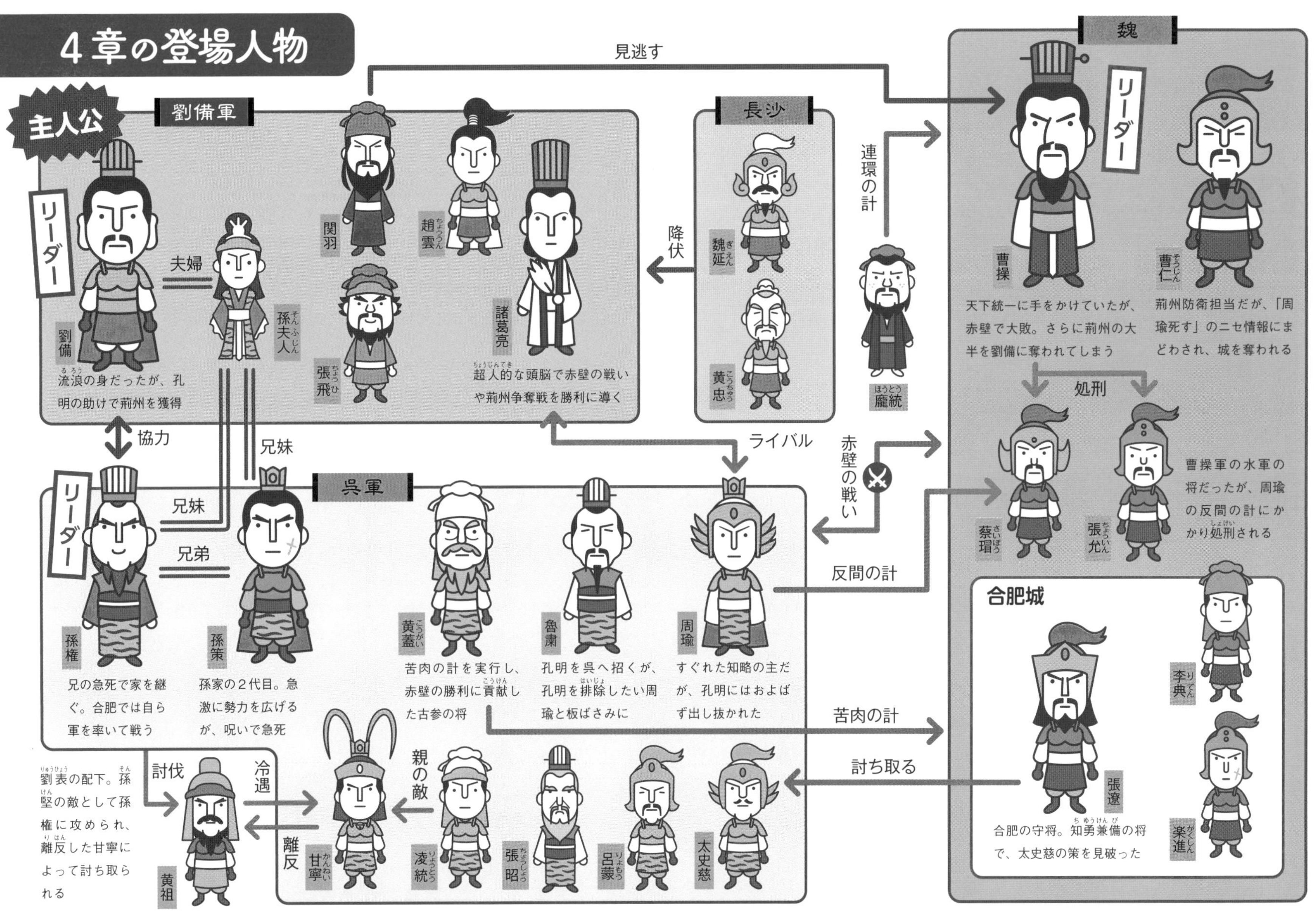

主人公
劉備軍
リーダー
劉備
流浪の身だったが、孔明の助けで荊州を獲得
夫婦
孫夫人
関羽
趙雲
張飛
諸葛亮
超人的な頭脳で赤壁の戦いや荊州争奪戦を勝利に導く
見逃す
長沙
魏延
黄忠
降伏
連環の計
龐統
魏
リーダー
曹操
天下統一に手をかけていたが、赤壁で大敗。さらに荊州の大半を劉備に奪われてしまう
曹仁
荊州防衛担当だが、「周瑜死す」のニセ情報にまどわされ、城を奪われる
処刑
蔡瑁
張允
曹操軍の水軍の将だったが、周瑜の反間の計にかかり処刑される
協力
兄妹
兄妹
兄弟
ライバル
赤壁の戦い
反間の計
呉軍
リーダー
孫権
兄の急死で家を継ぐ。合肥では自ら軍を率いて戦う
孫策
孫家の2代目。急激に勢力を広げるが、呪いで急死
黄蓋
苦肉の計を実行し、赤壁の勝利に貢献した古参の将
魯粛
孔明を呉へ招くが、孔明を排除したい周瑜と板ばさみに
周瑜
すぐれた知略の主だが、孔明にはおよばず出し抜かれた
苦肉の計
合肥城
張遼
合肥の守将。知勇兼備の将で、太史慈の策を見破った
李典
楽進
討ち取る
劉表の配下。孫堅の敵として孫権に攻められ、離反した甘寧によって討ち取られる
討伐
黄祖
冷遇
離反
甘寧
親の敵
凌統
張昭
呂蒙
太史慈

26 孫策死後、江東を鎮めた孫権

おもなできごと
孫策の死によって跡を継いだ孫権が父の敵・黄祖を討つ

事件の舞台

呉郡

小覇王・孫策の最期

江東を制した孫策（➡P76）でしたが、彼の強引な侵略は多くの恨みを買い、自分が殺した許貢の残党によって重傷を負わされます。

孫策の最大勢力
司隷、兗州、
豫州、徐州
曹操
幽州、并州、
冀州、青州
袁紹
VS
VS
揚州
孫策
孫策は、官位をくれない曹操に怒り、曹操領を攻めるタイミングをはかっていました

孫策の江東制覇

江東を制した孫策は、そのパワーから「小覇王」と呼ばれていました。ある時、呉郡太守・許貢が曹操に「孫策に警戒せよ」と忠告しようしたことを知り、彼を殺害します。

オレのジャマをする奴は殺すのみ！
孫策…覇王・項羽のような貴様の侵略は、多くの恨みを買うぞ…
許
許貢
孫策

孫策を恨んだ許貢の残党は、狩りに出た孫策を襲い、矢傷を負わせました。矢には毒が塗られており、医者に「怒ると傷は完治しない」と言われます。

許貢様の敵思い知れ！
あと2人…
許
許
許
孫策

小覇王の死

ある日、孫策は道士・于吉の力を試そうと「雨を降らせろ」と命令。于吉が雨を降らせると民が彼を拝んだため、民を惑わせた罪で処刑してしまいました。

民をまどわす妖術師め！オレはだまされないぞ！
于吉
孫策

于吉殺害後、孫策の前には于吉の霊が現れるようになり、日に日にやつれていきます。そして、鏡の中に現れた于吉におどろいた時、矢傷が破れ絶命しました。

どこを見ても于吉の幽霊が…
孫策

➡孫策、于吉の呪いで死去

正史では？ 許貢の残党に暗殺される

『三国志演義』では呪殺というショッキングな最期を迎えた孫策ですが、史実での彼は許貢の食客に負わされた矢傷が元で死んでいます。晋代の歴史書『江表伝』や志怪小説『捜神記』に孫策が于吉を殺害する逸話が載っており、これが発展して『演義』の孫策呪殺エピソードが生まれたと考えられます。

孫権、父の敵を討つ

兄・孫策の跡を継いだ弟・孫権は、周瑜・張昭ら兄の残した人材に加え、諸葛瑾・呂蒙などを登用して、動揺していた孫家を立て直していきます。孫権は父・孫堅の敵を討つため荊州の黄祖（➡P76）を攻め、黄祖から離反した甘寧の活躍で敵討ちに成功したのでした。

孫権の下に才子集う

孫権は兄の残した将のみならず、各地から多くの人材を登用。彼らをよく用いて勢力を広げていきます。

孫権
孫家の３代目。孫策曰く「軍事はオレの方が上だが、人材活用ではまったく敵わない」。

張昭
参謀の筆頭格。孫権の信頼は厚いがケンカになることも。

周瑜
孫策の親友。軍略はもちろん容姿・音楽にもすぐれた。

諸葛瑾
諸葛亮（孔明）の兄。孫権に仕えるよう弟を誘うが断られた。

黄蓋
最古参の猛将。孫家の覇業のためなら命も惜しくない。

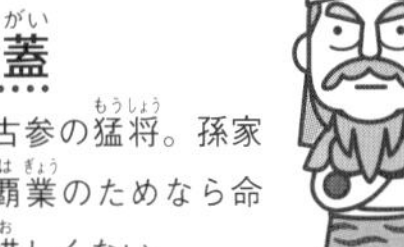

魯粛
周瑜がヘッドハント。孫権が皇帝になればいいと思っている。

程普
父・孫堅の代から仕える武将。周瑜と不仲だったが最近和解。

呂蒙
勇猛かつ公平な将。孫権に学問をするよう勧められている。

韓当
大刀が得意な最古参の猛将。黄蓋や周泰（➡P76）と仲良し。

黄祖を討つ

態勢を整えた孫権は父の敵・黄祖を攻撃。敵の猛将・甘寧により一度は撤退したものの、黄祖と甘寧が不仲になるとすぐさま甘寧をヘッドハンティングし、黄祖を討ち取りました。

❶ 猛将・甘寧

長江に進軍した孫権軍は黄祖軍を破りますが、深入りした凌操が甘寧に討たれてしまいます。甘寧の強さを警戒した孫権は一度撤退することを決めました。

ここは
抜かせんぞ！
ぐっ
深入りし
過ぎたか…
父上！
凌操
甘寧
凌統

❷ 甘寧、孫権に降る

孫権軍を撃退した甘寧ですが、黄祖は彼を「河賊あがり」と軽蔑します。怒った甘寧は呂蒙に孫権軍への投降を希望。呂蒙が孫権にこれを伝えると、孫権は大いに喜びました。

いやしい
河賊め！
出てって
やる！
黄祖
甘寧
殿、黄祖に冷遇された甘寧が投降を希望しています。１度お会いになってみませんか？
甘寧がいれば百人力。
ぜひ我が軍に迎えたい
孫権
呂蒙

❸ 孫軍、黄祖を破る

再び黄祖を攻めた孫権軍は、甘寧の活躍で黄祖軍の船を破り、夏口城を包囲します。黄祖は夏口城から脱出しますが、これを予期していた甘寧によって討たれました。

もはや城は落ちる。
オレはその前に
逃げるぞ…
追いつめられたお前が
逃げ出すなんてお見通
しだ。覚悟しろ！
夏口城
孫
黄祖
甘寧

❹ 凌統の敵討ち

父・孫堅の敵を討った仲間を集めて孫権は宴を開きます。甘寧を父・凌操の敵と恨む凌統は宴の席で甘寧に斬りかかりました。

なお、夏口城は引き続き黄祖の上司・劉表が保持。子の劉琦（➡P106）が入ります。

うわ、
いきなりなんだ！
コラ、凌統！
甘寧はもう仲間だ
父上の敵！
孫権
甘寧
凌統

27 揺れる孫権と孔明の大論陣

おもなできごと：ともに曹操と戦うため、諸葛亮は呉の孫権と周瑜の説得に向かう

事件の舞台

柴桑

孫権に降伏をうながす曹操

荊州を得た曹操は孫権に降伏をうながす書状を送ります（➡P106）。大軍の襲来に呉の家臣たちは動揺し、降伏するか戦うか連日議論が行われますが結論は出ません。

孫権よ
わしは天子を助け、朝廷に刃向かうものを討った。今、荊州の劉琮が降伏し、帝に仇なすのは劉備だけとなった。そなたも我らと協力し、ともに劉備を討とうではないか。
曹操

殿、曹操の軍は今や100万にふくれあがり、荊州を抑えられているから長江で防ぐこともできません。降伏するしかないのです
降伏
張昭
戦はやってみなければわからん！孫家３代の覇業を曹操なぞにかすめ取られてなるものか！
抗戦
黄蓋
降伏しても、曹操は有能な家臣だけ引き抜いて殿は許さないだろう。殿を守るには戦うしかない…
魯粛

諸葛亮、呉を説得する

主戦派の魯粛は劉備たちが駐屯する夏口へ向かい、諸葛亮（孔明）に協力を求めました。孫権の前線基地・柴桑を訪れた孔明は、降伏に傾く孫権や家臣たちを説き伏せようとします。

おお、あなたは孔明殿。曹操と戦うため、力を貸していただけませんか
魯粛

わかりました。行きましょう
1人で大丈夫か？
行ってら
がんばれー
諸葛亮
劉備
張飛
関羽

孔明に論戦を挑む呉の群臣

孔明が柴桑に行くと、降伏派の家臣たちは彼が孫権を説得して曹操と戦わせようとしていると考え論戦を挑みます。しかし、孔明は彼らを冷静に論破しました。

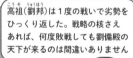

曹操に１度も勝てない劉備の軍師が加わっても100万の大軍に勝つことなどできん！
高祖（劉邦）は１度の戦いで劣勢をひっくり返した。戦略の核さえあれば、何度敗戦しても劉備殿の天下が来るのは間違いありません
それはちがいます！
張昭
諸葛亮
Round1 vs.張昭

曹操から逃げるしか能のない劉備の天下など来るはずがない！
劉備殿は大望のために今は耐えているだけ。曹操を恐れ、降伏を勧めるあなた方とは比べものにならない方です！
それはちがいます！
虞翻
諸葛亮
Round2 vs.虞翻

今、漢の天命は尽きかけ、天下は曹操のもの。もはや逆らうことなどできますまい。
漢の恩を受けながら簒奪をはかる曹操は逆賊に他なりません！そんな男に降るなどとんでもないことです！
それはちがいます！
薛綜
諸葛亮
Round3 vs.薛綜

劉備殿は皇帝の末裔と言いますが、血筋の怪しい元ワラジ売りではありませんか。天下人の器ではありませんよ
劉備殿が王の末裔であるのは献帝もお認めになったことです。それに高祖も低い身分から皇帝にのぼりつめた方ですよ！
それはちがいます！
陸績
諸葛亮
Round4 vs.陸績

さらに、歩騭・厳畯・程秉が論戦を挑むが孔明はすべて返り討ちに
7勝0敗で孔明が呉臣たちを完封した！

これぐらい朝飯前ですよ

孫権を挑発する孔明

孫権に会った孔明は、「曹操の軍は非常に強大だが、劉備は大義のために降伏しないだろう」と語ります。暗に孫権が2人よりも劣っていると挑発することで、降伏の考えを捨てさせようとしたのです。

孔明よ、曹操の軍はどれほどの兵力でどんな猛将・参謀がいるのだ？

孫権

曹操の軍は100万を超え、すぐれた人物が1000人以上仕えています。孫権殿に迷いがあるなら降伏した方が身のためでしょうね。まあ、劉備殿は義のある方ですから、絶対そんなことしませんけど

諸葛亮

孔明殿ー！ 曹操の兵力は言うなとあれほど言ったのに…！ 殿がおびえて降伏を決めてしまったらどうするんですかー

魯粛

曹操恐るるに足らず！

じつは、これは曹操や劉備を持ちあげることで孫権を挑発し、戦う気にさせる孔明の策であった

銅雀台に二喬を並べる

続いて孔明は周瑜と対面。周瑜は降伏派でしたが、曹操が二喬（周瑜の妻・小喬と孫策の未亡人・大喬）をねらっていると孔明が伝えると、周瑜は激怒し徹底抗戦を決めます。

銅雀台に二喬を並べて、余生を楽しみたいものだ
と、曹操が言ってるらしいですよ
こう言えば、周瑜は激怒するはず
何だと!? 二喬は私と孫策の妻だ
曹操め、絶対に許さんぞ!!
周瑜

孫権、抗戦を決める

孫権は家臣を集め、再び議論を行います。兵力差を理由に降伏を説く張昭らに対し、周瑜は曹操が負ける理由を4つ挙げて抗戦を主張します。

今日の議題
曹操と・戦う・戦わない
最終弁論だぞ！
今日こそ、どっちかに決めるぞ
孫権
降伏
張昭

曹操は天子を奉じ大軍を有しています。さらに、軍船も多数持っているので、長江すら彼を止められますまい。ここは降伏し、後のことはその時考えるのです

曹操は4つのミスをおかしている。
❶北方の馬騰・韓遂（➡P138）を放置して南方に出陣した。
❷曹操軍は船に不慣れなのに船戦を挑もうとしている。
❸今は兵糧も少ない冬。
❹北方人はこの地の気候に慣れておらず疫病が流行る。
殿、この機を逃さず戦えば必ず勝利できます！

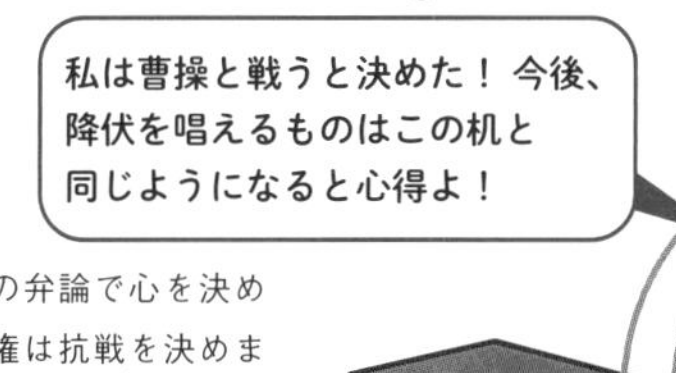

抗戦
周瑜

私は曹操と戦うと決めた！ 今後、降伏を唱えるものはこの机と同じようになると心得よ！

孫権

周瑜の弁論で心を決めた孫権は抗戦を決めます。机の角を斬り「反対する者は同じようになる」と宣言し、降伏派の反論を封じました。

小言もすべて主のため！ 直言の臣・張昭

呉の内政トップの張昭は、まちがったことは主君でも容赦なく指摘する直言居士。「危ないから虎狩りはするな」「アルハラはやめろ」などその内容は真っ当なものでしたが、主従ともに気の強い性格だったため、孫権とは頻繁に衝突していました。孫権の即位後、公孫淵が呉に降伏した際、張昭は受け入れを反対し、孫権がこれを無視すると屋敷に籠城。怒った孫権に屋敷の門をふさがれると、なんと張昭も負けじと門を内側からふさぎます。張昭が死ぬまで大人げないケンカを続けた2人ですが、張昭が謹慎以上の罰を受けた記録はないため、なんだかんだ仲は良かったのかもしれません

望むところじゃ小童！ 泣いてすがっても二度と登城してやらんからな！
偏屈ジジイめ、そんなに引きこもりたいなら、門を埋めてやる！
孫権
張昭

28 赤壁の戦い① ～決戦準備

おもなできごと 周瑜と諸葛亮は曹操軍に火計を仕掛けるため、策をめぐらせる

事件の舞台

赤壁

曹操と戦うことで一致した孫権（呉）・劉備の連合軍は、赤壁に陣を敷き、曹操軍と長江を隔てて向かい合います。周瑜は諸葛亮（孔明）を警戒し排除しようとしますが、彼の本心を見抜いていた孔明は周瑜の策をすべてかわします。孔明暗殺をあきらめた周瑜は、彼に曹操軍と戦うための策を相談し、２人の意見は「火計」で一致しました。しかし、多勢の曹操軍を焼き払うにはただ火をつけるだけでは不可能。周瑜は「反間の計」「苦肉の計」「連環の計」を曹操軍にしかけることで、火計を成功させようとします。

降伏に傾いていた我らの意見をひっくり返した孔明の力は恐るべきものだ。早めに排除してしまった方が良いかもしれん…
そんな…孔明殿は勝利に必要な方です
先生ー
ワイワイ
もっと話を…
諸葛亮
周瑜
魯粛

孔明を排除したい周瑜

周瑜は呉軍の意見を降伏論からくつがえした孔明を警戒。無理難題を命令して彼を殺そうとしますが、孔明の策によって失敗します。

Mission① 曹操軍の糧道を断て！

周瑜はわずかな兵士しか与えず孔明を戦死させようとしますが、孔明は周瑜を挑発して任務を交代させることに成功。

指令① 少ない兵で勝つために、敵の糧道を断ってくれ（少ない兵士しか与えずに討ち死にさせよう）

私は周瑜殿とちがって陸戦も水戦も得意ですから、これくらい簡単ですよ
諸葛亮
いくらあなたでもムリでは？本当に行くんですか？
魯粛

だれが水戦しかできない男だ！そこまで言うなら私が見事糧道を断ってみせよう！
周瑜
…って言ってました
魯粛

私を殺せなくて残念ですね周瑜殿あなたの思惑なんてお見通しですよ～

Mission② 10万本の矢を手に入れろ！（草船借箭）

藁人形を乗せた船で曹操軍の攻撃を受けることで、３日で大量の矢をゲットしました。

指令② 船戦には矢が不可欠。10日で10万本の矢を用意してくれ（できなかったら命令違反で処刑してやる）

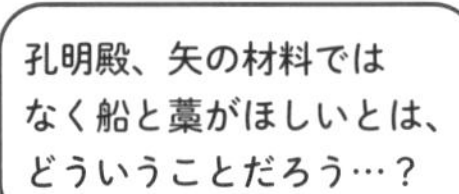

孔明殿、矢の材料ではなく船と藁がほしいとは、どういうことだろう…？

藁
船20隻
魯粛
敵だー

諸葛亮

決戦の策は火計！

周瑜は孔明に戦術について意見を求め、たがいの考えを手のひらに書くことに。２人の手には「火」の文字が書かれ、敵を火計で一掃する策で一致します。しかし、曹操軍を焼き払うにはまだいくつかの障害がありました。

曹軍を倒す策を考えたが少し自信がない。貴殿の考えも聞かせてくれ
では、たがいに手のひらに書いて見せ合いましょう
周瑜
諸葛亮

大軍の曹操軍全体を焼くためには、「水戦に通じた指揮官の排除」「火をつけるスパイ」「敵が逃げられない状況」が必要不可欠。これらの目標を達成するため、呉の武将たちは３つの策を実行に移します。

曹操軍対策室
最終目標
曹操軍を火計で焼き払う！
中目標
❶水戦が得意な蔡瑁・張允を排除 → 担当 周瑜
❷火つけのため、敵陣に潜入する → 担当 黄蓋
❸敵が逃げられないよう船をつなぐ → 担当 龐統
曹操を倒すにはこの策の成功が不可欠だ。心してあたってくれ！
頼りにしているぞ
さて、お手並み拝見
がんばりましょう
黄蓋大丈夫か？
オレにも出番くれー
重要な役目じゃ
ワシの役目は…
諸葛亮
魯粛
韓当
甘寧
周瑜
黄蓋
龐統
孫権

❶ 反間の計で邪魔者を排除

曹操のスパイとして呉軍を訪れた周瑜の旧友・蔣幹は周瑜の陣で、蔡瑁（➡P106）・張允の内通を示す書状を手に入れます。

蔡瑁・張允！お前たち呉に通じ、ワシを殺そうとしたな！
そんな手紙知りません
何かの間違いです
周瑜殿 我々は曹操の首を取って呉に降伏します 蔡瑁&張允
張允
蔡瑁
曹操
じつは…
2人は無実だ。水戦が得意なヤツらを排除するために、曹操のスパイにニセ手紙を盗ませたのだ

❷ 苦肉の計

軍議で周瑜に反対意見を述べた黄蓋は50叩きの刑にされたことで彼を恨み、曹操に降伏の手紙を送ります。

曹操殿
ワシ、黄蓋は周瑜と意見が合わず諫めたところ、理不尽な折檻を受けた。あの若造の態度にはもう我慢ならん！そちらに投降させていただきたい

私の言うことを聞かないヤツはこうだ！
許してー

内通者が出るほど呉は追いつめられているのだなよしよし
曹操
じつは…
投降はウソだ。黄蓋には敵船に火を放つため潜入してもらった。彼を殴ったのも曹操を信用させるための芝居だぞ

❸ 連環の計

「鳳雛」と呼ばれる知恵者・龐統が曹操軍に参陣。船酔い対策のため船をつなげるよう提案します。

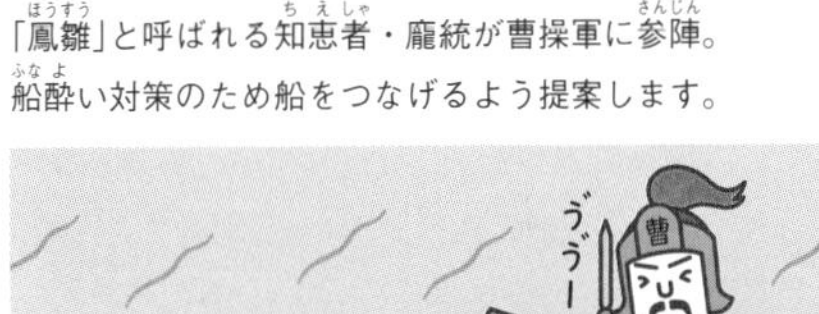

兵の船酔いを治すには、船同士をつないで揺れを抑えるのです
うぷー
オエー
おろして
なるほど
曹操
龐統

じつは…
龐統は呉軍のスパイ。火が敵陣全体に燃え広がるように、船酔い対策と偽って船をつなげさせたのだ

29 赤壁の戦い② ～焼き払われた曹操軍

おもなできごと 周瑜らの計略で曹操軍は惨敗。曹操は命からがら逃走した

事件の舞台

赤壁

「反間の計」「苦肉の計」「連環の計」が成功し、さらに諸葛亮(孔明)が東南の風を吹かせたことで火計の準備は整いました。黄蓋が火船で敵陣につっこんだのを皮切りに呉軍が次々と襲いかかり、曹操軍は炎に包まれます。

なんとか戦場を逃れた曹操は曹仁が守る南郡を目指して撤退。途中、呂蒙と甘寧、趙雲、張飛の待ちぶせを受けながらも敗走していきますが、南郡を目の前にした華容道には関羽が。絶体絶命の曹操は関羽に命乞いをし、千里行（➡P94）を曹操に黙認してもらった恩がある関羽は、曹操を見逃しました。

東南の風

３つの策を成功させた周瑜ですが、敵を燃やすために必要な「東南の風」が吹かないことに気づき、寝こんでしまいます。しかし、孔明の儀式によって東南の風が吹き、火計の準備がすべて整いました。

天よ、我が願いを聞き
東南の風を吹かせたまえ
諸葛亮
風すら操るとは…
やはりここで
殺しておかねば…
周瑜
約束通り風を吹かせました
あとはよろしくお願いしまーす
諸葛亮

劉備殿、計略は成りました。曹操を追いつめるため、関羽殿たちを今から言う場所に配置してください
やってやるぜー
承知した
諸葛亮
劉備
張飛
関羽
孔明、おかえりー

風すら操る孔明を恐れた周瑜は孔明を討とうとしますが、すでに孔明は劉備のもとに帰っていました。

全軍進めー

すべての準備を終えた周瑜は、全軍に出陣を命じた

周瑜

正史では？ 赤壁で孔明は何もしていなかった!?

『演義』では孔明が大活躍する赤壁の戦いですが、「正史」でこの戦いの最大の功労者とされているのは周瑜。孔明の出番は孫権を説得したことのみで、草船借箭も東南の風も創作なのです。さらに裴松之の注には劉備は呉軍が３万と少数であることを知って不安になり、後方に撤退したことが書かれているなど、この時の劉備軍はかなり消極的な態度だったようです。

ハハハ、水戦で
呉が負けるわけ
ないだろ
呉軍って３万
しかいないの？
勝てる？
周瑜
劉備
諸葛亮

燃える赤壁

呉軍は黄蓋を先陣に曹操軍を攻撃し、連環の計のため逃げられない曹操軍に大損害を与えました。黄蓋は曹操を討とうと敵本陣に近づきますが、敵の矢を受け落水。韓当に救われます。

どうして我が軍が炎に…
曹操
逃げないと…船がつながって逃げられないー
オレたちは烏林へ向かうぞ
呂蒙
甘寧
黄蓋
将軍に続けー
うわー火船が突っこんできたー
曹操！黄蓋が参ったぞ！
韓当
黄蓋大丈夫かぁー
呉の勇士たちよ、一丸の炎となって曹操を討つのだ！
周瑜

逃げる曹操

戦場から逃れた曹操は敵の追撃をかわしながら、曹仁が守る南郡を目指します。

烏林
いたぞ！曹操だ！
ジャマだぁ！道をあけよ！
甘寧
呂蒙

官都の北
首を差し出せ曹操！
くっ、こいつ手強いぞ。だがまだ行ける…
趙雲

葫蘆口
おっとぉ、ここであったが百年目だぜぇ　曹操！
なっ、まだ追ってくるのか!?　もう従う兵も少ないのに…
張飛

華容道
そ、曹操殿お覚悟！
げぇ、関羽もう無理だぁ
関羽

正史では？　曹操惨敗の原因は疫病!?

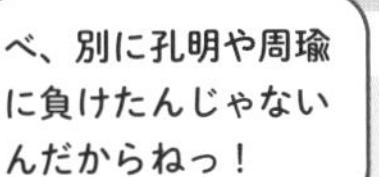

べ、別に孔明や周瑜に負けたんじゃないんだからねっ！
曹操

『三国志演義』の影響で火計の印象が強い赤壁の戦い。しかし、「正史」の「武帝（曹操）紀」では敗因は疫病となっています。遠征中の曹操軍は慣れない気候で疫病が蔓延していたのです。なお武帝紀の記述は非常に簡素で、著者・陳寿が曹操に忖度したと考えられています。

千里行を見逃してあげたし、どうか助けてくれ！
う、確かに貴殿には恩がある…。通られよ
曹操
関羽

関羽は曹操の命乞いを受け入れ見逃します。しかし、これは呉の勢力拡大を阻止し、関羽に借りを返させるために、孔明が仕組んだことでした。

30 荊州をめぐる三つ巴の争い

おもなできごと
荊州をめぐり曹仁・周瑜・諸葛亮が三つ巴の争いをくり広げる

事件の舞台

荊州

赤壁の戦いで大勝利した呉の周瑜は、曹操が支配する荊州への進出をねらい、南郡を攻撃します。荊州は長江を通じて、東の揚州・西の益州とつながり、中原とも至近距離という要所だからです。

南郡を守る曹操軍の曹仁は、罠をかけて周瑜に重傷を負わせることに成功。しかし、周瑜はこの状況を逆手に取り、自分が死んだという嘘で曹仁を油断させ南郡城から追い出します。ところが、城にはすでに劉備軍の旗がひらめいていました。2人が争う間に、諸葛亮(孔明)が曹仁の参謀・陳矯を捕らえて城をのっとったのです。

同じ方法で荊州城・襄陽城を奪った孔明は、関羽らを武陵郡・長沙郡・桂陽郡・霊陵郡に派遣して制圧。長年流浪していた劉備はようやく領地を得たのでした。

荊州に攻勢をかける周瑜

荊州に攻め入った周瑜は、甘寧の進言を取り入れ夷陵城を攻略後、南郡城を包囲。曹仁の策によって重傷を負いますが、これを利用して曹仁を城から追い出すことに成功します。

周瑜、重傷を負う

よし、魏軍は蹴散らした。城に入るぞ
南郡城
周瑜
曹仁
周瑜め、罠にかかったな
しまった、罠だ！
落とし穴!?
周瑜

夷陵城を落とされた曹仁は、曹操の置き手紙に書かれた策を実行。撤退したフリをして周瑜を城内におびき寄せます。

空と思われた城内には落とし穴や伏兵がしかけられていました。腕に矢を受けた周瑜は医者に「怒ったら傷がさけて死ぬ」と宣告されます。

自らを囮に曹仁を破る

周瑜が死んだ、今が攻め時だ！
曹仁
城に攻めかかれ……ぐはっ!?
周瑜
周瑜！死ぬな!!
程普
周瑜!?生きていたのか！
曹仁
ダマされたな！南郡から出て行ってもらうぞ！
周瑜

周囲の制止も聞かず周瑜は再び南郡城を攻めますが、陣中で吐血してしまいます。程普ら仲間たちは心配しますが、これこそ周瑜の策でした。

周瑜が死んだと信じた曹仁は呉の陣に夜襲をかけますが、彼は生きていました。曹仁軍は伏兵に囲まれ敗走します。

荊州に三雄が割拠する

命がけの策で南郡を落とした周瑜でしたが、城はすでに劉備軍によってのっとられていました。孔明は、さらに武陵・長沙・桂陽・零陵の４郡を獲得し、荊州の大半を占領下に置きます。

孔明、荊州を奪う

南郡・荊州・襄陽を占領した劉備軍は、知恵者と名高い馬良・馬謖（➡P134）を自軍に加えます。馬良が孔明に南荊州の４郡を獲るように提案すると、孔明は関羽・張飛・趙雲らを派遣して４郡を制圧しました。

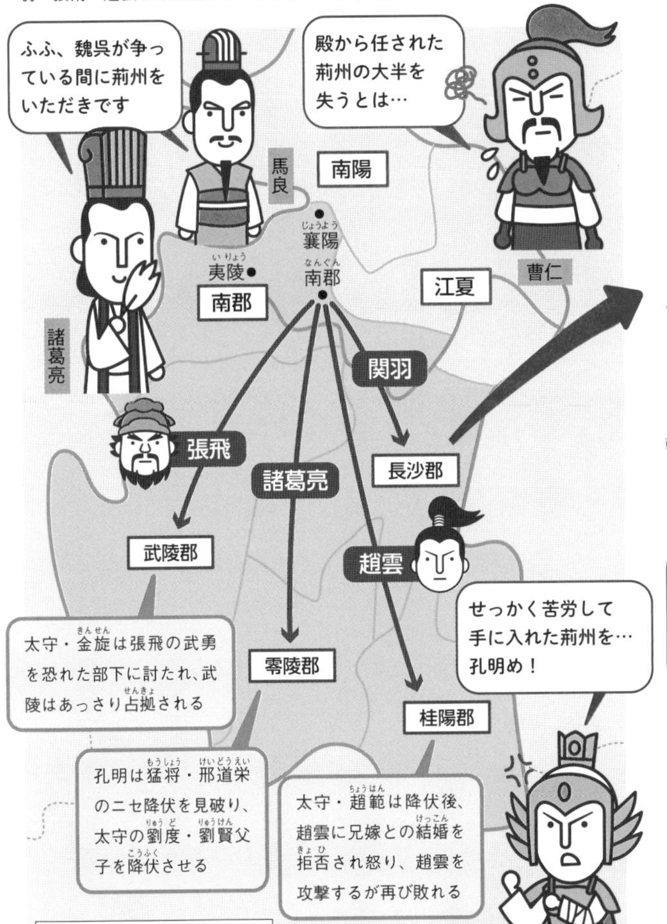
ふふ、魏呉が争っている間に荊州をいただきです
馬良
殿から任された荊州の大半を失うとは…
曹仁
南陽
襄陽
夷陵
南郡
南郡
江夏
諸葛亮
関羽
張飛
諸葛亮
長沙郡
趙雲
武陵郡
零陵郡
桂陽郡
太守・金旋は張飛の武勇を恐れた部下に討たれ、武陵はあっさり占拠される
孔明は猛将・邢道栄のニセ降伏を見破り、太守の劉度・劉賢父子を降伏させる
太守・趙範は降伏後、趙雲に兄嫁との結婚を拒否され怒り、趙雲を攻撃するが再び敗れる
せっかく苦労して手に入れた荊州を…孔明め！
周瑜
劉備軍が占拠した地域

老将・黄忠と関羽の戦い

長沙攻略に向かった関羽は太守・韓玄の配下で弓の名手の黄忠と一騎討ちに。黄忠は落馬しますが、関羽はこれを見逃します。

韓玄から関羽を射殺すよう命じられた黄忠は、前日の恩を返すため関羽の兜の緒だけを射抜きます。

すぐれた武人を不意討ちはせぬ 老将、馬を乗りかえられよ！
関羽
黄忠
正確に兜だけを射ぬくなんて、とんでもない腕前だ
昨日の恩返しじゃ
黄忠
関羽

韓玄は関羽を殺さなかった黄忠を謀反人として捕縛。処刑しようとしたその時、魏延が韓玄を殺し、黄忠を救いました。

関羽を殺さなかったのは、劉備軍と通じているからだな。処刑しろ！
黄忠ほどの名将を殺そうとするなんて愚かな。オレがお前を殺してやる！
韓玄
黄忠
魏延

黄忠と魏延は劉備軍に降伏しますが、孔明は魏延には「反骨の相（後部に飛び出た頭蓋骨）」があるとして殺そうとします。

魏延は反骨の相があり、いつか我々を裏切ります。殺しましょう！
孔明、魏延は長沙攻略の功労者だ。とりあえず様子を見よう、な？
諸葛亮
劉備

魏延
黄忠

31 第一次合肥の戦い ～太史慈散る

おもなできごと
孫権は曹操軍の張遼が駐屯する合肥を攻めるが敗れ、太史慈を失う

事件の舞台

合肥

赤壁の戦いに勝利した孫権（➡P118）は曹操領への進出をねらい合肥へ出陣しますが、合肥城を攻めあぐね戦線は膠着していました。その後、荊州にいる周瑜から、援軍として程普が送られてくると、孫権は自ら軍を率いて合肥城に攻めかかります。しかし、呉軍は張遼に大敗し、太史慈（➡P76）を失うことになりました。

一方その頃、魯粛は諸葛亮（孔明）に、周瑜が命懸けで得た荊州を返還するよう頼みこみました。孔明は劉備が本拠地・益州を得たら返すと約束します。この荊州をめぐる両者の対立は、今後多くの悲劇を起こします。

合肥の戦い

負傷により療養を余儀なくされた周瑜は、孫権が駐屯する合肥に程普らを援軍として送ります。呉の増援を知った張遼は孫権に挑戦状をたたきつけました。

必ず守り抜く
張遼
合肥
建業
長江
領地を北へ広げるぞ！
孫権
濡須口

怒った孫権は張遼と対峙。張遼は孫権に一騎討ちを挑みますが、太史慈にはばまれます。2人は互角に戦いましたが、呉軍は宋謙らを討たれ、撤退しました。

待て、孫権！
殿を守る！
殿、早く
張遼強い…
李典
張遼
太史慈
宋謙
程普
孫権

正史では？ 張遼がいなかった1度目の戦い

合肥で何度も呉軍を撃退し、その強さを孫権と読者に印象づけた張遼ですが、「正史」で第一次の戦いで合肥城を守っていたのは別の将（張喜・蔣済）でした。なお、第二次の戦い（➡ P147）は『三国志演義』「正史」ともに張遼・李典・楽進が守将ですが、「正史」の張遼は800人で10万の大軍を突破するなど『演義』よりも大活躍しています。

張遼の武力おかしくないか…？
孫権

太史慈散る

宋謙の敵討ちに燃える孫権は、配下を城内に潜入させ放火するという太史慈の作戦を採用。しかし、張遼が油断なく城内を統率していたために策は破れ、太史慈も討ち死にしてしまいます。

❶ 太史慈の内応作戦
太史慈の配下・戈定は合肥城に潜入。張遼軍の厩番をしている兄弟と相談し、放火によって城内を混乱させ、張遼を暗殺し、その後、太史慈と合流して城をのっとる計画を立てる
秣に火をつけて騒ぎを起こそう
その隙に張遼の首を取るぞ
戈定の兄弟
戈定
あいつら何をコソコソしているんだ？
張遼
李典
楽進
オレの策を見抜くとは張遼見事なり…
太史慈！
孫権
太史慈
太史慈、お前の策は破れた！もう勝ち目はないぞ！
❷ 太史慈の死
しかし、張遼は日中の勝利に浮かれることなく、夜も敵襲を警戒していた。そのため、火が出ても慌てずに対処し、逆に太史慈を討ち取ることに成功

column じつは一番野心があった？　呉の軍師・魯粛

孫権は赤壁の功労者である魯粛に「君の名声が上がったな」と声をかけます。しかし魯粛は「殿が天下を獲り私がその立役者として記録されるまでは、名声を得たとは言えません」と、孫権にさらなる勢力拡大を求めたのでした。

魯粛

呉の抗議

荊州へ進出したい呉軍は、劉備軍があとから来て荊州を乗っ取ったとして返還を要求。しかし、「天下三分の計」のため荊州を本拠にしたい劉備軍はこれを拒否します。

南郡城占拠後…

荊州から曹操軍を追い払ったのは我らです。それを横からかすめ取るとは道理に合わないではありませんか！ 今すぐ返していただきたい
魯粛

劉備殿は荊州の主・劉表殿の同族で、今はその遺児・劉琦殿を後見しておられます。劉琦殿が亡くなったらお返ししますよ
諸葛亮

劉琦が死去すると…

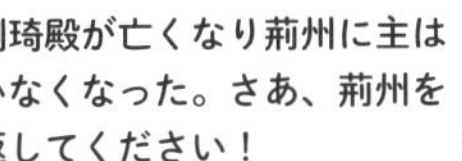

劉琦殿が亡くなり荊州に主はいなくなった。さあ、荊州を返してください！
魯粛

荊州は漢の領土。皇族の末裔たる劉備殿が治めるのが道理です。だいたい、赤壁で勝てたのも我らの協力あってのことなのですから、荊州くらいくれてもいいでしょうに
諸葛亮

…行く当てのない劉備殿を呉に招いたのは私です。あなたを殺そうとする周瑜殿からかばったのも私だ。少しは私の立場を考えてくれても良いのでは？
魯粛

はあ…、仕方ありませんね。それでは劉備殿が益州を手に入れたらお返ししますよ。劉備殿に誓約書も書かせましょう
諸葛亮

32 劉備の再婚と周瑜の死

おもなできごと 荊州奪還のため周瑜は策謀をめぐらせるが、諸葛亮に破られ憤死

事件の舞台

柴桑

劉備が荊州を返さないことに業を煮やした周瑜と孫権は、孫権の妹・孫夫人との結婚を口実に劉備をおびき寄せ人質にしようとします。しかし、諸葛亮(孔明)が護衛の趙雲に劉備を助ける策を授けたため失敗。周瑜は荊州を攻めようとしますが、これも孔明に看破された上、自分を侮る手紙を送られます。周瑜は怒りのあまり過去の矢傷(➡P124)が破裂し、亡くなりました。

陰謀うずまく劉備の再婚

劉備の妻・甘夫人が死去すると、孫権は劉備に妹・孫夫人との結婚を提案します。もちろん孫権に妹を嫁がせる気はなく、劉備を江東に呼び寄せて捕らえ、殺すか人質にするのが目的です。

荊州を取り返すため、劉備に妹君との結婚を提案しましょう
ふむ、結婚を口実に呼び出し、人質にするのだな
周瑜
孫権

呉国太の介入で劉備と孫夫人の結婚式は行われてしまいましたが、孫権は贅沢をさせて劉備を骨抜きにし、呉に拘留します。

劉備と荊州を交換だ…
妹と結婚したのだ。これからはずっと呉にいてくだされ
孫権
楽しー
孫夫人
劉備

孔明の３つの袋

結婚話が周瑜の陰謀だと気づいた孔明は、護衛の趙雲に３つの袋をわたします。呉で窮地におちいった趙雲がこの袋を開けると、中には劉備を無事荊州に帰還させるための策が入っていました。

壱の袋 結婚のウワサを広めなさい

まず劉備殿と孫夫人の結婚を既成事実にしましょう。結婚のウワサを広めて、孫権の義母・呉国太(孫夫人の実母)の耳にも入るようにしてください。彼女はきっと劉備殿を気に入って結婚を進めてくれるはずです

結婚と見せかけてだまし討ちなんて卑怯です！
わかりました…
孫権
呉国太
趙雲殿
1つめは到着したら
2つめは年末
3つめはピンチの時
に開けてください
諸葛亮

弐の袋 荊州が危ないとお伝えするのです

これを読んでいるということは、劉備殿は呉で遊びほうけているのですね…。劉備殿の耳元で「荊州が曹操に攻められています」とささやいて、目を覚まさせてください。脱出は孫夫人に相談すれば問題ありませんよ

荊州を曹操が攻めてます！
えっ!?
劉備
趙雲

参の袋 孫夫人を味方につけるのです

呉の将に追われているようですね。そこに孫夫人はいますか？ 孫権の家臣は孫夫人に手出しできないので、彼女に助けてもらいましょう。長江まで来ればもう安心です

旦那様に手出ししないで！
助けてー
ゴメンナサイ…
孫
劉備
孫夫人

弐

劉備殿をお助けする策…
孔明殿は何もかも見通しているのか
趙雲

周瑜の死

いつまでも益州を攻める様子がない劉備にいら立った孫権と周瑜は、３度魯粛を荊州に派遣。荊州返還を求めますが、劉備の泣き落としでまたしても先のばしになってしまいます。

いつになったら益州を攻めるのだ。ええい、我らが代わりに益州を攻めると言って、荊州を奇襲してやろう！
あぁ、周瑜殿待ってください
周瑜
魯粛
周瑜よ、お前の考えなど孔明殿がすべてお見通しだ！
お、おのれえ…
趙雲
関羽
周瑜
黄忠

魯粛の交渉失敗後、周瑜は益州攻めを建前にして出陣。荊州を奇襲し、実力で奪還しようとします。

しかし、荊州はすでに万全の守りが敷かれていました。奇襲が失敗した怒りで周瑜の矢傷は破裂してしまいます。

孔明殿からこんな手紙が…

周瑜殿
益州攻めはやめた方がいいですよ。あなたでは、勝てませんからね。ムダなことをしていないで、国に帰って曹操に怯えているのがお似合いですよ（笑）

魯粛

天よ！この周瑜を生みながら、どうして孔明まで生ませたのか！

さらに孔明から挑発的な手紙が届くと、周瑜は孔明と同時代に生まれたことを嘆き憤死してしまいます。

孔明殿…！あなたがこれほど周瑜殿を認めていたとは…
赤壁の英雄がこんなにも早く亡くなってしまうなんて…あなたほどの才を持つ人を私は知らない、惜しい方を失ってしまった…
アイツ、これっぽっちも周瑜の死を悼んでないな…
龐統
魯粛
諸葛亮

孔明は周瑜の葬儀に参列し感動的な弔辞を捧げますが、真の目的は龐統（➡P120）を劉備軍にスカウトすることでした。

銅雀台完成する

その頃、曹操の拠点・鄴では曹操が８年かけてつくった豪華な宮殿・銅雀台が完成。曹操は文武百官を集めて、祝賀会を催しました。

祝賀会では武将たちが弓の腕を競う大会が開かれますが、参加者がいずれも劣らぬ腕前だったため、褒美（錦の戦袍）の取り合いになってしまいます。

オレが最初に当てた
曹休
弓といえばオレだろ
夏侯淵
オレのだ
張郃
オレがもらう
許褚
オレが取った
徐晃
オレだって当てた
文聘
皆すごいぞ 全員分用意するから落ち着きなさい
仕方ないヤツらだ
曹操

人物ガイド

呉の四大都督

劉備に諸葛亮(孔明)がいたように、戦乱の世では君主を支える参謀が欠かせません。『三国志演義』の呉では、軍事を統括する「大都督」が孫権の参謀として大きな役割を果たしています。呉の発展に貢献した周瑜・魯粛・呂蒙・陸遜の活躍を見てみましょう。

よく来たな周瑜！
必ず君を江東の覇者にしてみせるぞ

孫策

周瑜

親友・孫策を助ける

丹陽の親戚を訪ねる道中、挙兵した親友・孫策と再会した周瑜は彼が独立したことを知り、その場で孫策軍に参加。劉繇との戦いでは別働隊を率いて曲阿を落とすなど、参謀として孫策の江東制覇に貢献しました。

孫権、周瑜と張昭を敬い忠言をよく聞くのですよ…
はい、母上
呉夫人
孫権

周瑜

呉夫人の遺言

しかし、孫策は于吉の呪いによって急死。周瑜は跡を継いだ孫権に忠誠を誓い、孫権も周瑜を信頼します。合戦のみならず外交などの方針も彼の意見を尊重しました。また、孫権の母・呉夫人も死の間際に周瑜の意見をよく聞くよう息子に遺言しています。

ウソだろー!?
曹操

敵が多い？燃やせばOKだ！

周瑜

赤壁を燃やす

曹操が攻めてきた時、周瑜は最初は降伏派でしたが、孔明の挑発で決戦を決めます。周瑜は「苦肉の計」や「連環の計」などを曹操軍に仕掛けた上で、曹操の大艦隊を火計で一掃しました。

狂児・魯粛

若い頃、魯粛は家業を放り出して兵の訓練に明け暮れ、地元の長老たちから「狂児」と呼ばれていました。孫権との初対面でも「皇帝になれ」と言い放つなど、常識にとらわれない発想をする人物だったようです

ナンダッテー！
漢はもう終わりです。江東で地盤を固め、皇帝になりましょう！
孫権

周瑜へ
やたら私を目の敵にしますけど、あなたじゃ私には絶対勝てないので、そろそろあきらめてくださいね(笑)
孔明め人を散々バカにしおって…
どーしよっかなー
劉備殿から、荊州3郡返してもらえるって聞いたのですけど…
関羽

周瑜

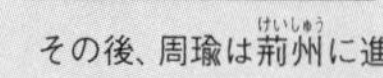

孔明vs.周瑜

その後、周瑜は荊州に進出しようとしますが、くり出す策をすべて孔明に見破られ、天を恨みながら憤死してしまいます。

魯粛

単刀赴会

周瑜の死後、魯粛は関羽と荊州3郡返還の会見に臨みます。拒否された場合に備え伏兵を用意していた魯粛ですが、なんと自分が人質に。3郡は返ってきたものの、関羽にしてやられた形になりました。

START
めざせ！江東制覇！

孫策…

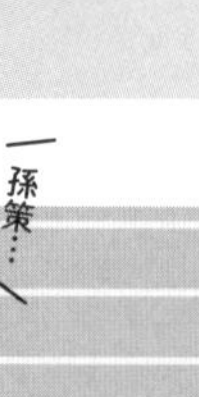
曹操恐るるに足らず！

魯粛、君に呉の未来を託す…
はい、周瑜殿！

荊州を
取り戻したぞ！
してやられた…
関羽

大軍は燃やすに
限りますね
義弟たちの
敵が…
劉備

周魴殿、
ナイス演技です！
陸遜殿〜！
曹休連れて
きたぞ！
だまされたー
曹休
周魴

殿へ
合肥新城の包囲を解いて
魏軍の背後を攻撃してく
ださい。私は正面から挟
撃するので、簡単に敵を
撃破できるでしょう
陸遜は恐ろしい
戦略家だ…
曹叡

呂蒙

荊州を奪還

魯粛が死去すると、反劉備派の呂蒙は魏の曹仁を攻める関羽の隙をついて荊州を占領。さらに関羽を捕らえて処刑しますが、直後に関羽の祟りで急死します。

陸遜

夷陵を燃やす

関羽の復讐に燃える劉備が呉を攻めると、孫権は陸遜を大都督に任命します。陸遜は火計で劉備を撃退しました。

陸遜

石亭で魏を破る

周魴が曹休をおびき出すためにニセの降伏を申し出ると、孫権は曹休討伐軍の指揮を陸遜に命じます。髪を切って忠誠を誓った周魴の演技にだまされた曹休は陸遜率いる呉軍に大敗しました。

陸遜

三方面作戦

五丈原で司馬懿と対峙する孔明の要請により呉軍は三方向から魏を攻めますが、魏の参謀・満寵の策により諸葛瑾が敗北。陸遜は状況打開のため、合肥新城を囲む孫権に魏軍を挟撃して欲しいと上表します。使者が捕縛され挟撃作戦は失敗しますが、陸遜はなおも攻撃の姿勢を見せることで敵を混乱させ、味方を無事撤退させることに成功。これを知った曹叡は陸遜を「孫子・呉子にも劣らない戦略家だ」と称えました。

故事成語

男子、三日会わざれば刮目して見よ

若い頃、軍事一辺倒だった呂蒙は孫権の勧めで学問にはげみ、魯粛を感心させる見識を備えます。この時の呂蒙の言葉から、他者の変化に注目する「刮目」という故事成語が生まれました

兵は国の大事なり、死生の地、存亡の道、察せざるべからざるなり…
すごいぞ、呂蒙

陸遜がいれば
呉は安泰だな！
孫権

必ず荊州を…
関羽許さん
関羽の呪いが…
私が呉を
守ります！

私の戦いは
まだこれから
です！

後世の評価

孔明・関羽の引き立て役に…

第３勢力として時代のキャスティングボードをにぎった呉で君主・孫権を支えた四都督は、「正史」で高く評価されています。

しかし、劉備と曹操の戦いを中心に描く『演義』では、周瑜は孔明をライバル視するかませ犬、魯粛は孔明と周瑜の間でオロオロするお人好し…と、史実とは異なる人物になっています。

とくに関羽を討った呂蒙の扱いは悪く、その最期は関羽の祟りによる惨死。それでも『演義』では、占領地での略奪を禁じるなど、名将ぶりが描かれましたが、NHKの子ども向けテレビ番組『人形劇三国志』では荊州の民を惨殺する悪人に。なお、陸遜は憤死するシーンがカットされ、史実よりマシな描かれ方をしています。

諸葛亮？
だれだそれは
誰だ、このヘコヘコ男は
三国志演義
オレの最期
ヒドすぎ…
私はむしろ
得したような…

Pick up

古代中国の周縁の国々

「中華思想」にもとづき、中国は自国を世界の中心として、周縁国を野蛮な民族と見なしました

中国には古代より、中華が世界の中心だという「中華思想」の考え方があり、中国の皇帝は「天子」として世界最上の地位とされました。一方で周辺の異民族は野蛮な民族と見なされ、日本（倭）や朝鮮などは東夷、東南アジアや西洋は南蛮、中央アジアは西戎、北方異民族は北狄と呼ばれました。

中華から見た異民族

中国は周辺の異民族を野蛮な民族（夷狄）としましたが、異民族が「天子」に対して貢ぎ物を捧げれば、それらに爵位を与えて中華の仲間と見なしました。このような関係を「冊封体制」と呼びます。

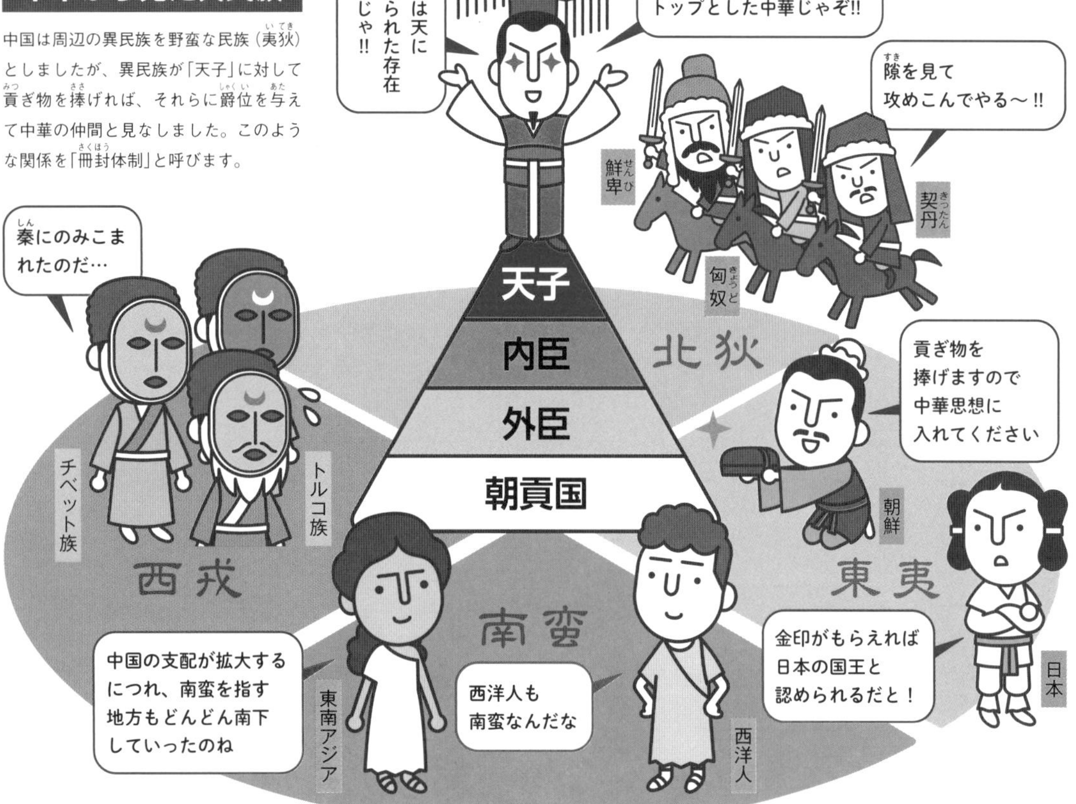
ワシは天に認められた存在なのじゃ!!
世界の中心はワシをトップとした中華じゃぞ!!
隙を見て攻めこんでやる～!!
鮮卑
契丹
匈奴
天子
内臣
外臣
朝貢国
北狄
秦にのみこまれたのだ…
チベット族
トルコ族
西戎
貢ぎ物を捧げますので中華思想に入れてください
朝鮮
東夷
南蛮
中国の支配が拡大するにつれ、南蛮を指す地方もどんどん南下していったのね
東南アジア
西洋人も南蛮なんだな
西洋人
金印がもらえれば日本の国王と認められるだと！
日本

column 万里の長城

万里の長城は日本でもとても有名な遺跡ですが、その起源は戦国時代にまでさかのぼります。当時、北方異民族の侵入を防ぐため燕や趙といった国が城壁をつくり、のちに始皇帝が増築して完成させました（➡P32）。泥などでつくられていたため、あまり高さはありませんでしたが、異民族が馬で越えてくるのを防ぐのには十分の高さでした。現在の形になったのは、明代だとされています。

馬が乗り越えられない高さだ～～!!
フハハハ！侵入できないだろう!!
匈奴
始皇帝

三国時代における異民族
古代より中華をおびやかす存在だった周辺の異民族。三国時代も変わらず異民族の侵入に苦しめられていましたが、時には彼らを味方につけて利用することもありました。
羌を味方にした董卓
後漢時代にたびたび漢に反乱を起こしていた羌。董卓は黄巾の乱の際に反乱を起こした羌を味方につけて、朝廷での勢力を拡大。権力を得ていきました（➡P60）
匈奴に代わって力を増していったぜ！
鮮卑
鮮卑
さあ、ワシに従え！
烏丸
曹操
曹操に攻めこまれてしまったんだ
烏丸
曹操と烏丸の戦い
曹操は華北統一のため、烏丸のリーダー・蹋頓と戦います（➡P98）。蹋頓は中華から北方へ逃げた人々の受け皿となり、烏丸だけではなく周辺民族の首領となっていました。曹操はそんな蹋頓を破り、烏丸を自軍に組みこみました
倭
羌のおかげで朝廷を支配できたのだ
董卓
羌
南匈奴
魏
羌
山越が何回も攻めこんできて超うざ〜い
山越
孫権め調子に乗りやがって！
山越
呉と山越
異民族・山越は孫家の支配に反抗し、たびたび呉に攻めこみ困らせました
孫権
蛮
蜀
氐
いい加減にしましょうか
曹操を追いこんだ西涼の錦馬超
西涼で曹操に反乱を起こした馬超は「人馬一体」の機動力の高さで曹操軍を圧倒（➡P138）。そんな馬超は祖母が羌族で、羌族と強いコネクションを持っていました
西南夷
諸葛亮
孟獲
呉
騎馬民族のパワーを受けてみよ
馬超
すいませんもうしません
7度も諸葛亮に挑んだ孟獲
『三国志演義』において南蛮（現在の雲南省周辺）の王とされた孟獲は、何度も蜀に進撃しては諸葛亮（孔明）に捕らえられました。捕まるたびに逃がしてもらえましたが、結局7度も捕まって、さすがに孟獲はあきらめたんだとか…（➡P176）
column
貿易国家・呉
東シナ海と面している呉では、東南アジアを始め、多くの国と貿易をしていました。とくに磁器が多く輸出されたそうです。

劉備を支えた名士たち

『三国志演義』の主人公・劉備は庶民の出から皇帝になるまで立身出世を重ねていきました。そんな彼を支えたのは関羽・張飛ら猛将だけではなく、多くの名士（知識人）がいます。ここでは、劉備を支えた仲間たちを解説します。

劉備の動き

陶謙から徐州を得る → 呂布討伐 → 袁紹を頼る → 劉表を頼る → 赤壁の戦い → 荊州を獲得 → 蜀（益州）を獲得

徐州で加わった仲間

陶謙に徐州を譲られた劉備の元に、陶謙の部下が集まった（➡P68）

妹が劉備殿と
結婚したよ

麋竺

徐州虐殺の際、劉備に陶謙を助けるよう頼む

関羽め
許さん

麋芳

麋竺の弟。関羽と仲が悪く呉に降伏（➡P157）

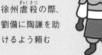

いろんな所へ
使者として
出向いたよ

孫乾

劉備が袁紹や劉表を頼る際、使者を担当

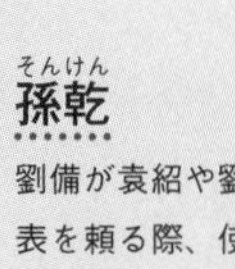
劉備殿と
同郷だぞ！

簡雍

劉備の入蜀時、使者となり劉璋を降伏させる

荊州で加わった仲間

劉備が荊州を攻略したことで、荊州の名士が従う（➡P124）。なお諸葛亮（孔明）も荊州の名士の1人

白い眉が
特徴だよ

馬良

荊州で関羽と留守番を担当（➡P142）

斬られた
ことで有名…

馬謖

馬良の弟。命令違反で斬られた（➡P180）

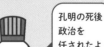

蔣琬

孔明の死後
政治を
任されたよ

書記官。北伐（➡P178）では後方支援を担当

その馬は
危険です

伊籍

劉備の馬「的盧」が災いをもたらす凶馬だと判断

益州で加わった仲間

劉備の入蜀時、劉璋に仕えていた名士が劉備に従った（➡P142）

劉備殿を
漢中王に
するぞ

法正

定軍山の戦い（➡P148）で活躍。のち病死

とにかく
死にたくない

孟達

包囲された関羽を見殺しにし、魏に降る（➡P180）

蜀呉の和解を
してやったり

鄧芝

劉備死後、呉との仲を取り持つ（➡P176）

やらかした

李厳

黄忠と互角の強さ。北伐時、食糧輸送に失敗

第5章 劉備の入蜀と漢中争奪戦

巴城

劉備は「天下三分の計」をなすために、蜀の太守・劉璋と、その援軍・馬超と戦います。一方その頃、曹操は「魏王」を名乗り、皇帝の地位を本格的にねらい始めます。そしてついに劉備と曹操は漢中の地で最終決戦を行います。

5章の流れが一気にわかる！

劉備の入蜀と漢中争奪戦

荊州を得た劉備の次なる目標は、蜀(益州)でした。諸葛亮(孔明)と龐統の策により蜀に入った劉備は、厳顔や馬超など新しい仲間を得ながら、蜀の太守・劉璋を降します。一方曹操は魏公を名乗り、漢中の地を得ます。その後、劉備は漢中奪取のため曹操と決戦に挑み、見事勝利しました。

❶ 馬超・韓遂の反乱

韓遂
馬超
曹操

曹操に父を殺された馬超は、韓遂と協力し、曹操軍に反乱を起こします。しかし曹操軍の計略に負け、馬超は漢中の張魯の元に逃げます

この時劉備は？

蜀のリーダーに
なってください
張松

蜀の参謀・張松は、太守の劉璋を見限り、劉備に蜀の太守になるよう頼みます。劉備は拒否しますが、孔明や龐統の後押しで蜀に向かいます

❷ 劉備の入蜀

これからも
よろしくね
劉璋
劉備

劉備は劉璋と仲たがいし、戦を始めます。龐統が戦死し劉備軍は劣勢でしたが、孔明の策で逆転。劉璋は降伏し、劉備は蜀の太守となります

この時馬超は？

張飛

追いこまれた劉璋は敵対していた張魯に援軍を要請。馬超が援軍で現れ張飛と一騎討ちします。結局馬超は孔明の策で劉備の仲間になりました

❸ 魏公になった曹操

どうだ
えらいだろう
皇帝
王
公
民
魏公
曹操

曹操は「魏公」を名乗り、爵位を得ます。さらに漢中を獲得し、曹操暗殺をくわだてた皇后を処刑。「魏王」を名乗りました

この時関羽は？

まあまあ
あの…荊州は…
魯粛

劉備軍の面々が蜀にいる間、関羽は荊州で留守番中でした。そこへ荊州返還を求める魯粛が関羽を暗殺しようとしますが、軽くあしらいました

❹ 定軍山の戦い

黄忠
夏侯淵

漢中は益州の交通の要衝。劉備は漢中を奪うため、漢中に駐屯する曹操軍を襲撃。リーダーの夏侯淵を斬り、漢中を奪取します

この時孫権は？

張遼

曹操軍の主力が漢中にいる隙を見て、孫権は曹操領の国境にある合肥を襲撃しますが、張遼に敗れました。その後、孫権と曹操は休戦します

❺ 漢中王・劉備

諸葛亮
漢中王
劉備

夏侯淵の死に怒った曹操が劉備との決戦を挑みに来ましたが、策略によりはね返します。劉備は曹操の「魏王」に対抗し、「漢中王」を名乗ります

この時曹操は？

魏延
馬超

曹操は大軍でしたが、少数の劉備軍に包囲されどうしようもなくなります。さらに魏延が放った矢が前歯に当たったことで戦意を失いました

5章の登場人物

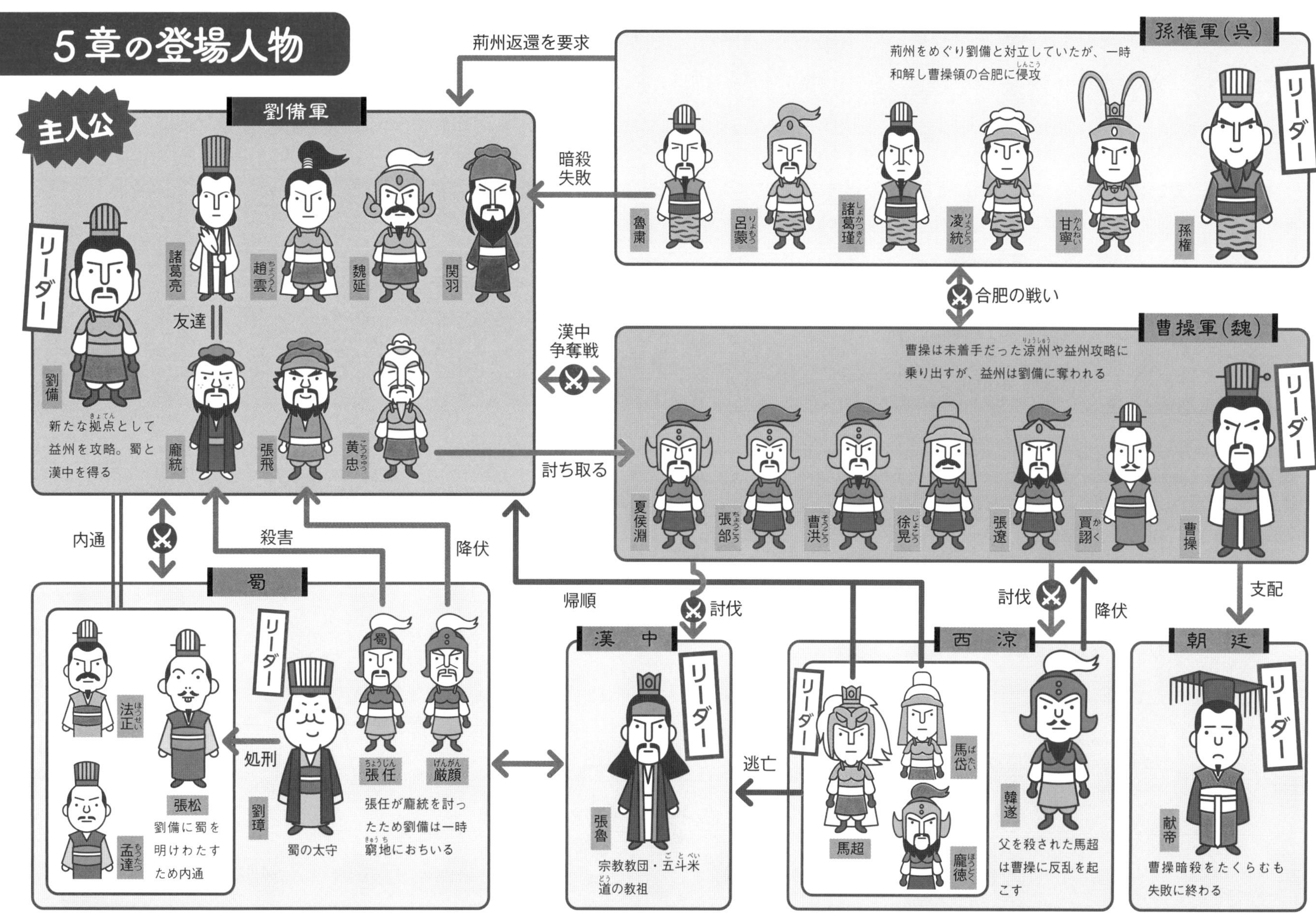

荊州返還を要求
孫権軍(呉)
荊州をめぐり劉備と対立していたが、一時和解し曹操領の合肥に侵攻
リーダー
魯粛
呂蒙
諸葛瑾
凌統
甘寧
孫権
主人公
劉備軍
リーダー
劉備
新たな拠点として益州を攻略。蜀と漢中を得る
諸葛亮
趙雲
魏延
関羽
友達
龐統
張飛
黄忠
暗殺失敗
合肥の戦い
漢中争奪戦
討ち取る
曹操軍(魏)
曹操は未着手だった涼州や益州攻略に乗り出すが、益州は劉備に奪われる
リーダー
夏侯淵
張郃
曹洪
徐晃
張遼
賈詡
曹操
内通
殺害
降伏
帰順
討伐
討伐
降伏
支配
蜀
リーダー
法正
張松
劉備に蜀を明けわたすため内通
孟達
処刑
劉璋
蜀の太守
張任
厳顔
張任が龐統を討ったため劉備は一時窮地におちいる
漢中
リーダー
張魯
宗教教団・五斗米道の教祖
逃亡
西涼
リーダー
馬超
馬岱
龐徳
韓遂
父を殺された馬超は曹操に反乱を起こす
朝廷
リーダー
献帝
曹操暗殺をたくらむも失敗に終わる

33 怒りに燃える馬超・韓遂の挙兵

おもなできごと 涼州の馬超は、父を殺された恨みから曹操を攻撃するも敗れる

事件の舞台

潼関

この時代、まだ曹操・劉備・孫権の手に落ちていないエリアがありました。大陸北西部の涼州と、北東部の益州です。曹操はまず涼州を得るため、西涼太守・馬騰(➡P62)を捕らえ殺害します。すると怒った馬騰の子・馬超が、涼州の名士・韓遂と協力し攻めこんできました(潼関の戦い)。曹操は殺されかけますが、軍師・賈詡(➡P98)が「離間の計」で馬超と韓遂を仲間割れさせ勝利し、涼州を獲得。敗れた馬超は漢中の張魯のもとへ逃げました。

涼州
馬騰・韓遂
曹操
張魯
劉璋
孫権
劉備
益州

曹操の罠にかかった馬騰

曹操は一向に降伏しない馬騰を許都に呼びつけます。馬騰は隙を見て曹操を暗殺しようと許都に向かいますが、失敗。曹操に返り討ちにされます。

最近、雪の中で虎に襲われる夢を見たんだ
馬超
それは不吉な夢ですな…何もないと良いのですが…
龐徳
馬超軍と曹操軍が衝突する
馬騰・馬超親子は光武帝(➡P37)の部下・馬援の末裔という名門の生まれ。さらに馬超の祖母は羌族(➡P132)出身でした。馬超はイケメンで勇ましかったことから「錦馬超」とあだ名されます。
涼州
西涼
司隷
潼関
兗州
長安
馬騰・馬超親子の拠点
ワシに従わん奴はこうじゃ！
ワシは漢中の地で独立国家をつくるぞ
大変だ！若に知らせないと！
ギャー！
許都
豫州
漢中
張魯
馬岱
曹操に抵抗した馬騰は殺される
馬騰
曹操
益州
馬超軍のルート
曹操軍のルート

馬超・韓遂の出陣

馬騰のお供をしていた馬超のいとこ・馬岱は命からがら涼州に帰り、馬超に一部始終を報告。ショックを受けた馬超は父の敵討ちを決意しました。

ガーン
父上!!
若！馬騰殿が曹操に殺されました！
馬岱
馬超
もちろんだ馬超！ともに曹操を倒そう
韓遂殿、父の敵を討つのを手伝ってほしい
馬超
韓遂
馬超・韓遂の反乱が発生

馬超は父の親友・韓遂に協力を頼み、ともに曹操に反乱を起こすことにしました。

潼関の戦い

馬超・韓遂の反乱を知った曹操は迎撃準備を整え、両軍は潼関の地で激突しました。初戦は馬超が勝ちますが、最後は曹操が逆転しました。

うおおおおお！
馬岱
龐徳
馬超
韓遂
さすが騎馬民族！すごい勢いだ…
VS
曹操
賈詡
許褚
曹洪

正史では? 早とちりで出陣した馬超

「正史」では、馬超の父・馬騰は曹操に降伏し協力。対する馬超や韓遂は涼州が曹操にのっとられると思って反乱を起こし、馬超が反乱を起こした罪で馬騰や一族は処刑されます。要は馬超の早とちりのせいで馬騰は殺されたのです。馬超はのちに劉備の仲間になるため、『演義』では都合の悪い事実が修正されたようです。

父上の敵！
まだ生きているぞ！
馬超
馬騰

Round① 馬超 VS 曹洪

曹操はまず曹洪に任せます。曹洪は馬超の挑発に乗ってしまい、包囲され敗北。馬超は潼関に拠点を持ちました。

挑発に乗ったら囲まれた！
馬超
曹洪
龐徳

馬超の勝ち

馬超は潼関を得る

Round② 馬超 VS 曹操

曹操は馬超を部下にすべく説得を試みます。しかし馬超には通じず、曹操はヒゲをそりマントを捨てながら敗走。

赤いマントに長いあごひげ…お前が曹操か！
人ちがいです～
馬超
曹操

馬超の勝ち　曹操を敗走させる

Round③ 馬超 VS 許褚

曹操軍随一の力持ち・許褚は、馬超に一騎討ちを挑みます。動きやすくするために許褚は鎧を脱いで戦いますが、決着はつきませんでした。

うお～
なかなかやるなあ
馬超
許褚

引き分け　日が沈んだので両軍撤退

Round④ 馬超 VS 賈詡

曹操軍の軍師・賈詡は、韓遂にところどころ修正されて読めない部分がある手紙を送ります。これをのぞき見た馬超は韓遂が曹操と通じていると疑心暗鬼になります。

曹操と韓遂殿は手紙で何を語っていたんだ…？
読めない手紙を送って馬超と韓遂を仲間割れさせよう
賈詡
馬超

賈詡の勝ち　馬超と韓遂は仲間割れ

Round⑤ 馬超 VS 韓遂・曹操

不安がピークに達した馬超はついに韓遂を殺そうとします。韓遂はどうしようもなくなり曹操に降伏。統率のとれなくなった馬超軍は曹操軍に敵わず、馬超は負けました。

何を勘ちがいしているんだ馬超！
韓遂、曹操軍につくのだ！
韓遂殿、どうして裏切るのですか…
馬超
韓遂
曹操

曹操の勝ち　馬超軍は離散

➡その後…

馬超
馬岱
龐徳

漢中の張魯にかくまってもらう。(➡P142)

34 劉備の入蜀作戦が始まる

おもなできごと 劉備は劉璋の援軍として蜀に入り、どさくさ紛れで蜀を得ようとする

事件の舞台

蜀

諸葛亮（孔明）は周瑜の葬儀（➡P128）から龐統を連れて帰還します。

それからまもなくして、蜀（益州）から劉璋の使者・張松がやってきました。最初、張松は建前で「張魯（➡P138）と戦う劉璋を助けてほしい」と願いでますが、のちに「劉璋に代わって劉備に蜀のリーダーになってほしい」と本音を言います。劉備は嫌がりますが、孔明や龐統の後押しもあり、蜀へ向かいます。その後、張松の計画が劉璋にバレてしまい、劉備は劉璋と対決することになります。

孔明の親友・龐統の仕官

孔明は親友の龐統を劉備に紹介。孔明が「伏龍（寝ている龍）」と呼ばれたのに対し、龐統は「鳳雛（鳳凰の雛）」と呼ばれるほどの天才で、かつて水鏡先生（➡P102）は２人のうちどちらかを得れば天下を取れると言っていました。

見た目のさえない龐統に、劉備は困惑。試しに100日分の仕事を任せてみると龐統は１日でこなしてみせ、劉備は龐統の優秀さに感動するのでした。

劉備殿、龐統を雇ってください
よろしく～
大丈夫かなこの人…
さて、次の仕事は何かな～
あれだけあった仕事がたった1日で終わった！スゴイ！
諸葛亮
龐統
劉備
龐統
劉備

使者・張松が劉備を蜀へ招く

ある時、劉備の元に劉璋の使者・張松がきました。蜀の太守・劉璋は、漢中の張魯と交戦中で、その援軍をしてほしいという依頼でした。見た目のさえない張松ですが、劉備たちは丁重に扱い、歓迎します。

すると張松は、劉備に「蜀の太守になってほしい」と蜀の地図を差し出します。劉備は拒否しますが、孔明は「天下三分の計（➡P102）のためだ」と後押しし、劉備は龐統や黄忠、魏延（➡P124）を連れて蜀に向かうことにします。

いやいや…
劉璋に代わって蜀のリーダーになってください！
これはチャンス！劉備殿、まずは蜀に行きましょう！
いってらっしゃい！
蜀に行ってきまーす
劉備
張松
諸葛亮
龐統
諸葛亮
劉備
龐統
黄忠
魏延

張魯が降伏しろだって！どうしよう～
なんと情けない姿…蜀はもう終わりだ…
劉璋
張松

蜀に拠点を置く劉備

蜀についた劉備は、劉璋に葭萌関の防衛を任されます。しかし劉璋から与えられた兵士は使い物にならず、劉備は大激怒。劉璋と戦うことを決意します。

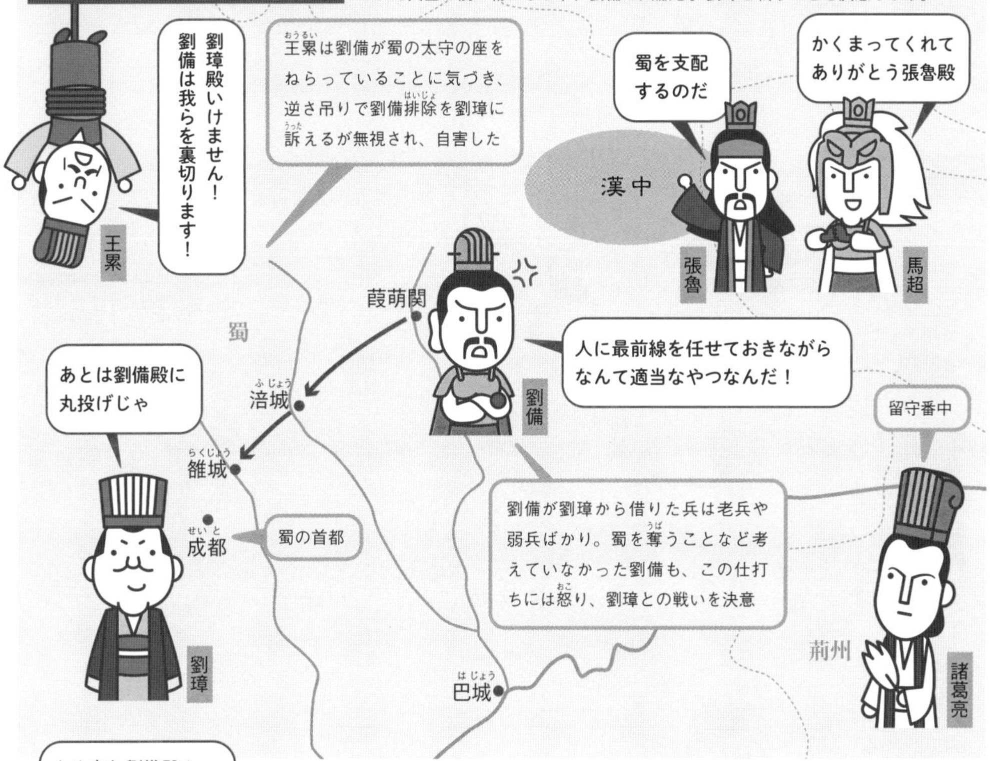

劉璋殿いけません!
劉備は我らを裏切ります!

王累

王累は劉備が蜀の太守の座をねらっていることに気づき、逆さ吊りで劉備排除を劉璋に訴えるが無視され、自害した

蜀を支配するのだ

かくまってくれてありがとう張魯殿

漢中

張魯

馬超

葭萌関

蜀

人に最前線を任せておきながらなんて適当なやつなんだ!

劉備

あとは劉備殿に丸投げじゃ

涪城

雒城

成都

蜀の首都

劉璋

劉備が劉璋から借りた兵は老兵や弱兵ばかり。蜀を奪うことなど考えていなかった劉備も、この仕打ちには怒り、劉璋との戦いを決意

留守番中

荊州

諸葛亮

巴城

よく来た劉備殿!
張魯からワシを守ってくれ!

ははは…

今すぐ劉璋を殺して蜀をのっとってくれ劉備殿…

張松は親友の法正や孟達にも劉備の味方をするよう頼みました。

劉璋

劉備

龐統

張松

法正

孟達

落鳳坡の悲劇

劉備が戦を決意した頃、張松が劉備と組んでいることが劉璋にバレます。蜀をめぐる劉備・劉璋の戦いが始まりました。

❶ 張松の裏切りがバレる

劉備は劉璋を油断させるため「荊州に帰る」と報告。すると張松は劉備に決起をうながす手紙を書きますが、兄・張粛に手紙を見られ、裏切りがバレてしまいます。劉璋は激怒し、張松を処刑します。

➡劉備VS劉璋開戦!

劉備が蜀のリーダーの座をねらっていただと!?
許さん!
バレた…
劉璋
張松

❷ 涪城を攻撃

劉備はまず涪城を攻撃。龐統の知恵と、黄忠・魏延のパワーで涪城を落としました。あせった劉璋は兵を雒城に集めました。

おりゃー!
やられた〜
龐統
黄忠
魏延

❸ 龐統の死

雒城に進行中、龐統は馬から転げ落ちそうになります。見かねた劉備は自分の白馬を龐統に貸してやります。落鳳坡を通りかかった時、白馬を目印に劉備を探していた張任が龐統に矢を射かけ、龐統は死にました。

➡龐統の死で劉備たちはピンチに!

ギャー!

お前が劉備か!

龐統

張任

だれか助けてー!

劉備

35 馬超との戦いを制した劉備が蜀を得る

おもなできごと
劉備は諸葛亮らの援軍で助かり、馬超との戦いのすえに蜀を得る

事件の舞台

蜀

龐統を失った劉備は命からがら涪城に逃げ、諸葛亮(孔明)に助けを求める手紙を送りました。孔明は関羽に荊州の留守を任せ、張飛・趙雲と手分けして劉備を助けにいきます。道中、張飛は蜀の老将・厳顔を仲間に加え、厳顔の案内でいち早く劉備のもとに到着しました。

合流した劉備たちは一気に逆転。すると劉璋は、敵対していたはずの張魯に援軍を頼み、張魯のもとに身を寄せていた馬超・馬岱がうって出ます。張飛と馬超は壮絶な一騎討ちをくり広げますが決着せず、孔明の策で馬超たちも劉備に寝返ります。

馬超の裏切りを知った劉璋は戦意を失い、劉備に蜀のリーダーの座を明けわたします。こうして劉備は、荊州に加えて益州も本拠地にすることができました。

諸葛亮たち蜀へ向かう

劉備のピンチを聞きつけた孔明は、関羽や馬良(➡P125)、関羽の子・関平(➡P95)に留守を任せて自分たちも蜀に行くことにしました。孔明は関羽に「魏(曹操)とは戦い、呉(孫権)とは仲良く」とアドバイスします。

関平
馬良

承知
劉備殿がピンチだ！助けに行くので関羽殿たちは荊州で留守番を頼みます！
関羽
諸葛亮

だれか助けてー！
劉備
ん？蜀で何かあったのか？
漢中
張魯
馬超
蜀
葭萌関
涪城
雒城
成都
諸葛亮
趙雲
荊州
劉備を倒せ！
劉璋
巴城
張飛

張飛、厳顔を生け捕る

孔明は張飛と趙雲にそれぞれ別のルートで雒城を目指すよう指示しました。街道沿いを進んでいた張飛は、巴城に籠城する老将・厳顔の足止めをくらいます。

張飛が攻めあぐねていると厳顔のスパイが張飛の部隊に混ざります。すると張飛はウソの作戦を共有し、スパイはそれを厳顔に報告。ウソと知らずに城からうって出てきた厳顔を張飛は生け捕りました。

厳顔にバレないよう抜け道からこっそり雒城を目指すぞ

スパイがいるからバレバレじゃバカめ…

厳顔

巴城

張飛

罠だったのか…

ウソの作戦を聞かせたのだ

さあじいさん！一緒に行こう！

厳顔

張飛

厳顔は首を斬るよう張飛に催促しますが、張飛は厳顔を気に入り、自分の上着を厳顔にかけておじぎしました。厳顔は張飛の礼儀を受け入れ降伏。厳顔の案内で張飛はいち早く劉備のもとに到着しました。

劉備、蜀のリーダーとなる

劉備は孔明たちと合流し、態勢を立て直します。
一方、劉璋は張魯から援軍の馬超を得て対抗。しかし孔明の策で馬超も寝返り、劉璋は降伏しました。

張魯ってどんな人？

劉璋と争う漢中の張魯は、宗教教団・五斗米道（➡P24）の教祖です。その教えは、５斗の米を納めて入信すると、病気の治療などの社会保障を約束されるというものでした。張魯は漢中で五斗米道の独立国家をつくっていました

病気が治ったら
米を納めるのだ！
ははー
張魯

すさまじい戦いだ
見守ることしかできん…
劉備
馬岱

何がムムムだ！
お前と劉備殿が争ったら
喜ぶのはお前の敵・曹操だぞ
ムムム…
李恢
馬超

やった〜！
これ以上民を苦しめ
たくない…降伏する！
劉璋殿
ありがとう
劉璋
劉備

助かったぞ
みんな！
ご無事で
何よりです
劉備
諸葛亮
張飛
趙雲

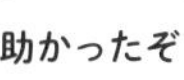

ワシらが倒されたら
次はお前たちだ！
それはいかん
馬超、劉備を
止めるのだ
お任せ
ください
劉璋
張魯
馬超
うおおおおおおお
張飛
馬超

劉備、仲間と合流

劉備は張飛に助けられ、その後遅れてきた趙雲や孔明とも合流。龐統を殺した張任を討ち果たし、形勢逆転

やばい！劉備が来る！
こうなったら…
劉璋

劉璋、張魯と同盟し馬超を得る

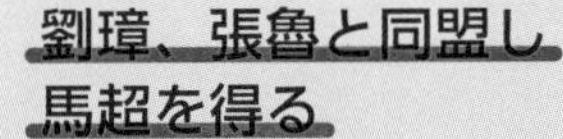

あせった劉璋は敵対していた漢中の張魯に援軍を頼みます。すると張魯のもとにいた馬超が援軍を買って出ました。馬超は従兄弟の馬岱とともに、蜀との国境に近い葭萌関に攻めこみました

張飛と馬超の壮絶な一騎討ち

馬超を見つけた張飛はさっそく一騎討ちを挑みますが、なかなか決着がつきません。このままでは張飛か馬超かどちらかが死ぬまで戦うことになりそう…そこで孔明は一計を案じます

馬超…我が陣営に
ほしい人材ですね。
私の策で寝返らせま
しょう
諸葛亮

劉備、馬超を仲間に

孔明は、張魯の部下・楊松に賄賂を送り、「馬超は裏切り者だ」とデマを流させ、馬超が帰る場所を失わせました。落ちこむ馬超を、孔明の使者・李恢が説得。馬超は劉備に降伏することにしました

劉備、蜀のリーダーになる

馬超が降伏したと知った劉璋は、劉備に抵抗する力を失います。部下は徹底抗戦を勧めますが、それを拒否し降伏します。こうして劉備は蜀のリーダーの座を得たのでした

➡劉備は本拠地を蜀の成都に移す

正史では？ 張飛と馬超の一騎討ちはなかった！

張飛と馬超の一騎討ちは、まさに龍虎の戦いと呼べる劉備の入蜀のハイライトシーンです。しかしこれは『三国志演義』の創作。「正史」では馬超は劉璋の援軍にはならず、最初から劉備に降伏しています。

36 魏王となった曹操と献帝の受難

おもなできごと

魏公になった曹操は、自分の暗殺をくわだてた皇后を処刑し、魏王となる

事件の舞台

鄴

劉備が蜀を得た頃、曹操は「魏公」を名乗ります。これは前代未聞の事態で、人々は曹操がいよいよ献帝を排除し、自ら皇帝になろうとしているのだと思いました。悲しむ献帝を見かねた伏皇后は、父・伏完に曹操暗殺を頼みますが失敗。曹操は伏皇后を殺し、自分の娘を献帝に嫁がせ、献帝の外戚の立場となります。そして216年、曹操は「魏公」より高い「魏王」を名乗りました。なおこのあと『三国志演義』には仙人・左慈が登場し、魏王となった曹操を妖術で翻弄します。

魏公になった曹操

それまで曹操は丞相（総理大臣のようなもの）という、民の中でもっとも高い立場にいました。しかし「公」を名乗ったことで民の枠組みから外れた立場となります。中国史では「王」や「公」の領地を「封土」と呼び、曹操の領地が「曹操のもの」として公認を得たのです。

皇帝
王
公
民
魏公
今日からワシは魏公じゃ！
曹操

曹操の右腕・荀彧の自殺

荀彧（➡P96）は、曹操の覇道をずっと支えてきた忠臣でした。そんな荀彧は、曹操が「魏公」となるのに反対。荀彧はあくまで"献帝（後漢王朝）あっての曹操"という考えの持ち主で、曹操が後漢を滅ぼすことはあってはならないと思ったのです。すると曹操は荀彧に空箱を送付。これを受け取った荀彧は、その意味を悟り自殺しました。荀彧が空箱に見出した意味はわかりませんが、「用済み」だと解釈する説がよくいわれています

空箱…つまり私は用済みなんですね…
荀彧

漢中を征圧した曹操

曹操はさらに漢中に攻めこみ、張魯を降伏させます。これで中国の北側はすべて魏の領土となりました。

参りました…
張魯
漢中はワシのものだ！
曹操
幽州
并州
冀州
青州
鄴
鄴の周辺に魏郡がある
涼州
兗州
司隷
徐州
許都
豫州
漢中
荊州
揚州
益州
孫権
劉備
交
やむを得ん…
龐徳

龐徳の降伏

張魯のもとには、馬超の家臣・龐徳もいました。馬超・馬岱が蜀に行った時、病気だったのでついていけず、そのまま張魯に帰順。張魯が曹操に降伏すると、曹操の配下に加わりました

伏皇后の曹操暗殺計画

伏皇后は父・伏完に曹操の暗殺を依頼するも失敗。曹操は伏皇后を死刑に処すと、自分の娘（曹皇后）を献帝に嫁がせ、外戚となりました。

曹操が魏公に…
朕はもう不要なのか
わかりました
私が曹操を
暗殺します
おいたわしい…
じっ…
伏皇后
献帝
伏完
曹操
ワシを暗殺しようとした
皇后と伏完は死刑だ！
そんな…
曹操
伏皇后
伏完

曹操が魏公を名乗ったあと、悲しむ献帝に心を痛めた伏皇后は、伏完に曹操暗殺計画を頼みます。

伏完の暗殺計画は事前にバレてしまい、伏完・伏皇后は死刑に処されます。もはや献帝の近くに味方はいません。

もうだれも曹操を
止められんのだ
伏皇后に代わって
私の娘を皇后にしてくだされ
好きにせい
献帝
曹操

曹操は新しい皇后として、自分の娘を推薦。献帝は抵抗する元気もなく、これを受け入れます。

➡曹操が皇帝の外戚となる

我が娘が皇后となり、
漢中もゲット！
よし、今日からワシは
魏王じゃ！
おめでとう
さすが父上
魏王
曹操
夏侯惇
曹丕

曹操は「魏公」よりさらに上の「魏王」を名乗りました。

➡曹操の上の立場には天子、つまり献帝しかいない状況に

妖術に翻弄される曹操

仙人・左慈の妖術

魏王となり向かうところ敵なしの曹操に災難が起こります。仙人・左慈が曹操に一緒に仙人になろうと呼び妖術をしかけたのです。曹操は妖術に翻弄されたストレスで寝こんでしまいました。

左慈

みかんの皮をむいても実がない。

左慈を攻撃してもビクともしない。

左慈を指名手配したら大量に出頭した。

➡曹操は妖術に惑わされ倒れる

占い師・管輅の予言

曹操は気分転換に占い師・管輅に近い未来を占ってもらいます。

あの仙人に会ってから
ずっと体調が悪い…
どれ、私が占って
しんぜよう…
曹操
管輅

占いの結果…

- **呉の優秀な人物が死ぬ** （➡P146）
- **劉備が漢中に攻めてくる** （➡P148）
- **大切な武将が戦死する** （➡P149）

37 第二次合肥・濡須口の戦い

おもなできごと
魯粛は諸葛亮に荊州返還を要求。一方孫権と曹操は合肥で対立する

事件の舞台

合肥
濡須口

劉備が蜀を得たことを知った呉の諸葛瑾は、弟・諸葛亮(孔明)に荊州を返すよう要求。関羽は抵抗しますが、孔明は呉との争いを避けるべく、荊州の3郡を返還。代わりに呉も曹操の領土を攻めるよう頼みます。

そこで孫権は曹操軍の張遼が守る合肥(➡P126)を攻撃しますが敗北。その後、孫権たちも巻き返しますが戦況は膠着し、孫権・曹操は休戦することにします。

留守番中
関羽
荊州
長沙
劉備
孫権
零陵
桂陽

荊州をめぐる劉備と孫権の対立

もともと孔明は、劉備が蜀(益州)を得たら荊州を返すと約束していました(➡P126)。孔明は約束を守りますが、関羽がそれを拒みました。

おや、孫権に仕えている兄上から連絡だ
諸葛亮

孔明は兄・諸葛瑾に、荊州のうち長沙・零陵・桂陽の3郡を返す約束をし、関羽に相談するよう伝えます。

我々が漢中を得るには孫権との連携が重要です。荊州はちょっと返しましょう
むむむ…
諸葛亮
関羽

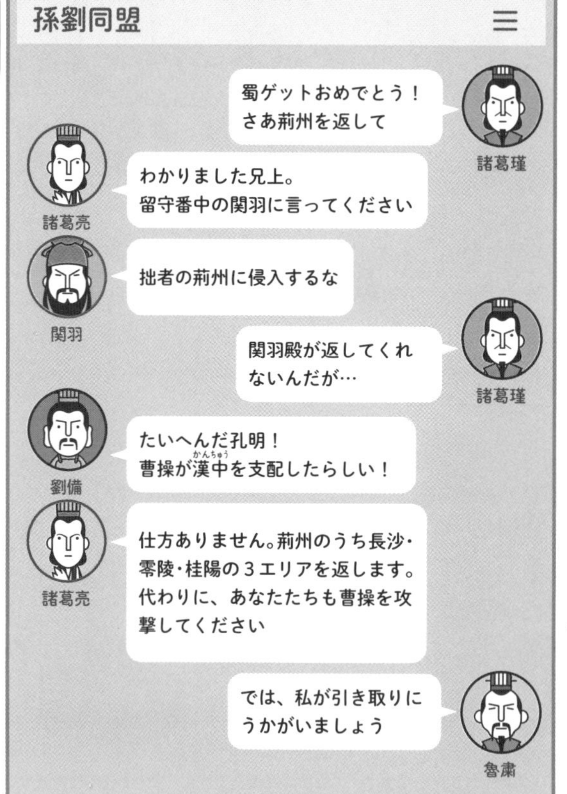

孫劉同盟
諸葛瑾
蜀ゲットおめでとう！さあ荊州を返して
諸葛亮
わかりました兄上。留守番中の関羽に言ってください
関羽
拙者の荊州に侵入するな
諸葛瑾
関羽殿が返してくれないんだが…
劉備
たいへんだ孔明！曹操が漢中を支配したらしい！
諸葛亮
仕方ありません。荊州のうち長沙・零陵・桂陽の3エリアを返します。代わりに、あなたたちも曹操を攻撃してください
魯粛
では、私が引き取りにうかがいましょう

孔明は関羽を説得し、関羽はしぶしぶ3郡を呉に返すことにしました。この時、魯粛が3郡を引き取りました。

あいかわらず口達者な弟だ
諸葛瑾

諸葛瑾は弟の言う通り関羽に相談しますが、関羽は返還を拒否。3郡に派遣した呉の部隊も追い返されます。

なんとか荊州の3エリアを取り戻したぞ…
魯粛殿…
魯粛
呂蒙

➡親劉備派の魯粛は病死。反劉備派の呂蒙に世代交代する(➡P156)

合肥・濡須口の戦い

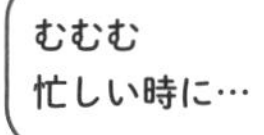

よし、約束通り我々は
合肥を攻めるぞ！
むむむ
忙しい時に…
孫権
曹操

?演義では? 関羽がいばる 単刀赴会

魯粛は宴会の席をもうけ、関羽に荊州を返すよう説得し、拒否したら呂蒙と甘寧に殺させようとします。関羽は罠を察知し魯粛をがっつりホールド。魯粛を盾にされたため、呂蒙と甘寧は関羽暗殺をあきらめます。

交渉が決裂したら
関羽を暗殺する
つもりが…
関羽
魯粛

Round❶ 合肥の戦い

この時、曹操軍の主力は漢中に行っていたため合肥の守りは薄く、呉は大チャンスでした。

うそー！
数では圧倒的なのに！
よくやった！
張遼！
孫権
曹操

負 孫権（兵数10万人）
VS
曹操（兵数7000人）勝

ひ〜
待てー！
孫権
張遼

しかし張遼は、合肥の守りを固めるのではなく、楽進を囮にして呉軍をおびき寄せ、（「正史」ではわずか800人で）一斉攻撃。孫権は川を飛び越えて張遼の猛追から逃げました。以来、呉の人々は張遼がトラウマとなり、泣く子をあやす時に「遼来、遼来（泣いていると張遼が来るぞ）」と言うようになったとか。

張遼が来るよ

Round❷ 濡須口の戦い

孫権が濡須口に撤退すると、曹操の援軍が到着。数で負ける孫権は曹操軍の急所をつく方法を考えます。

次は負けないぞ！
ぬう〜
しぶとい…
孫権
曹操

勝 孫権（兵数？人）
VS
曹操（兵数40万人）負

いけー！
ひい！
甘寧
曹
曹

甘寧は100人の決死隊を連れ曹操軍に夜襲をしかけます。この時、決死隊は兜に白い羽をつけていたため、同志討ちすることなく全員帰還。その後、甘寧は窮地におちいった凌統（➡P116）を助け、2人は和解しました。

ありがとう
凌統
甘寧

その頃、劉備が漢中攻略を開始。曹操ははさみ討ちされることになりました
曹操
漢中
合肥
濡須口
劉備
孫権

完全に戦況が膠着してしまった…
孫権
曹操

その後、1ヶ月間両者は対立しますが決着はつかず、孫権は曹操に和平交渉を行いました。

➡両軍和睦し停戦

孫権殿、やはり曹操につくべきでは？
うーん…
呂蒙
孫権

38 定軍山の戦いで劉備が勝利

おもなできごと
劉備は曹操がいないうちに定軍山の戦いで夏侯淵を破り、漢中を得る

事件の舞台

漢中

曹操と孫権が合肥で戦っているうちに、劉備は漢中（➡P144）の地を曹操から奪い取るべく戦を始めます。

漢中では曹操の従兄弟・夏侯淵がリーダーとなり、猛将・曹洪や張郃（➡P96）とともにスタンバイしていました。

対する劉備軍は、馬超や張飛、黄忠らが曹操軍を次々と撃破。定軍山の戦いでは、軍師・法正（➡P141）の作戦に従った黄忠が夏侯淵を破り、劉備は漢中を獲得します。

どうして漢中が必要なの？

漢中は、蜀の都・成都から、曹操軍の西の拠点・長安にいたるルート上にある盆地です。山ばかりで平坦な場所が少ない蜀にとって貴重なエリアでした。

また、劉備の先祖である劉邦（➡P34）が決起した場所でもあり、劉備たちにとっては絶対に領地にしたい場所だったのです

劉邦
漢中王
劉備

劉備の漢中攻略ルート

劉備が漢中をねらっていることを知った曹洪・張郃は、蜀に点在する劉備の拠点に攻めこみますが、返り討ちにされました。

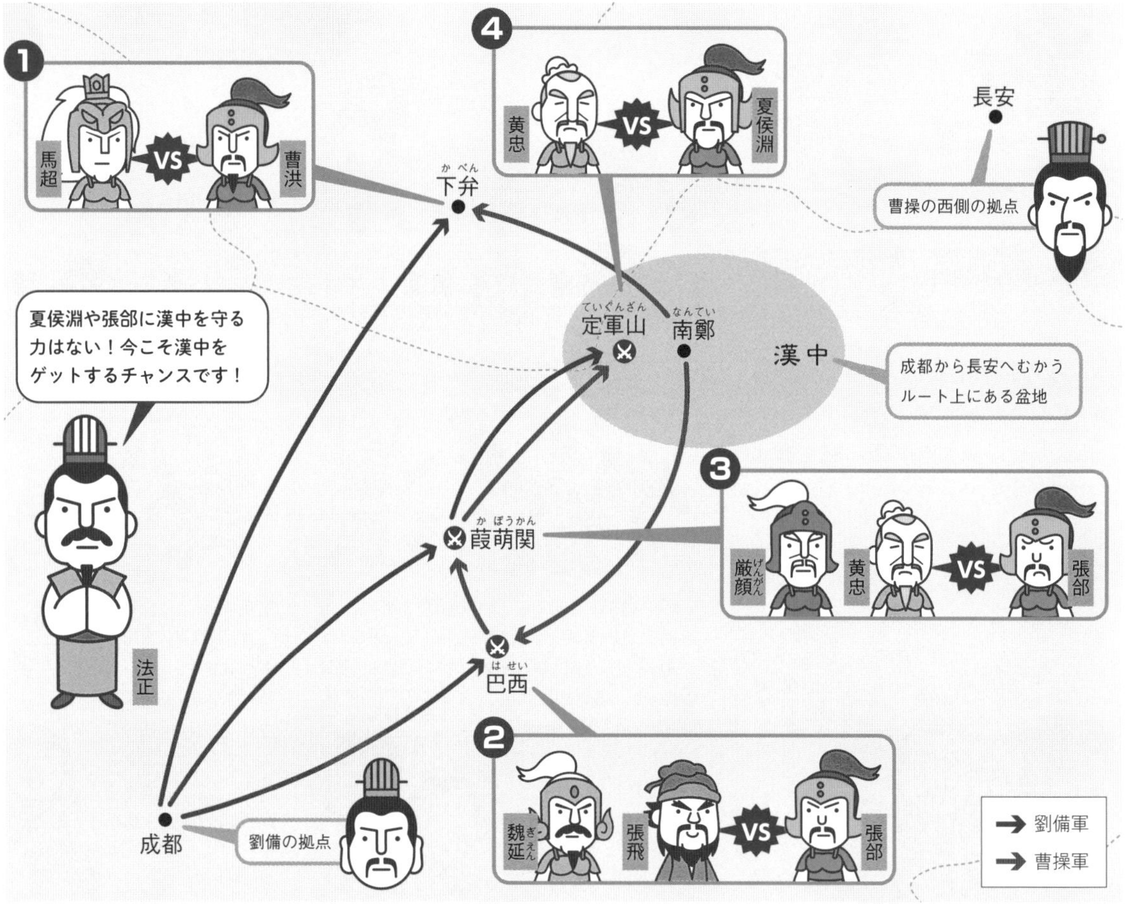

1 馬超 VS 曹洪
2 魏延 張飛 VS 張郃
3 厳顔 黄忠 VS 張郃
4 黄忠 VS 夏侯淵

下弁
定軍山
南鄭
漢中
葭萌関
巴西
成都
長安

夏侯淵や張郃に漢中を守る力はない！今こそ漢中をゲットするチャンスです！

法正

曹操の西側の拠点

成都から長安へむかうルート上にある盆地

劉備の拠点

➡ 劉備軍
➡ 曹操軍

定軍山の戦いで夏侯淵を破る
みんな！がんばって漢中を取るぞ！
オー！
法正
劉備
張飛
黄忠
馬超
START!
❷成長した張飛の作戦
張部は巴西にいる張飛を迎え討つため、壮大な砦を築き籠城。張飛は張部が出てこないので、毎日宴会をして待機した。50日が経った頃、ついに張部は我慢の限界を迎え、砦から出てきたところを張飛に襲撃された
今日も酒がうまい！
あのアル中…ナメやがって…
張部
張飛
酒
❹法正の旗
いよいよ夏侯淵と決戦。法正は見晴らしの良い山の頂上に登り、赤い旗をふったら突撃するよう黄忠に命じる。夏侯淵は挑発し続けるが法正たちは山から降りてこない。夏侯淵が仕方なく休憩をとり始めたところで法正は赤い旗をふり、黄忠が突撃。黄忠は夏侯淵を斬り殺した
油断したな！張部！
❸老将コンビの活躍
張部は葭萌関にねらいを定め、孟達（➡P141）らを撃破。そこへ援軍の黄忠と厳顔が現れ、張部らにわざと2回負ける。老将2人に油断し切ったところを、2人は突撃し、葭萌関を取り戻した
ひい〜引け！引け！
張部
張飛
②巴西の戦い
黄忠
じじいだからってナメるなよ！若造が！
黄忠殿！チャンスです！
法正
夏侯淵に報告だー！
曹
曹
厳顔
夏侯淵！覚悟ー！
張部
③葭萌関の戦い
黄忠
❶戦わずして勝った馬超
指示まだかな〜
馬超、何を考えているんだ…？怖いから撤退しよう…
馬超
曹洪
曹操軍の先鋒・曹洪は、馬超が待ち構える下弁へ。馬超は出陣の指示を待っていただけだが、その様子を恐れた曹洪は撤退。潼関の戦いで曹洪は馬超の策にやられたトラウマがあったから？（➡P138）
曹操様に報告せねば！
④定軍山の戦い
夏侯淵
張部
曹操様…無念！
夏侯淵を倒し漢中ゲットだ！
おじいちゃんに前線に出てもらうわけには…
諸葛亮の挑発
諸葛亮（孔明）は黄忠に援軍を任せる際、わざと「老将は頼りにならない」とののしります。怒った黄忠は孔明を見返すため奮起します
諸葛亮
黄忠
なんじゃと！孔明殿はワシの力を見誤ってますぞ！
張飛
馬超
黄忠
法正
劉備
GOAL 漢中をGET!

39 曹操を破り漢中王になった劉備

おもなできごと
曹操は自ら軍を率いて漢中奪還を試みるも敗北。劉備は漢中王になる

事件の舞台

漢中

夏侯淵の戦死を知った曹操は、敵を討つべく自ら大軍を率いて漢中に攻めこみます。兵数で負ける劉備たちは、まず曹操軍の食糧庫を奪取。計略を重ねて曹操軍を追いつめます。最後は魏延が曹操の前歯に矢を当てるファインプレーを行い、戦意を失った曹操は逃げ帰りました。

こうして劉備は晴れて「漢中王」を名乗り、これまでよくがんばった関羽・張飛・趙雲・黄忠・馬超の5人を「五虎大将軍」に任命しました。

おのれ劉備！夏侯淵の敵はワシが討つ！
曹操

➡キレた曹操、20万の兵を率いて漢中へ襲来

劉備 VS 曹操！ 最後の直接対決

曹操は漢中奪還と、夏侯淵の敵討ちのため、劉備に決戦を挑みます。劉備と曹操の直接対決はこれが最後で、劉備は初めて曹操に自力で勝利しました。

ここから先はだれも通さん！
趙雲
曹
曹
怖いよー！

背後が川だから逃げられん！
徐晃
追いつめたぞ！
趙雲

朝廷に弓引く逆賊め！
曹操
劉備
私は漢王朝の一族として勝手に魏王を名乗る逆賊を討つのだ！

黄忠＆趙雲 曹操軍の食糧庫を襲撃

曹操軍が兵数20万だと知った諸葛亮（孔明）は、まずは大軍を養うための食糧を焼き払うよう黄忠・趙雲に命じる。しかし2人の存在が曹操にバレ、曹操軍は2人の本陣を包囲。

すると趙雲は本陣の門を開けて、その前に1人で構え、曹操軍を威圧する。これに圧された曹操軍は退却、その瞬間、曹操軍の背中に向かって追撃した。一部始終を知った劉備は、「趙雲は全身胆っ玉だ」とほめた

➡

徐晃、背水の陣が裏目にでる

曹操軍の徐晃が漢水で背水の陣（川を背にして退路をなくした状態）を敷いたと聞き、趙雲が現場へ急行。趙雲はあえて徐晃を攻撃せず、そのプレッシャーに負けた徐晃は退却しようにもできない。その後、趙雲は総攻撃。背水の陣に反対していた徐晃の副将・王平は、劉備軍に帰順した

危ないって言ったのに
王平

➡

劉備と曹操の舌戦

徐晃の敗戦に怒った曹操が参戦。一方劉備は背水の陣を敷き、曹操軍と向かい合う。曹操と劉備は互いを「逆賊」とののしり合ったすえに、曹操は徐晃に命じて劉備を攻撃。劉備軍は一斉に退却した。曹操は劉備がすんなりと逃げたのを見て、罠を疑い自分も退却することにした

みなさん！今です！
諸葛亮

故事成語

鶏肋

曹操は鶏のスープを飲みながら漢中から撤退するか悩み中に、無意識で「鶏肋（鳥のあばら骨）」とつぶやきます。楊修は、曹操が漢中を“食べられないけど捨てるには惜しい”鶏肋に例えたと思い、撤退の合図だと判断します

ケイロク　ケイロク…
撤退の合図か…
楊修
曹操
よっしゃー！当たったぜ！
魏延
張飛
魏延
ヒィィィィ！
父上の敵ー！
しまった！油断してた！
かかれー！
曹操
黄忠
趙雲
馬超
曹操

包囲された曹操

曹操が退却し始めた瞬間、孔明が合図をし、劉備はUターン。さらに趙雲・黄忠・張飛・魏延が曹操を追撃。曹操は漢中のはずれの斜谷に逃げるが、周辺を馬超が監視しており進退極まった

どこだ曹操！
うう…どうしよ…
曹操
馬超

矢を受けた曹操　ついに撤退を決意

曹操が漢中から撤退するか悩んでいると、楊修が先回りして撤退準備を始めた。それに怒った曹操は楊修を処刑し、劉備に再戦を挑む。するとすかさず魏延・馬超が迎撃。この時、魏延が放った矢が曹操の前歯にあたり、曹操は落馬。さすがの曹操も戦意を失い、漢中をあきらめ撤退することにした

➡劉備軍の勝利！

漢中王になった劉備

曹操軍を追い返し漢中を手に入れた劉備に対し、孔明は劉備に「漢中王」になるよう勧めました。

せっかくですし曹操の魏王に対抗して、漢中王を名乗ってはどうです？
えー、どうしよう
さんせーい！
諸葛亮
劉備
張飛
趙雲
黄忠
おめでたい
よし、みながそう言うなら今日から私は漢中王だ！
そして、とくにがんばってくれた５人に「大将軍」の位を与えよう！
漢中王
諸葛亮
劉備
劉備殿は我らが守る！
関羽
張飛
趙雲
黄忠
馬超
五虎大将軍

?正史では？　五虎大将軍はなかった！

「正史」では趙雲は高位の将軍号をもらっていません。趙雲は軍を率いた将軍というより、劉備の護衛を務める機会が多かったからでしょうか。

軍を率いるよりボディーガードの方がすごいもん…
趙雲

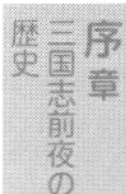

三国志トリビア⑤

魏・呉の五虎大将軍

劉備は漢中王に即位すると、関羽・張飛・趙雲・黄忠・馬超の5人を「五虎大将軍」に任命しました。これは「正史」の区分や、史実をもとにした『三国志演義』の創作です。それでは魏や呉には「五虎大将軍」のような将軍がいたのでしょうか。

そもそも五虎大将軍とは？

五虎大将軍とは、劉備がとくにすぐれた働きをした5人の武将に授けた位です。しかしこれは「正史」を根拠にした『演義』の創作です。

根拠①「正史」の区分

「正史」は全65巻に分かれており、名前で項目が立っています。五虎大将軍の5人は36巻にまとめて記載されています。

巻	項目
32巻	劉備
33巻	劉禅
34巻	劉備・劉禅の家族
35巻	諸葛亮(孔明)
36巻	**関羽・張飛・趙雲・黄忠・馬超**

根拠②前後左右将軍になっている

趙雲以外の4人は「正史」でもそれぞれ将軍の位をもらっています。趙雲は軍を率いる立場ではなかったため、高位の将軍号はもらっていません。

前
関羽
左
馬超
張飛
右
黄忠
後
私は劉備殿のボディーガードだからな
趙雲

魏の五将軍

魏において、「正史」に5人セットで記述されており、かつ前後左右将軍になっている人物は、張遼・楽進・于禁・張郃・徐晃の5人です。この5人は「五将軍」と呼ばれています。なお「正史」17巻、徐晃の項目の中には「朱霊」の名前も記されているため、厳密には「六将軍」といえます。

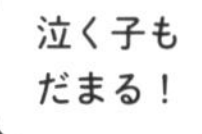

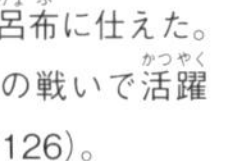

泣く子もだまる！
張遼
呉など恐るるに足らず！
楽進
降伏した奴って言わないで
于禁
もとは袁紹配下です
張郃
関羽に勝ったぞ
徐晃

張遼：元は呂布に仕えた。合肥の戦いで活躍（➡P126）。

楽進：曹操に古くから仕えた。張遼・李典とともに合肥で活躍。

于禁：多くの戦に出陣。樊城の戦いで関羽に降伏（➡P156）。

張郃：袁紹を裏切り曹操配下に（➡P97）。曹操死後も活躍。

徐晃：もともと献帝に仕えていた。大斧を好んで使った。

呉の十二人将軍

呉において「正史」に5人セットで書かれている人物は、いるにはいますが大した活躍が見られません。また、孫権の即位が比較的遅いのもあり、前後左右将軍もパッとしません。代わりに、「正史」55巻に12人セットで書かれているメンバーが豪華なので、紹介します。

程普
黄蓋
韓当
徐盛
戦に参加しまくったぞ
潘璋

程普 ➡P117

黄蓋 ➡P117

韓当 ➡P117

徐盛：曹丕を迎撃し、撤退させた（➡P165）。

潘璋 ➡P163

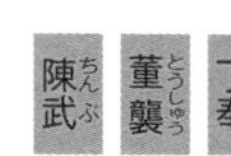
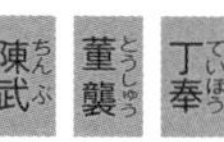

甘寧
凌統
周泰
元・河賊だぜ
蔣欽
陳武
董襲
丁奉

甘寧 ➡P117

凌統 ➡P117

周泰 ➡P191

蔣欽：周泰とともに孫策に仕え、江東制覇（➡P77）を手伝う。

陳武　董襲　丁奉

第6章

曹操・劉備の死と三国の鼎立

漢中王になった劉備ですが、義兄弟の関羽が呉の策略で戦死。怒りに燃える劉備は独断で呉に攻めこみますが、大敗します。また同じ頃に曹操も病没し、曹操の子・曹丕が魏の皇帝に即位。劉備・孫権も皇帝となり、三国がそろいます。

6章の流れが一気にわかる！

曹操・劉備の死と三国の鼎立

漢中を獲得した喜びも束の間、樊城を攻めていた関羽が呉軍の離反によって戦死。一方、魏では曹操の跡を継いだ曹丕が献帝から禅譲を受けて魏を建国し、劉備もこれに対抗して蜀を建国します。劉備は義弟たちの敵討ちのため呉を攻めますが、陸遜の火計で大敗。逃げこんだ白帝城で病死しました。

❶ 樊城の戦い

関羽
曹仁

関羽は曹仁が守る樊城を攻撃。城を水攻めで孤立させ、援軍に来た于禁・龐徳も撃破します。しかし、その背後には呉軍がせまっていました…

この時 孫権は？

荊州を返還しない上、自分を見下す関羽に激怒した孫権は、魏と同盟。呂蒙らを荊州に派遣し、蜀将を降伏させ、関羽を捕らえて処刑します

❷ 曹操の死

関羽の首
曹操

関羽を討った呂蒙は祟りで急死し、孫権は関羽の首を曹操に送ります。曹操は梨の木を切った祟りで病となり、曹丕に跡を託して死去しました

この時 曹植は？

曹丕
曹植

父の葬儀を無視した曹丕の弟・曹植は逮捕され、7歩で詩を詠めなければ処刑だと難題を出されますが、曹植は見事な詩を詠み許されました

❸ 後漢の滅亡

曹丕
献帝

曹丕の魏王就任後、群臣は各地で瑞祥が現れたとして、曹丕への禅譲を献帝にせまります。献帝は帝位を譲り、後漢は滅亡しました

この時 劉備は？

諸葛亮
許靖
劉備

曹丕が後漢を滅ぼしたという情報は蜀にも伝わり、諸葛亮（孔明）らは劉備に帝位につくよう要請。劉備もこれを受け入れ、蜀を建国しました

❹ 夷陵の戦い

劉備

関羽を殺した呉を恨む劉備は、大軍を率いて荊州を攻めます。始めは優勢でしたが、戦線がのびきったところで陸遜の火計にあい大敗します

この時 張飛は？

范彊
張達
張飛

復讐戦の準備をしていた張飛は、部下に無理難題をつきつけた上、できなければ処刑すると脅迫。耐えかねた部下に暗殺されてしまいます

❺ 劉備の死

諸葛亮
劉備
劉禅様を支え
漢を復興します

夷陵の大敗後、劉備は白帝城で重病となります。最期を悟った劉備は孔明に嫡男・劉禅を託し、息子や趙雲に遺言を残すと死去しました

この時 曹丕は？

夷陵の戦いで呉軍が疲弊したと考えた曹丕は3方向から呉を攻撃。しかし、陸遜は襲撃を読んでおり、待ち受けていた呉将によって撃退されます

6章の登場人物

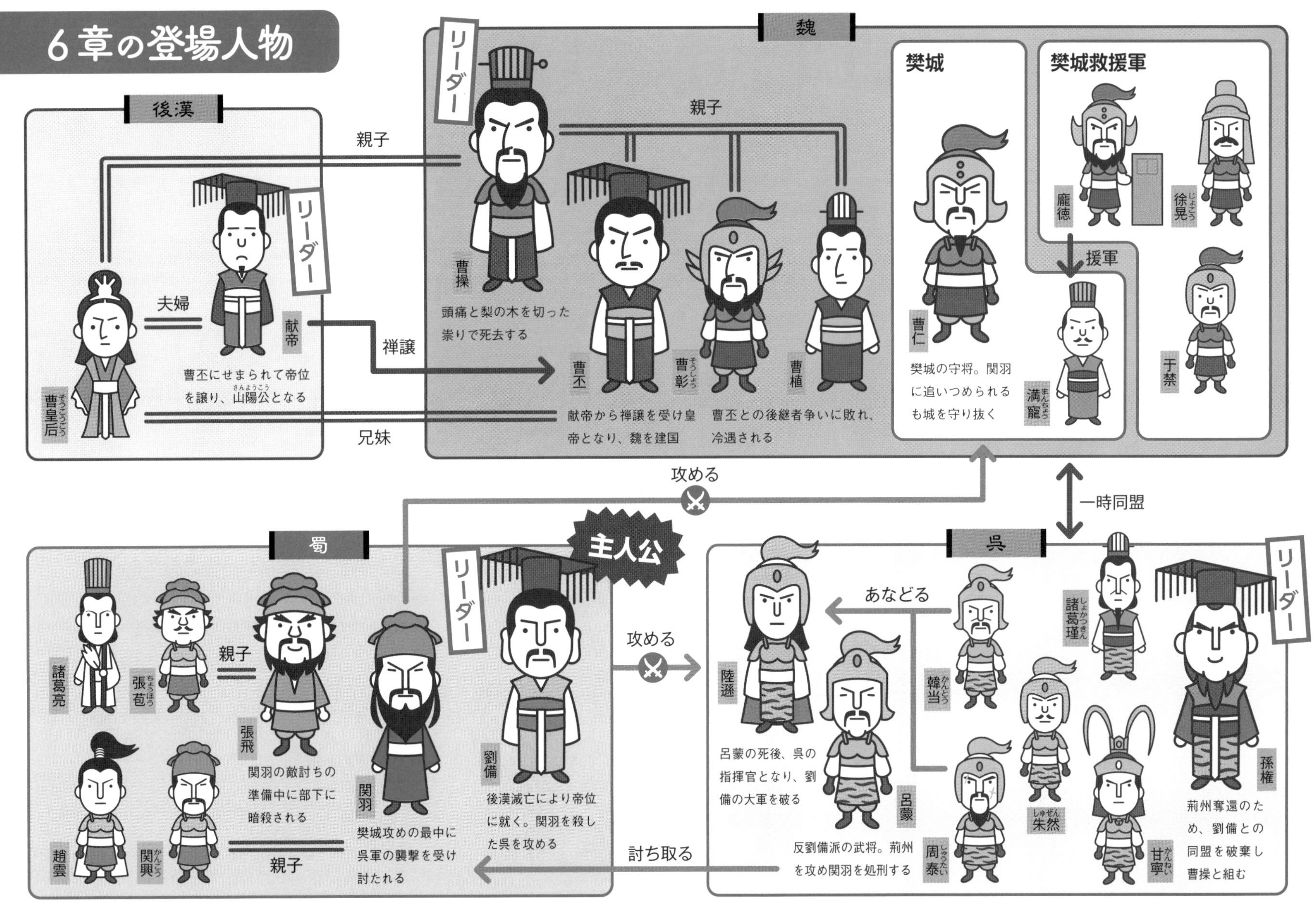

後漢
リーダー
献帝
曹皇后
夫婦
曹丕にせまられて帝位を譲り、山陽公となる
親子
兄妹
禅譲
魏
リーダー
曹操
頭痛と梨の木を切った祟りで死去する
親子
曹丕
献帝から禅譲を受け皇帝となり、魏を建国
曹彰
曹植
曹丕との後継者争いに敗れ、冷遇される
樊城
曹仁
樊城の守将。関羽に追いつめられるも城を守り抜く
樊城救援軍
龐徳
徐晃
援軍
満寵
于禁
攻める
一時同盟
蜀
主人公
リーダー
諸葛亮
張苞
親子
張飛
関羽の敵討ちの準備中に部下に暗殺される
趙雲
関興
親子
関羽
樊城攻めの最中に呉軍の襲撃を受け討たれる
劉備
後漢滅亡により帝位に就く。関羽を殺した呉を攻める
攻める
討ち取る
呉
あなどる
陸遜
呂蒙の死後、呉の指揮官となり、劉備の大軍を破る
呂蒙
反劉備派の武将。荊州を攻め関羽を処刑する
韓当
周泰
朱然
諸葛瑾
甘寧
リーダー
孫権
荊州奪還のため、劉備との同盟を破棄し曹操と組む

40 樊城の戦いと関羽の死

おもなできごと
関羽は魏の樊城を攻めるが、呉の寝返りによって殺される

事件の舞台

樊城

劉備が漢中王を名乗ると、荊州を守る関羽は魏の曹仁と満寵が守る樊城を包囲し、水攻めで曹仁を追いつめます。ところが荊州を返還しない関羽に不満を持つ孫権が曹操と同盟し荊州を制圧。動揺した関羽は樊城から撤退中に呉軍に捕まり、殺されてしまいます。

ヤッター、漢中GET！
関羽と協力してもっと
領地を広げるぞ！
劉備
漢中
関羽が攻めてきた
許都では荊州に
近過ぎるから遷都
した方がいいか…？
許都
曹操
上庸
襄陽
この勢いで
魏を攻めるぞ！
関羽
荊州
魏の国境
魏の援軍
樊城
襄陽
関羽の
敗走路
関羽の進軍路
臨沮
麦城
呉の進軍路
江陵
公安
劉備はいつに
なったら荊州を
返すんだ？
孫権

樊城の戦い

関羽は荊州の曹操領である襄陽を落とし、樊城を包囲。関羽は守将・曹仁＆満寵の守りに手を焼きますが、長雨を利用して水攻めを敢行。援軍の龐徳（➡P144）・于禁も破り、樊城を陥落寸前まで追いこみました。

❶ 関羽、樊城を包囲する

関羽の攻撃に対し、曹仁は籠城。一方、曹操は樊城を救うべく、于禁・龐徳を派遣します。龐徳は“決死の覚悟”として棺をかついで参戦しました。

援軍に来たぞ
曹仁！
必ず守り抜く
曹仁
于禁
関羽
関平 ➡P112
龐徳

❷ 長雨で孤立する樊城

関羽は長雨を利用して樊城を水攻めに。于禁ら援軍は樊城に入れず孤立してしまいました。

敵を水攻めに
するぞ
雨で
城が…
城に入れない…
曹仁
于禁
龐徳
関羽

❸ 魏将の降伏・処刑

関羽は于禁と龐徳を捕縛。于禁は命乞いをして助命されますが、龐徳は降伏を拒否して処刑されます。

死んでも関羽には
降伏せんぞ！
降伏します
関羽
于禁
龐徳

樊城は水没寸前、陥落は時間の問題と思われたが…

満寵
早く沈めー
まずい！
だれか助けて！
関羽
山の水はすぐに引きます！
もう少しの辛抱です！

曹仁たちはそれでもあきらめず、籠城を続けました。その時、関羽の拠点である荊州で動きがありました……。

呉との対立と関羽の死

順調だった樊城攻めですが、呉の孫権が離反し荊州に攻めこみます。動揺した関羽は魏軍に敗北。劉備がいる蜀に撤退しようとしますが、呉軍に捕まり処刑されてしまいました。

❶ 呉との婚姻を断る関羽

危機におちいった曹操は呉の孫権に同盟を提案。悩んだ孫権は関羽に子ども同士の結婚を申しこみ、成功すれば劉備との同盟を継続することにしますが、関羽に罵倒されたため、劉備と手を切ることにします。

虎の子を犬の子にやれるか！
ウチの子とあなたの娘を結婚させてもっと仲良くしましょう
結婚成立なら同盟継続、断られたら…
関羽
孫権

❷ 呉の寝返り

呉の軍師・陸遜は、関羽の警戒を解くため関羽をほめちぎります。これを真に受けた関羽は、荊州の警備兵の多くを樊城に連れていきます。その隙に呂蒙率いる呉軍が糜芳らを降伏させ、荊州を制圧しました。

今までの恨み思い知れ！
関羽のために死ぬのは嫌だ…
逃がしません
呂蒙
糜芳
博士仁
陸遜
朱然

❸ 軍神・関羽敗れる

呉軍の荊州制圧によって拠点を失った関羽軍は動揺。そこへ魏の新たな援軍・徐晃が参戦。関羽は撤退し、劉備に援軍を頼むため馬良を蜀に向かわせます。

助かった！
満寵
曹仁
くっ親友の徐晃と戦うことになるとは…
関羽
徐晃
劉備殿に報告しなきゃ
馬良

❹ 呉が関羽を捕縛し処刑

麦城に逃げこんだ関羽は、廖化（➡P94）を上庸に派遣し、劉封（➡P112）・孟達（➡P134）に援軍を要請します。しかし孟達は「我々が行っても多勢に無勢だ」と劉封を言いくるめ援軍を拒否。廖化は２人の説得をあきらめ蜀へ援軍を頼みに向かいました。関羽はこれを察し、蜀からの援軍を待たずして蜀へ撤退しようとするも、朱然や潘璋に捕縛されました。

いたぞ！関羽を捕えろー！
くっワナか…
麦城
朱然
孫
関羽
関平
潘璋

column 関羽を治療する華佗

樊城包囲中、毒矢を受けた関羽は、名医・華佗に治療させます。華佗は中国初の麻酔手術を行った医者ですが、関羽は麻酔なしで毒の回った骨を削る手術を受けると宣言。周囲が真っ青になる中、平然と碁を打ちながら手術を受けたのでした。

こんなに肝の据わった患者は初めてじゃ
馬良、君の番だぞ
ヒェェ…
華佗
関羽
馬良

呉軍に捕まった関羽は
降伏を拒否し、
関平とともに処刑された

関羽…！死ぬ時は一緒と誓ったのに…！
くそっ！呉のヤツら許せねえ！
劉備
張飛

41 乱世の奸雄・曹操の死

おもなできごと
乱世の奸雄・曹操が、関羽を始めとする敵対者の祟りにより死去

事件の舞台

洛陽

関羽を討伐した呉の呂蒙は、樊城の戦い（➡P156）後すぐに死去。『三国志演義』では関羽の霊に殺されたといいます。関羽の首は魏に送られ、曹操に葬られました。その後、曹操は長年の頭痛や幽霊との遭遇などが重なり、世を去ります。

『演義』では、劉備たちの前に立ちはだかる悪役として描かれた曹操。彼ははたして「後漢を滅ぼした悪人」だったのか、それとも「時代を変えた英雄」だったのでしょうか？

関羽の祟り

関羽の処刑後、呉の呂蒙が関羽によって祟り殺され、これを恐れた孫権は関羽の首を魏へ送ります。曹操が関羽の首と対面すると、首は恐ろしい形相になり曹操は気絶。その後、曹操は関羽を手厚く葬りました。

関羽を討ち、荊州を手に入れた呉は祝宴を開くが、その最中に呂蒙が関羽の霊に殺されてしまう

死ぬな呂蒙〜！
孫権
呂蒙

関羽の怒りを恐れた孫権は、関羽の首を魏へ送る。曹操は関羽を手厚くとむらう

関羽よ…、敵ながらあっぱれな将であった。手厚く葬って…えっ！首がにらんできた!?
ギロッ
関羽の首
曹操

死の直前、曹操は関羽や彼が殺してきた人々の幽霊を見る

伏皇后の霊
董承の霊
曹操
孟徳、見舞いに来たぞ…って、ギャアアー！
夏侯惇

曹操の死

梨の木の祟り（➡P167）で重病となった曹操は、家臣や側室へ遺言を残して死去。
なお、「正史」では戦時下にあることを理由に墓は簡素にするよう命じたと言います。

あんなにオレをかわいがってくれた殿がいなくなるなんてー
許褚

元敵の自分をここまで厚遇してくれる方はほかにいるまい
殿はどんな時でも我らの意見に耳をかたむけてくれた…
賈詡
程昱

世間はお前を悪人と呼ぶが、お前ほど偉大なヤツはいない
オレももう長くない、そっちでまた語り合おう…
夏侯惇

曹操死す

父上は生前、文学を愛しておられた。私も文学を盛んにして国を治めよう
曹丕

父上の跡継ぎってやっぱ兄上かな？もしかしたらオレにもチャンスがあるかも…
曹彰

曹操ってどんな人だったの？

『三国志演義』においては、皇帝を囲って権力をほしいままにする悪人として描かれる曹操ですが、じつはすぐれたところもたくさんある魅力的な人物です。「正史」の筆者・陳寿は「非常の人、超世の傑（類い希なる才を持つ、時代を超えた英雄）」と評しています。

良い曹操

優秀な人材をスカウト

優秀な人材を求める曹操は、張遼や賈詡などの元敵将も積極登用しました。彼が出した「求賢令」には、「唯才のみ是を挙げよ」とあり、才能があれば身分も素行も問わない考えがうかがえます。

張遼、お前の武をワシのもとでふるってくれ
呂布の部下だった私を部下にしてくれるとは…
張遼

建安文学を発展させた

曹操はすぐれた軍略を発揮した一方、詩人としても活躍した、まさに"文武両道"の人。曹操自身が「短歌行」や「苦寒行」などの名作を残しているほか、『孫子』（➡P22）を整理し自ら兵法書を記すなど兵法にも通じていました。また、曹丕・曹植など彼の息子もすぐれた詩人として、建安文学の発展に貢献しています（➡P170）。

酒に対してはまさに歌うべし～♪

部下の失敗を責めない

小勢力から身を起こし、若い頃は袁紹や呂布に苦戦した曹操は部下の敗戦に寛容でした。『演義』でも、夏侯惇や曹仁らが敗れて帰ってきても罰を与えることなく許しています。また、部下の作戦を積極的に取り入れ、的確な判断を下しました。袁紹を破った官渡の戦い（➡P96）でも、投降した許攸の提案をすぐに採用し逆転勝利を収めています。

大事なのは失敗した後、どうするかだ

権力者に媚びない！

若い頃、北部校尉（都の北側の警備員）だった曹操は、五色棒という刑罰用の棒をつくり、違反した者を容赦なく打ちました。ある時、十常侍（➡P52）の1人・蹇碩の叔父が夜間通行禁止の命令を破ります。曹操は十常侍に逆らうことを恐れず、その男を捕らえて五色棒で罰したのでした。

シーン…
ワシはエラいから規則なんかムシ！門を開けろ！
夜間の出入り絶対禁止！
権力者

女グセが悪い！

曹操は女性、とくに人妻が大好きでした。宛城の戦い（➡P72）では張済の未亡人・鄒氏に夢中になって奇襲にあっていますし、若い頃に袁紹と花嫁泥棒を働いたという伝承もあります。また、「正史」では関羽が結婚を希望した杜夫人が美人と知ると略奪しています。妻の連れ子を養育し、自分の死後の生き方を遺言するなど、妻たちに対する配慮は欠かさなかったようですが、曹操の女グセにふり回された家臣や妻たちの苦労は推して知るべし…。

ウヘヘ
鄒氏

自分を敬わない部下を冷遇

優秀な人材を登用し、部下の提案にもよく耳をかたむけた曹操。しかし、自分を批判したり逆らったりする者は、いくら優秀でも容赦しませんでした。孔子の子孫として名高かった孔融（➡P105）は曹操の批判をくり返したため処刑され、名医・華佗（➡P157）は曹操の召喚を無視したために拷問の末、殺害されました。なお華佗殺害後、自分の持病悪化や子の曹沖の病に悩まされた曹操は、華佗を殺したことを後悔。彼の執念深い性格が自分の首を締めることになってしまいました。

曹操のやり方はまちがっている！

孔融

悪い曹操

父の復讐で民を大虐殺！

曹操の悪事の中でも最悪と言われるのが、徐州虐殺事件（➡P68）。徐州牧・陶謙に殺された父の復讐として殺害された民は数10万にものぼったとされます。この虐殺を逃れた徐州人の中には諸葛亮や魯粛などがおり、のちに曹操の手強い敵となるのです。

父上の敵！
ギャー
オレら関係ないよ！

皇帝を傀儡化

李傕・郭汜から逃れた献帝は曹操に保護されました。しかし、表向き皇帝の庇護者としてふるまっていた曹操は献帝の側近を排除し、朝廷を操ろうとします。さらに、曹操暗殺計画に加わったとして董貴人・伏皇后といった皇帝の后妃も処刑。彼のふるまいは皇室の末裔を名乗る劉備たちによる批判の的となり、三国鼎立の遠因となっています。

献帝

42 後漢の滅亡と魏の成立

おもなできごと
献帝が曹丕に禅譲。これによって後漢は滅亡し、魏が誕生した

事件の舞台

許都

曹操の死後、曹彰・曹植ら弟との後継者争いを制した曹丕が父の位を受け継ぎました。曹丕は曹操以上に献帝へ圧力をかけ、ついに朝臣を動かして帝位の譲渡を強行。これにより後漢は滅び、新たに曹氏の魏が誕生します。この武力を用いない譲位は「禅譲」と呼ばれ、後の王朝交代の例となりました。

曹操の後継者争い

曹操には20人を超える男子がいましたが、長男の曹昂は宛城で戦死（➡P72）していたため、曹丕と曹植で後継者を迷いますが、賈詡の進言で曹丕を後継者に指名します。

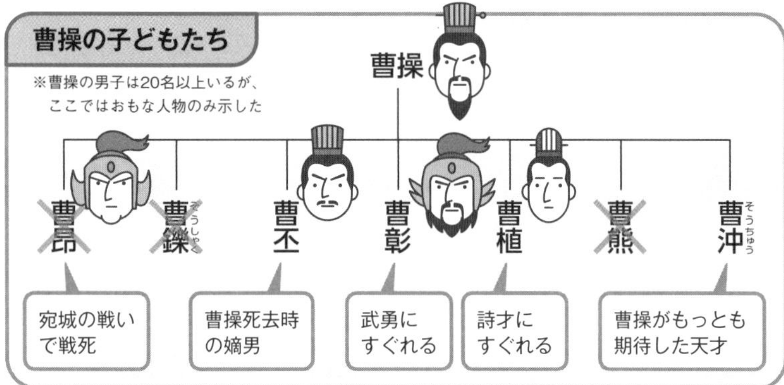

曹操の子どもたち
※曹操の男子は20名以上いるが、ここではおもな人物のみ示した
曹操
曹昂
曹鑠
曹丕
曹彰
曹植
曹熊
曹沖
宛城の戦いで戦死
曹操死去時の嫡男
武勇にすぐれる
詩才にすぐれる
曹操がもっとも期待した天才

後継者をねらう曹彰

曹操が死去すると、その日のうちに家臣たちが献帝にせまり曹丕を魏王・丞相位につけました。そこへ、弟の曹彰が軍勢を率いてやって来ますが、賈逵が曹彰を一喝。曹彰はしかたなく軍勢を曹丕に引きわたしました。

こんなに軍勢を引きつれて何をなさるのですか？ それに印璽はあなたが気にすることではありません！
父上の印璽はどこだ？
賈逵
曹彰
曹彰の兵
曹

曹丕・曹植の争いと七歩詩

魏王を継いだ曹丕は父の葬儀をとり行いますが、弟の曹植と曹熊は来ません。曹丕が２人をとがめると、曹熊は自害してしまいますが、曹植はその使者すら無視。怒った曹丕は曹植と側近を捕えます。

もっと飲みましょー
お酒サイコー！ …何か忘れているような
父上の葬儀をするから早く来なさい 曹丕
丁儀
曹植
父の葬儀も出ずに何をしていたお前たち！ この罪は重いぞ！
丁儀
曹植
曹丕

曹丕が葬儀を無断欠席した曹植に使者を送ると、側近・丁儀と宴会をしていた曹植は使者を罵倒します。

曹丕は２人を逮捕し、曹植擁立をねらった丁儀を処刑。曹植も罰しようとしますが、母・卞王后に止められます。

七歩歩く間に詩を詠めば許してやろう
兩肉齊進行
頭上帶凹骨
（２つの肉が同じ道を歩み、ともに頭上に角を備えていた…）
曹植
曹丕

曹丕は捕らえた弟に「７歩進む間に詩を詠め」と命令。曹植は見事クリアし、周囲を感心させます。

煮豆燃豆萁
豆存釜中泣
本是同根生
相煎何太急
（豆を煮るのに豆殻を燃やせば、豆は釜の中で泣く。同じ根から生まれたのに、なぜ躍起になって苛むのかと）
もうわかった 降格処分で許す
曹植
曹丕

曹丕はさらに「兄弟を題にすぐ１首詩を詠め」と命令。曹植は兄弟争いを煮豆に例えた詩を詠み、許されました。

後漢が滅び、魏が興る

❶ 曹丕の魏王就任後、各地に麒麟・鳳凰・黄龍が現れ、さらに嘉禾（穂がたくさんついた稲）が生じ、甘露（天から降る甘い液体）が降りました。

魏に現れた瑞獣

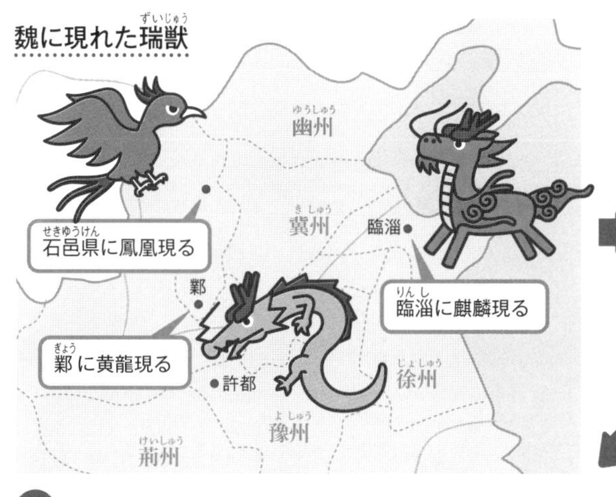
幽州
冀州
臨淄
鄴
許都
徐州
豫州
荊州
石邑県に鳳凰現る
臨淄に麒麟現る
鄴に黄龍現る

❷ これらを王朝交代の天意ととらえた朝臣たちは、献帝に曹丕への禅譲をせまり、献帝が拒否すると武装した兵で脅して禅譲の詔を書かせます。

各地に瑞獣が現れたのは、
天が曹丕様を君子と認めた証！
どうか曹丕様に禅譲を！
曹丕
王朗
華歆
献帝

❸ 禅譲の詔が出されると、曹丕はこれを２度断ったあとに受け入れます。そして、受禅台で譲位が行われ新たな国が誕生。国号は魏王・曹氏の国なので「魏」となりました。

魏王曹丕は禅譲の詔を受けられよ

徳の低い私よりも他の賢人にお譲りください

魏王曹丕に帝位を譲る 献帝

献帝の使者

曹丕

詔を受け取った曹丕は、自分の徳の高さを示すため、禅譲を２度断るパフォーマンスを行いました。

❹ 謹んでお受けします

朕に代わって良い国をつくってくれ

曹丕様ー

曹丕

献帝

バンザーイ

めでたい

曹丕が詔を受け入れると、受禅台で譲位の儀式を行われました。 → **魏の建国**

その後の献帝

譲位後、献帝は山陽公に封じられ都から追い出されてしまいます。しかし、「正史」では譲位後も厚遇され、穏やかな余生を送ったとされます

朕の人生は人に利用されるばかりだった
せめてこれからは穏やかに暮らしたい…
どうして兄はこんなことを…
帝…お労しい…
山陽公 劉協（献帝）
山陽公夫人（曹皇后）

演義では？ 曹皇后は夫の味方か兄の味方か？

曹操の娘・曹皇后は「正史」では献帝を支え、禅譲の際は玉璽を曹丕派にわたすことを拒んだといいます。しかし、初期の『三国志演義』では、兄に追従して献帝をなじる悪女に。のちに修正され、「正史」通りの賢妻となりました。

天は帝を祝福しないの…？
曹皇后

43 蜀の建国と夷陵の戦い

おもなできごと 劉備が呉討伐の軍を起こすも、陸遜の火計によって大敗する

事件の舞台

夷陵

劉備の即位と張飛の死

献帝廃位を知った劉備は皇帝に即位。さらに義弟たちの敵を討つため、呉へ出陣します。

献帝の廃位を知った劉備は、漢王朝の復興を掲げ皇帝に即位。「蜀（蜀漢）」を建国しました。しかし、関羽の敵討ちの準備中に張飛までもが暗殺され、犯人は呉へ逃亡します。呉への怒りを募らせた劉備は諸葛亮（孔明）らの制止をふり切って出陣。蜀軍は連戦連勝しますが、戦線がのびきったところをねらった陸遜の火計で大敗してしまうのです（夷陵の戦い）。

劉備の即位
気は進まないがお前たちがそこまで言うなら仕方ない…
劉備
献帝は曹丕に殺されました。漢王朝を復興するのはもうあなたしかいません！
諸葛亮
許靖
献帝が殺害されたという誤報が伝わった蜀では、家臣たちが劉備に即位を要請。劉備は最初断りますが、ついに即位を決めます
➡蜀の建国
劉備の怒り
劉備殿、今は呉より魏を警戒すべきです
義弟を討った呉は許せぬ敵を討たねば！
劉備
諸葛亮
兄者、呉のヤツらぶっ飛ばさないとオレの気がすまねぇ！
張飛
即位した劉備は関羽の敵討ちを発表。趙雲・孔明らが諫めるのも聞かず、出陣します
張飛の死
3日で戦用の白装束を用意しろなんてムリだ！
しかもできなきゃ処刑なんて…殺っちまえ！
范彊
張達
張飛
グガー
敵討ちが決まると張飛は部下に戦用の白装束（喪服）を用意しろと命令。3日でできなければ処刑すると脅したため、恨んだ部下に殺害されてしまいます
劉備、怒髪天
あぁ… もう私にはお止めできない…
諸葛亮
よした方が…
趙雲
張飛を殺した犯人は呉に逃げただと!? もう許せん、出陣だ！
劉備
張飛殺害犯が呉に逃げたことを知った劉備は激怒。家臣の制止に耳も貸さず、軍勢を進めようとします
劉備、呉を攻める
劉備の元に関羽の子・関興と張飛の子・張苞が参陣。蜀軍約75万は意気盛んに呉へ進軍していきました
必ず義弟たちの敵を討つ!!
蜀
劉備
夷陵の戦い
白帝城
石兵八陣
夷陵
猇亭
江陵
呉軍の進軍路
蜀軍の進軍路
荊州

夷陵の戦い

怒濤の勢いで進軍する蜀軍は、次々と呉の将を討ち取ります。しかし、敵地の深くまで進んだ蜀軍の戦線はのびきっており、その弱点を呉の陸遜につかれて大敗してしまいました。

❶ 呉の和睦要請

劉備の進軍におどろいた孫権は、孔明の兄・諸葛瑾に和睦交渉をさせますが、劉備はつっぱねます。

こうなったら魏に臣従するしかない…
和睦はダメでした…
絶対に許さない
孫権
諸葛瑾

❷ 若武者たちの活躍

初戦に勝利した劉備は関興ら若手を賞賛。これに怒った黄忠は呉軍に挑んで討ち死にしてしまいます。

老将は役に立たなくなったが、若者が成長してくれて嬉しい
だれが役立たずじゃと！
劉備
張苞
関興
黄忠
➡黄忠死す

❸ 蜀軍、連戦連勝

呉軍は周泰や韓当ら歴戦の将を出陣させますが敗北。異民族の沙摩訶に甘寧が討たれる始末でした。

沙摩訶
甘寧
呉をけちらせー！
劉備
韓当
周泰

❹ 陸遜、時を待つ

この危機に孫権は陸遜を起用。陸遜は出陣したがる将を抑えて、蜀軍が疲弊するのを待ちます。

まだ動く時ではありません
仲間を助けに行かなくて大丈夫か！
この若造はあてになるのか…？
陸遜
韓当
周泰

❺ のびきった蜀の陣

馬良から劉備軍が複雑な地形に長々と陣を敷いたことを聞いた孔明は、蜀軍の敗北を悟りました。

蜀
今こんな状況です
まずい、このままだと全滅してしまう…
諸葛亮
馬良

❻ 焼き払われた蜀軍

しかし時すでに遅く、陸遜が蜀の陣を焼き払い、蜀軍は大混乱。劉備は命からがら敗走します。

うわー
火がー
蜀
火が…みなが…どうして…
劉備
劉備大敗北

演義では？ 父・関羽の敵を討った関興

朱然とともに樊城の戦い（➡P156）で関羽を捕らえた潘璋は、「正史」では孫権即位後の234年に死去しました。ところが『三国志演義』では、関羽の敵として関興に討たれてしまうのです。潘璋は関羽から奪った青龍偃月刀を所持していましたが、関興に追われて山へ逃走。逃走先で関羽の霊を見て、仰天したところを関興に討たれました。なお、朱然も「正史」では長生きしていますが、『演義』では夷陵で討ち死にしています。

逃げないと…げっ関羽!?
父上の敵！
関羽の霊
潘璋
関興

44 劉備の死と三国鼎立

おもなできごと 白帝城で劉備が死去。その後、229年に呉が成立し三国時代が始まる

事件の舞台

白帝城

夷陵の戦い（➡P162）に敗れた蜀の皇帝・劉備は白帝城で重病となり、諸葛亮（孔明）たちに遺言を託して死去しました。

一方、魏帝・曹丕は劉備との戦いで疲弊した呉に大軍を送りこみますが、呉軍は３方面で防衛線を展開し、魏軍の撃退に成功します。

その後、蜀と呉は再び同盟を結び、魏に対抗します。膠着状態が続く中、ついに229年に孫権が皇帝に即位し、「呉」が成立。ここに魏・呉・蜀の三国鼎立の時代が始まりました。

狭義の三国時代は魏の成立から晋の再統一（280年）までを指します。さらに厳密に定義すると、三国が並立していたのは呉成立〜蜀滅亡（263年）の34年。
結構短いですね
三国志
諸葛亮

劉備死す

夷陵での大敗後、孔明の石兵八陣（石を並べた陣。内部では突風や波が起こり、入った者をまどわせる）により呉軍の追撃を逃れた劉備は、白帝城で病に伏します。最期を悟った劉備は孔明・趙雲らに後事を託して世を去りました。

石兵八陣

夷陵から脱出しようとする劉備は朱然の追撃で危機におちいりますが、趙雲に助けられ白帝城に逃げこみました。

すまない趙雲
白帝城
陛下！
もうすぐ白帝城ですよ
趙雲
劉備

一方、蜀軍を追撃する陸遜は魚腹浦へ到達。しかし、孔明の石兵八陣に足を踏み入れた陸遜は、閉じこめられてしまいます。

孔明が敷いた陣か…
危険だ…
陸遜

陸遜は孔明の舅・黄承彦（➡P102）の助けで陣を脱出。魏軍の襲来を警戒する陸遜は追撃をあきらめ、撤退しました。

皇帝・劉備の死

劉備は白帝城に逃れたものの、夷陵の戦いでは多くの将兵が戦死あるいは降伏しました。さらに、白帝城に駐留する劉備は病に倒れてしまいます。先に死んだ関羽・張飛の夢を見て最期を悟った劉備は、孔明らを白帝城に召喚。孔明に「後継者・劉禅が無能だったら君が君主となるように」と頼みますが、孔明はこれを拒否して劉禅に忠誠を誓いました。さらに息子や趙雲にも遺言を残した劉備は、63歳で波乱の生涯を閉じました。

※劉禅は成都で留守番をしており、死に目に会えていない。

孔明よ… 君の才能は比類ないものだ。もし、劉禅が助けるに値するなら補佐してほしい。そうでなければ、君が蜀の主になってくれ…
息子たちよ…孔明を父と思って仕えるのだ…
劉備
二男・劉永
三男・劉理
諸葛亮
趙雲よ…私と苦楽をともにしてくれた君を信頼している。どうか息子たちを頼む…
何をおっしゃいますか。私は命に代えても劉禅様に忠義を尽くす覚悟です
例えこの命が尽きても蜀のために尽くします！
趙雲
劉備死す

魏の三方面侵攻

夷陵の戦いで呉が疲弊したと考えた曹丕は、賈詡らの反対を押し切り、3方面から呉を攻撃。しかし士気の高い呉軍は魏軍を寄せつけず、全軍が敗北してしまいます。

魏の大軍を撃退する呉軍

洛陽
曹丕
曹仁
曹休
寿春
建業
魏
樊城
呉
朱桓
呂範
孫権
諸葛瑾

洞口の戦い

『演義』には曹休が呂範に敗れたことしか書かれていませんが、「正史」では、曹休は1度呂範を破ったものの、徐盛（➡P152）らの反撃によって敗北しています

濡須口の戦い

曹仁・王双らに攻められた濡須口では、守将の朱桓が城を空に見せかけて敵をおびき寄せる策で魏軍を破りました

南郡の戦い

曹真・夏侯尚が南郡城を攻撃。しかし、城内の陸遜と城外の諸葛瑾によって挟撃され、敗退しました

呉の建国

229年、孫権もまた皇帝に即位します。孔明はこれを祝福して、再び呉と同盟を続けたいと伝えます。孫権の即位により、魏・呉・蜀の三国がそろいます。

即位おめでとうございます 今後も仲良くしましょう 諸葛亮
おめでとうございます
劉備・曹丕が皇帝になるなら殿が即位しても良かろう
陳震
周泰
陸遜
張昭
孫権

孫権の即位により3人の皇帝が並び立つことになった

息子よ頼んだ！
魏
曹丕
曹叡
曹丕は226年に死去し、子の曹叡が即位した
劉禅様をお支えします
諸葛亮
劉禅
蜀
蜀と同盟して魏を倒すぞ！
呉
孫権

人物ガイド

曹操の生涯

『三国志演義』では劉備のライバルとして描かれる曹操。その役回りゆえにかつては悪役というイメージが強い人物でしたが、現在は革新的な人物として、人気も歴史的評価も高い英雄です。そんな曹操の生涯は、決して順風満帆ではありませんでした。

奸雄…
悪くないな
お前は
治世の能臣
乱世の奸雄だ
許劭

曹嵩の子として誕生

曹操の祖父・曹騰は宦官、その養子である曹嵩も役人だったため、曹操も自然と役人になります。学問も武芸も万能なのに若い頃は遊んでばかり。名のある儒学者・許劭に「乱世の奸雄（ずる賢い英雄）」と評された時、曹操は喜んだといいます。

ぐぬぬ
もっと力を
つけねば…
見つけたぞ
曹操！
呂布

反董卓連合軍を結成

董卓暗殺に失敗した曹操は連合軍を結成するもうまくいかず、呂布や徐栄に返り討ちにされ撤退します。

曹操の部下❶ 夏侯惇

曹操のいとこで、最初期からつき従う武将。隻眼がトレードマーク。曹操からの信頼は厚く、軍事だけでなく政治も任されていたほか、唯一曹操の寝室に入ることが許された

孟徳に一生
ついてくぜ
夏侯惇

父上を殺した
陶謙を
討つぞー！

徐州虐殺事件

曹操は黄巾党の残党である青州兵を従え、さらに荀彧などの優秀な人物を仲間に入れます。しかし父・曹嵩が徐州太守・陶謙の部下に暗殺され、怒った曹操は徐州の民を虐殺。その人望は地に落ちてしまいます。

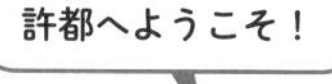
許都へようこそ！

許都
献帝

献帝を迎える

徐州で落ちた人望回復をねらい、曹操は洛陽にいた献帝を保護し許都へ遷都しました。この功績により、曹操は大将軍となり、権力をにぎります。

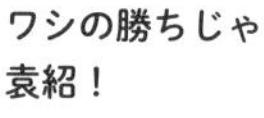
ワシの勝ちじゃ
袁紹！

ひー
袁紹

官渡の戦い

天下統一を目指す曹操は、華北でもっとも強い袁紹と対立し、官渡の地で決戦します。人材を有効活用した曹操が勝利し、袁紹は病没します。

曹操の部下❷ 夏侯淵

夏侯惇のいとこ。冷静沈着な夏侯惇と異なり、勇猛な性格で敵の不意をつくのが得意だった。漢中争奪戦では曹操軍のリーダーを務めるが、劉備軍の黄忠に討たれてしまう

惇兄より
戦が得意だよ！
夏侯淵

公孫氏って何者？

公孫康ら遼東太守を務めた公孫氏は「正史」では魏に含まれますが、たびたび独立をはかり、最後は王を名乗り司馬懿に滅ぼされました（➡P194）。まさかの"四国志"になる可能性があったかも？

得たものも
大きいが
失ったものも
大きかった…
公孫康

華北を統一

曹操は軍師・郭嘉のアドバイスに従い、袁紹の息子たちを征伐し、華北を統一します。しかしその戦の最中に郭嘉は病で死去し、曹操は悲しみました。

頼む関羽！
見逃してくれ！
むむむ
関羽

赤壁の戦い

華北を統一した曹操は、大陸の南側を統一すべく、呉の孫権に降伏をうながします。しかし劉備と孫権が同盟を結んで抵抗し、呉の周瑜の策によって曹操は大敗北します。曹操は途中で出くわした関羽に命乞いし、どうにか逃亡します。

もはやワシに並ぶ
者などいない！
魏王
夏侯惇
曹丕

魏王となる

気を取り直した曹操は涼州を獲得。また「魏公」さらには「魏王」となります。劉備には漢中を奪われ、孫権とは合肥をめぐり一進一退の攻防が続いていましたが、それでも天下にもっとも近いのは曹操でした。

曹操を呪った梨の木の精

関羽の死後、曹操は毎晩関羽の幽霊にさいなまれたため、新しい宮殿を建てることにします。この建材に樹齢数百年の梨の大樹を切り倒したところ、怒った梨の木の精が曹操を祟り、ひどい頭痛を起こさせました

うう～ん
頭が割れるよう
に痛い…
孟徳！
死ぬな！
夏侯惇

病気で死去

「魏王」となった曹操ですが、持病の頭痛がひどくなり、皇帝になることなく病気で死去します。65歳でした。

後世の評価

悪役にされた風雲児・曹操

『演義』では皇帝をないがしろにする悪役として描かれている曹操。しかし「正史」では正統とされ、作者・陳寿が曹操のことを「非常の人（とんでもなくすぐれた人）」と評価するなど、ヒーローとしての側面が強調されています。

史実の曹操は、屯田制や新しい人材登用の仕方の実践、兵学書『孫子』への注釈入れ、文学の盛り上げなどなど、政治・軍事・文化すべてに大きな影響を与えた人物です。これらは古代日本の政治や文化にも変革をもたらしています。正直、歴史への影響力は劉備より曹操の方が圧倒的に上だと言えるでしょう。

このことからか、現代のメディア作品では曹操をヒーローとして描く作品も多く、日本でも中国でも彼の人気はとても高いです。

劉備より
ワシの方が
よっぽど
主人公じゃ！

曹操の部下❸ 許褚

元は農民だったが、黄巾党の残党退治をしていたところを曹操に拾われる。その巨体を活かし、曹操のピンチを何度も助けたボディーガード。一騎討ちでは馬超や張飛と互角の戦いぶりを見せている

曹操様の
親衛隊長だぞ～
許褚

曹操の部下❹ 李典

曹操が決起した時に仲間に加わった義勇兵の一人。『演義』では敵の罠や力量を見抜いて上司にアドバイスするも、聞いてもらえないというシーンがよく登場。張遼と不仲とされているが、「正史」ではそうでもない

どうしてみんな
オレの話を聞いて
くれないんだ…
李典

人物ガイド

献帝の生涯

後漢のラストエンペラー・献帝。幼い頃、母が何皇后に暗殺され、朝廷では父・霊帝の後継者争いが勃発。その後、董卓、李傕・郭汜、曹操とさまざまな人物に利用され、最後は曹操の子・曹丕に禅譲をせまられ都を追放されます。その壮絶な生涯を追っていきましょう。

とてもつらい
霊帝

VS
何進
十常侍

霊帝と王美人の間に生まれる

劉協（献帝）は、異母兄の少帝（劉弁）より優秀でした。父・霊帝の病気で後継者争いに巻きこまれます。

献帝の味方❶ 張譲

十常侍の一人でリーダー格。庶民の出の何進を見下し、劉協を即位させようと画策した

劉協様こそ皇帝にふさわしい
張譲

そこの者！帝を保護せよ！
びえーん
ははー！
董卓
少帝

十常侍が殺される

少帝が何進らによって擁立されると、十常侍は何進を暗殺。さらに何進の部下・袁紹が十常侍を次々と殺していきます。混乱の中、張譲は少帝と劉協を連れて逃亡するも途中で自害。迷子になった2人は、立ち寄った民家で助けられます。その後、護衛として現れた董卓とともに、朝廷に帰ります。

無能な少帝より有能な劉協様を即位させよう
少帝
献帝
董卓

少帝の代わりに即位

董卓は皇帝の護衛の立場から増長し、少帝を廃位させ、劉協を即位させます。さらに董卓は少帝を暗殺。幼い献帝は董卓の言いなりでした。

献帝の味方❷ 王允

献帝を救うために董卓暗殺の気をうかがう。娘・貂蝉の美貌を使った計略で董卓を暗殺するも、李傕らに襲われ自害

帝をお救いするのが私の役目だ
王允

献帝を保護して権力ゲットだぜ！
李傕
郭汜

董卓の死

反董卓連合軍がせまると、董卓は洛陽を燃やし、献帝らを連れて強引に長安へ遷都します。その後、董卓を呂布が殺害。すると董卓の部下・李傕と郭汜が呂布を追い出し、献帝の身柄を確保します。

これからは私が帝をお守りします
そうか
曹操

曹操に迎え入れられる

李傕と郭汜が仲間割れすると、献帝の部下・董承は献帝を連れてひとまず洛陽の都に向かいます。そこへ曹操が現れ、献帝は曹操を頼ることにします。その後、曹操の拠点・許都に移ります。

あれはオレの獲物だ！
曹操

献帝の味方❸ 董承

献帝の妻・董貴妃の父。李傕・郭汜が対立した際、長安を脱出した献帝を救い出し、ともに曹操の拠点・許都へ移る。曹操暗殺の密命を受けるも失敗し、貴妃とともに殺された

曹操は帝を救う英雄だと思っていたんだが…
董承

そんな！
呉子蘭
王子服
吉平
暗殺計画のことなら知っておるぞ

たとえ皇后でもワシに逆らう奴は許さん！
なんてことを…
伏皇后
伏完

曹操暗殺計画①

曹操は許田での狩で献帝の弓を使って獲物を射るなど、献帝を辱めます。これを機に献帝は董承らに自らの血で書いた手紙を託し曹操暗殺を命じますが、バレてしまい関係者は皆殺しにされました。関係者の中には劉備もおり、劉備と曹操の決裂のきっかけとなります。

失敗したか…

曹操暗殺計画②

曹操は「魏公」さらには「魏王」を名乗り、もはや献帝から帝位を奪うのも時間の問題、といった感じでした。伏皇后は見かねて父・伏完に曹操暗殺を頼みますが失敗に終わり、皇后たちは殺されます。

また失敗したか…

ありがとうございます
朕に代わって良い国をつくってくれ
曹丕

曹丕に禅譲する

曹操が病死すると、跡を継いだ曹丕はついに献帝に禅譲（帝位を譲ること）するようプレッシャーをかけていきます。220年に献帝は耐えかねて曹丕に禅譲。こうして後漢は滅亡し、曹丕を皇帝とする魏が建国されたのでした。

追放されて残念なような、すっきりしたような…

都を追放される

その後、献帝は「山陽公」の位をもらい妻の曹皇后らとともに都を追放されます。その後、許都や洛陽とも近い山陽の地で余生を過ごし、234年に54歳で亡くなります。ちなみに奇しくも、諸葛亮（孔明）と生没年が同じです（181年～234年）。

後世の評価

「禅譲」の習わしをつくった献帝

幼い頃から権力争いに巻きこまれ、ついには後漢が滅亡するという悲惨な生涯を送った献帝。父・霊帝の頃から後漢王朝は乱れに乱れていたため、献帝にはどうしようもなかった、というのが実情なようです。

そんな献帝が残した大きな成果が「禅譲」というシステムです。中国の歴史には「易姓革命（皇帝が徳を失うと、もっと徳のあるだれかが天に選ばれて皇帝になる）」という考え方があります。

それまで、易姓革命は武力によって起こるのが一般的でした。しかし献帝と曹丕が「禅譲」をしたことで、余計な血が流れない易姓革命が果たされたのです。以降およそ800年間、禅譲によって中国の王朝は交代していきます。

抵抗して殺されるくらいなら受け入れた方がましだ…

Pick up

三国時代の詩と文学

三国時代、曹操と家臣によって詩が発展し、彼らの作品は後世に大きな影響を与えました

魏の礎を築いた曹操は英雄であると同時にすぐれた文学者でした。彼のもとには多くの文人が集まり、「建安文学」と呼ばれる新たな文学の時代が始まります。古代中国には詩や楽府などの韻文がありましたが、素朴な歌謡に過ぎませんでした。彼らはこれを文学作品として昇華し、後世につながる詩の基礎を整えたのです。

韻文って何？

韻文とは韻律などのルールに則ってつくられた文章のこと。漢詩も韻文の一種で、唐以前の詩は「古体詩」唐以降は「近体詩」に大別されます。

古体詩は偶数句末で押韻する以外に韻律や字数のルールがほとんどなく、自由度が高いのです
蔡琰

悲憤詩　一章（部分）

漢季失權柄
董卓亂天常（ジョウ）
志欲圖簒弑
先害諸賢良（リョウ）
逼迫遷舊邦
擁主以自彊（キョウ）
海内興義師
欲共討不祥（ショウ）

これは蔡琰の詩だ。偶数句が「○ョウ」で統一されているな。漢詩では全編で同じ韻を踏む「一韻到底」が基本だが、古体詩では韻の音を変える「換韻」も多いぞ
曹操

韻文の種類

三国時代は詩以外にも歌謡を源流とする「楽府」、『楚辞』から派生した「賦（辞賦）」などの韻文が盛んにつくられていました。

詩

周代の『詩経』を源流とする韻文。一句の字数が一定の定型詩が多数ですが、雑言詩（一句の字数が途中で変わる詩）もありました。

西京亂無象
長安は荒れ果てて秩序もなく
豺虎方遘患
獣の如き者が災いをなす
復棄中國去
私はまたも都を捨てて去り
遠身適荊蠻…
荊州の田舎へ落ちていく…

王粲「七哀詩」より抜粋

後漢以前の詩は四言詩が多かったのですが、後漢になると五言詩が増えていきました
蔡琰

楽府

音楽を司る役所の名で、ここに民間歌謡として集められた詩歌も「楽府」と呼ばれました。雑言詩が多いです。

駕虹霓
空にかかる虹にまたがって
乘赤雲
鮮やかな赤い雲に乗り
登彼九疑山歷玉門…
かの九疑山に登り玉門関を過ぎる…

曹操「陌上桑」より抜粋

この詩は三・三・七の句をくり返しているな。ちなみに、今残っているワシの詩はすべて楽府なのだ

曹操

賦（辞賦）

朗読のためにつくられた叙事的な韻文で、散文（一句の字数がバラバラな詩）に近い文体。抒情的な辞とあわせて「辞賦」とも呼ばれます。

遊都邑以永久
長く都に住んだが
無明略以佐時
世を良くする功績もなく
徒臨川以羨魚
網も持たずに川で魚を得たいと望むばかり
俟河清乎未期…
黄河の澄む時勢を待ってもいつかわからない…

張衡「帰田賦」より抜粋

この詩は六字の句と四字の句を織り交ぜています。賦は長い作品が多いのですが、この詩は40句ほどと比較的短いですね
蔡琰

三国時代を代表する文学者たち

三国随一の権力者であり詩人でもあった曹操のもとには多くの文人が集まり、「三曹」「建安七子」と呼ばれるすぐれた詩人が登場しました。彼らは素朴な歌謡であった詩を文学作品へと昇華させるなど、後世に大きな影響を与えたのです。

曹操

「三曹」の１人。現在残る韻文はすべて楽府で、壮大かつ力強い作品が多数です。兵学にも通じており、『孫子』の注釈書『魏武注孫子』が有名。

ワシは『孫子』に注釈をつけたりと、詩だけでなく兵法にも通じていたのだ

苦寒行（部分）

北上太行山
北の太行山に登る

艱哉何巍巍
何と高く険しくそびえていることか

羊腸坂詰屈
羊腸の坂は名の通り曲がりくねり

車輪爲之摧
車輪はそのためにくだけてしまった

樹木何蕭瑟
木々はなんと寂しい響き

北風聲正悲
北風の吹き付ける音は実に悲しい

熊羆對我蹲
熊やヒグマがワシに向かってうずくまり

虎豹夾路啼
道の両側で虎や豹がほえている

北方に遠征を行った際の苦しい道中を詠んだ楽府

曹丕

曹操の三男で「三曹」の１人。文学の隆盛が国家平和につながるという「文章経国」思想を持ち、詩はもちろん、文学論『典論』や類書（百科事典）『皇覧』などを残しています。

文学こそ国の発展に欠かせない礎なのだ！

燕歌行・一（部分）

秋風蕭瑟天氣涼
秋風が寂しく吹き肌寒くなりました

草木搖落露爲霜
草木も枯れ、露が霜に変わります

羣燕辭歸雁南翔
燕の群れが別れを告げ、雁も南へ帰る

念君客遊思斷腸
あなたを思って腸もちぎれんばかり

慊慊思歸戀故鄉
帰心が募って故郷を懐かしんでいることでしょう

何爲淹留寄佗方
なのになぜ知らない地にいつまでもいるのですか

賤妾煢煢守空房
私は一人で誰もいない部屋を守っています

憂來思君不敢忘
悲しいのにあなたを忘れられません

帰らぬ夫を待つ妻の心情を歌った楽府

曹植

曹操の五男。「三曹」の１人で天賦の詩才と深い学識を備えた文学の申し子。冷遇される悲哀を詠った詩を多く残していますが、本来は自由奔放な性格でした。

ボクは詩よりも戦で国の役に立ちたい…

洛神賦（部分）

其形也、翩若驚鴻、
その姿は鴻が軽やかに飛び立ち、

婉若遊龍、榮曜秋菊、
龍が泳ぐようで、秋菊のように輝き、

華茂春松。
春の松葉のように華やかだ。

髣髴兮若輕雲之蔽月、
雲に隠れる月のようにおぼろげで、

飄颻兮若流風之迴雪、
風に舞う雪のように軽やかだ、

遠而望之、皎若太陽升朝霞、
遠くからは朝焼けの太陽のようにまばゆく、

迫而察之、灼若芙蓉出淥波。
近づくと水に立つ蓮のように輝いているのだ。

女神との叶わぬ恋物語を描いた賦。兄嫁・甄氏への思いを詠ったとも

column 中国文学史を変えた曹植

曹植は詩を素朴な歌謡から個人の精神表現へ昇華しようとした建安文人の試みを完成させた人物で、李白・杜甫以前は最高の詩人と評されていました。ただし、本人は文学よりも軍事での活躍を望んでいたようです。

曹丕：軍事や政治に関われないなら、詩がすぐれていたって意味ないよ…

曹植：詩の才能いいじゃん…

（たすき）詩聖

建安七子

曹操のもとに集まった文学者の中でもとくにすぐれた７人を「建安七子」と呼びます。魏帝・曹丕は「呉質に与うる書」に孔融を除く6人の評価を残しています

孔融 孔子の子孫で曹操を批判し処刑された（➡P105）。曹丕は彼の文章を好んだとか

陳琳 袁紹に仕え、曹操批判の檄文を書く（➡P96）。曹丕曰く「檄文は力強いが、文が冗長」

徐幹 『中論』を記し政治や道徳について説く。曹丕曰く「文章も人柄も優秀」

王粲 元は劉表に仕えていた。曹丕曰く「辞賦にすぐれるが少し文が弱い」

阮瑀 六経を校訂した蔡邕の弟子。曹丕曰く「公文書が軽やかで読んでいて楽しい」

劉楨 詩にすぐれるが法を軽視する問題児。曹丕曰く「文章は粗いが五言詩は絶品」

応瑒 疫病で早世。曹丕曰く「創作意欲も学識もすばらしく、早世したのが残念」

失われた書物を救った才女・蔡琰

詩人・蔡琰は匈奴にさらわれるも、曹操に奪還されたという数奇な運命をたどった女性。父・蔡邕（➡P78）の蔵書を暗記しており、彼の死で失われた朝廷の有職故実を復元した才女です

次はこの書物を読み上げましょう…
曹操
蔡琰

三国志トリビア⑥

神様になった関羽

現在、関羽は商売の神「関聖帝君」としてあつく信仰され、世界各地のチャイナタウン（中国人街）には関羽を祀る関帝廟がよく建てられています。ただの武将だった関羽が、なぜ商売の神になったのか、どうして関羽が祀られたのか、見ていきましょう。

関羽が神様になるまで

関羽が神様になった理由は、関羽が塩の湖で有名な解県出身だったのが大きいです。

① 武神になる

助けて
関羽様

12世紀頃、宋は騎馬民族から侵攻を受けていました。そこで勇猛な武将・関羽に助けを求め、神様としての称号を授けました。

② 山西商人の神になる

地元の英雄である
関羽様を祀ろう！
塩
ここで商売が
上手くいくよう
関帝廟をつくろう

山西商人とは関羽の生まれ故郷・解県の商人のこと。彼らは塩の売買でもうけ、宋の税収の半分を塩税が占めました。彼らは商売が拡大するたびに、関羽に祈りをささげました。

③ いろんな属性が加わり ついに国の守護神となる

儒教の神
水の神
武神
商売の神
蜀のために
がんばった
関羽様を
祀ろう
清の皇帝

山西商人はその後、明や清の王朝とも強く結びつきます。また清の時代には、劉備のために命をかけた関羽にあやかり、国の守護神にしました。

④ 現代でも中国人から 大人気の神様・関羽

自分が汚名を着せられても
他人を助ける関帝！
かっこいい〜

関羽信仰は今でもしっかりと息づいています。とくに関羽が持つ「義（自分が正しいと思ったことをする）」の精神は、商人が大事にすべきこととして、尊敬されています。

column

関羽とともに祀られる周倉

関羽殿とずっといっしょだぜ！

関帝廟には関羽の像が立っていますが、その隣には子・関平と、重臣・周倉（➡P95）の姿があります。周倉は架空のキャラクターですが、『三国志演義』では関羽に最期まで従ったことから、ともに祀られています。

column

関羽のおみくじはよく当たる？

今でも関帝廟で
引けるよ

大吉

明・清の時代に「関帝霊籤（関羽が占うおみくじ）」が流行。清時代の史料には「よく当たる」と記されています。「関帝霊籤」は江戸時代に日本にも伝わり、新井白石や滝沢馬琴らが「引いた」と日記につけています。

第7章 諸葛亮の最後の戦い

劉備（りゅうび）の死後、意志を継いだ諸葛亮（しょかつりょう）（孔明（こうめい））は魏（ぎ）を倒すために北伐（ほくばつ）をくり返します。しかし、弟子・馬謖（ばしょく）の命令違反（いはん）や、食糧（しょくりょう）不足、魏の軍師・司馬懿（しばい）の策略によりなかなか勝利を得られません。孔明と司馬懿は五丈原（ごじょうげん）の地で決戦に挑（いど）みます。

蜀
蜀

7章の流れが一気にわかる！

諸葛亮の最後の戦い

蜀の2代皇帝・劉禅の後見人となった諸葛亮（孔明）は南蛮へ出陣し、南蛮王・孟獲を心服させます。背後の憂いを断った孔明は魏を滅ぼすため北伐を決行。天才的な計略で司馬懿ら魏軍を翻弄しますが、国力差により領地を広げることはできず、6度目の北伐で無念の死をとげます。

❶ 南蛮征伐

7度も負けるとは…
諸葛亮
孟獲

南蛮に出陣した孔明は南蛮王・孟獲が反抗心旺盛であることを悟ると、策によって孟獲を7度捕らえ、一生反抗しないと誓わせます

この時 司馬懿は？

曹丕
司馬懿

その頃、魏では皇帝・曹丕が若くして死去。魏の重臣・司馬懿は曹丕から幼い後継者・曹叡を補佐するように頼まれます

❷ 北伐の始まり

劉禅
諸葛亮
出師表

孔明は蜀帝・劉禅に「出師表」を上奏し、北伐の許可を得ます。蜀軍は孔明の策で魏軍を翻弄し、天水などの領地を獲得しました

この時 司馬懿は？

曹叡は太祖曹操の遺志に背いて即位した偽物！私が正統な帝を擁立する！ 司馬懿
司馬懿
曹叡

北伐が始まる前、司馬懿を警戒する孔明によって「司馬懿謀反」のウワサが流され、疑心暗鬼におちいった曹叡は司馬懿を左遷してしまいます

❸ 街亭の戦い

馬謖
魏
司馬懿

自軍の苦戦に驚いた曹叡は司馬懿を呼び戻します。司馬懿は山上に布陣した馬謖の失策を見逃さず勝利。蜀軍は占領地を放棄し撤退しました

この時 趙雲は？

趙雲
蜀
趙雲

街亭の敗戦で軍が崩壊する中、趙雲は殿として奮戦し、味方を無事に逃がします。しかし、老齢だった彼は第二次北伐の開始前に死去しました

❹ 第二次～第五次北伐

馬岱
姜維
諸葛亮
司馬懿
魏延

その後も孔明は北伐をくり返しました。蜀軍は孔明の策で戦を有利に進めますが、手に入れた領地を維持できず疲弊していきます

この時 孫権は？

曹休
周魴

蜀と再同盟した孫権は、ニセの書状で配下の周魴を曹休に投降させ、曹休を石亭に誘き出して奇襲。大勝利を収めました

❺ 孔明の死

諸葛亮
姜維

第六次北伐で魏蜀両軍は五丈原で対決します。寿命を悟った孔明は延命の術を行うも失敗。姜維や楊儀に跡を託し、世を去りました

この時 司馬懿は？

司馬懿
蜀
蜀

孔明の死を知った司馬懿は蜀軍を攻撃しますが、陣中に孔明の姿を見て慌てて撤退。しかし、それは蜀軍が用意した孔明の木像でした

7章の登場人物

魏
対蜀戦線
南蛮
リーダー
祝融夫人
夫婦
孟獲
兄弟
孟優
南蛮王。孔明に7度敗れ、心服する
反乱をそそのかす
司馬懿
魏の軍師だが、孔明の策に翻弄される
曹真
魏の総大将だが、孔明に書状で煽られ憤死する
郝昭
陳倉城の守将。防衛戦が得意で蜀軍を撃退する
張郃
王双
夏侯楙
リーダー
曹叡
親子
曹丕
曹丕の子。一時司馬懿を疑うが、のちに謝罪し孔明対策にあたらせる
曹休
魏の武将。周魴にだまされ大敗したショックで病死する
臣従
心服
ライバル
北伐
離反
討ち取る
だます
蜀
主人公
罠で味方にする
リーダー
劉禅
劉備の子。孔明を信頼しているが、宦官の讒言でたまに疑う
諸葛亮
蜀の丞相。何度も北伐を行うが、陣中で病死
趙雲
古参の老将。第一次北伐で活躍するも戦後病死
姜維
魏の将だったが、孔明の策で投降し蜀軍に加わる
馬謖
孔明の弟子だが、街亭の戦いで軍律違反を犯し処刑
泣いて処刑
魏延
王平
馬岱
蔣琬
同盟
呉
周魴
曹休にニセ投降を申し出た呉の将。髪を切って忠誠を示し石亭に誘き出したところで曹休を奇襲する
陸遜
リーダー
孫権

45 南蛮王の心を攻めた諸葛亮

おもなできごと 諸葛亮はすぐれた策で南蛮王・孟獲を７度捕らえ、彼を心服させた

事件の舞台

●南蛮

劉禅の即位と5方面防衛

劉備の死（➡P164）で蜀が混乱していると見た魏が５方面から侵攻しますが、諸葛亮（孔明）は各地に将を派遣してこれを防ぎました。

よろしく頼む
漢室復興のため力を尽くします
劉禅
諸葛亮

南蛮征伐

孔明は、反乱を起こした南蛮への攻撃を決定。馬謖の「２度と反乱を起こさないよう、南蛮軍の心を攻めるべき」という意見に従い、南蛮軍を心服させるための策を練ります。そして孔明は策により南蛮王・孟獲を７度破り心服させました。

ふむ…
馬謖
諸葛亮

1回目 せまい道に誘い挟撃

南蛮についた孔明は現地にくわしい王平・馬忠に出陣を命令。彼らの抜擢に不満を抱いた趙雲・魏延はひそかに出陣し、捕虜に道案内をさせて金環三結・董荼那・阿会喃の３人を破る。孟獲はこれに激怒。出陣し王平を破るが、これこそが孔明の策。谷に追いこまれた孟獲軍は趙雲・魏延のはさみ撃ちで捕まった

逃がさん！
魏延
蜀の伏兵だと!?
孟獲
趙雲
道がせまくて戦えなかっただけだ
釈放
孟獲

魏の５方面侵攻

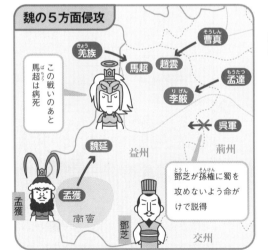

羌族
曹真
馬超
趙雲
孟達
李厳
呉軍
この戦いのあと馬超は病死
魏延
益州
荊州
孟獲
南蛮
孟獲
鄧芝
交州
鄧芝が孫権に蜀を攻めないよう命がけで説得

column 南蛮ってどんなところ？

南蛮は益州南部（現在の雲南省と四川・貴州省の一部）のこと。異民族の反乱が絶えない地ですが、資源が豊富で南方の国との交易ルートのため物資が豊かでした。孔明は北伐（➡P178）を行うに先立ち、背後の安全と物資を確保するため南蛮征伐を行ったのです。

南中の豊富な資源がほしかったんです
諸葛亮

2回目 毒の川を渡る

敗れた孟獲は濾水の対岸に逃走。濾水には暑さで毒気がたまり、蜀軍は渡れないと考えたのである。しかし、孔明が地元住民から夜になれば水が冷えて毒気が消えることを聞き出し、馬岱軍は渡河に成功。馬岱が孟獲軍の背後を襲うと、動揺した孟獲の部下たちは孟獲を捕らえて蜀に降伏

どうしよう
馬岱
この川を渡るには…
部下が勝手に降伏しただけだ
釈放
孟獲
諸葛亮

3回目 ニセ降伏を見破る

孟獲は、弟の孟優にウソの降伏をさせ、蜀の本陣を連携して攻撃する策を立てる。しかし、孔明はニセ降伏を見破っており、孟優たちを宴会で酔いつぶし、空にした本陣に放置。そして、奇襲に来た孟獲を伏兵で破って捕縛した

ニセ降伏ですね…
孔明様には敵いません
降伏します
諸葛亮
孟優
弟が無能だっただけだ
孟獲
釈放

5回目 孟節の助けで毒泉を破る

孟獲兄弟は朶思大王の禿龍洞に移動。そこは飲めば死んでしまう４つの泉があり、王平軍が飲んでしまう。すると通りすがりの老人（じつは山の神）が毒を癒す「安楽泉」の場所を孔明に教え、事なきを得た。この安楽泉の主は孟獲の兄・孟節で、２人の弟の謀反を代わりに謝った。回復した蜀軍が孟獲軍を攻撃すると、楊鋒が孟獲を捕縛し降伏する

毒を治すには安楽泉の水を飲むのじゃ
ありがとうございます
仲間が裏切っただけだ
孟節
諸葛亮
孟獲
釈放

6回目 猛獣軍団を撃退

捕まっては逃げ帰ってくる孟獲に怒った妻・祝融夫人は、蜀軍に戦いを挑み張嶷・馬忠を捕縛。これを知った孔明は趙雲らに祝融夫人を捕らえさせて張嶷たちを取り戻す。

一方、孟獲の元に猛獣を従える木鹿大王が参陣。獰猛な動物に蜀軍は苦戦するが、孔明はあらかじめ用意しておいた火を吹く猛獣型の兵器（➡P110）でこれを撃退し、孟獲の本拠地を占領する

男どもに任せてたら勝てやしない！
祝融夫人

次捕まったら降伏する
孟獲
釈放

4回目 空の本陣に引きつけて奇襲

孟獲は、数十万の兵で蜀の陣を攻撃。ところが、孔明は一切反撃せず、数日間籠城しただけで陣を放棄。孟獲は「撤退したにちがいない」と考え喜ぶが、蜀軍に背後から奇襲される。逃走しようとするが趙雲・馬岱の伏兵に遭い、さらに孔明も登場。孟獲は孔明に突撃しようとするが、落とし穴で捕虜に

後ろですよー
蜀は逃げたか
孟獲
罠にはまっただけだ
孟獲
釈放

ギャー
藤甲は火に
弱いのだー
兀突骨

7回目 藤甲軍を焼く

６度敗れ本拠地すら失った孟獲は、烏戈国の兀突骨の元に身を寄せる。兀突骨は藤甲（藤のツルからつくられた刀も矢も通さない鎧）を装備し、烏戈の者以外渡れば死ぬ桃花水で戦い、蜀軍を苦しめた。これに対し孔明は、魏延にわざと何度も敗北させて敵をせまい盤蛇谷におびき寄せると、谷を封鎖して藤甲軍を爆殺。そして孟獲も捕らえた。孟獲が２度と謀反を起こさないことを誓うと、孔明は以降も孟獲に統治を行うように言い、蜀に帰還した

孔明様に
心服しました
２度と逆らい
ません
諸葛亮
孟獲
降伏

46 「出師表」と第一次北伐の始まり

おもなできごと 諸葛亮は漢室復興のため北伐を開始。策によって魏軍を翻弄する

事件の舞台

雍州

諸葛亮（孔明）の帰還後、魏帝・曹丕（➡P160）が死去します。北伐（魏への侵攻）を考えていた孔明は、魏の軍師・司馬懿を失脚させると、劉禅に「出師表」を上奏して決意を示しました。蜀軍は初戦を勝利で飾ると、孔明の策で天水・南安・安定の３郡を制圧。若き智将・姜維を降伏させます。

出師表

漢室復興のため北伐を考えていた孔明は、知謀にすぐれた司馬懿を「反間の計」で失脚させ、北伐への決意をつづった「出師表」を劉禅に奏上します。

曹丕の死

病に倒れた曹丕は、曹真と司馬懿に後継者・曹叡を託して死去しました。

我が子曹叡は幼い。司馬懿、曹真、陳羣でよく補佐して欲しい…
曹丕
曹真
司馬懿

司馬懿の失脚

孔明は魏の軍師・司馬懿を排除する方法を考えていました。すると馬謖が司馬懿謀反のウワサを流して失脚させる「反間の計」を提案。司馬懿は失脚しました。

司馬懿が謀反をたくらんでる！
ちがいます！
曹叡は太祖曹操の遺志に背いて即位した偽物！私が正統な帝を擁立する！司馬懿
司馬懿
曹叡

孔明、「出師表」を上奏する

孔明は劉備への恩と北伐への決意を「出師表」にしたため、劉禅に披露します。

魏討伐こそ劉備殿の悲願。休んでなどいられません
少し休んだ方が良いのではないか
漢復興のため、魏討伐に行きたいです 諸葛亮
出師表
劉禅
諸葛亮

趙雲参戦

北伐が決まると趙雲が参加を希望。孔明が高齢を理由に断ってもあきらめず、参戦を認められます。

老いたとはいえ、私はまだそこらの将には負けん！絶対ついて行きますよ
馬超殿が亡くなり、いまや古参の武将はあなただけ。万一、討ち死にでもされたら…
諸葛亮
趙雲

column 涙なしに読めない名文「出師表」

「出師表」とは出陣する臣下が主君にわたす文書のこと。蜀の危機を訴え、劉備の恩をつづるこの表は中国屈指の名文とされ、「読んで泣かない者は不忠」と言われました。

これを読んで泣かない者は忠義がない！
安子順

臣亮言。先帝創業未半、而中道崩殂。今天下三分、益州疲弊。
家臣の孔明が申しあげます。先帝（劉備）は志半ばで亡くなり、天下は３つに分かれたまま、我が益州は疲弊しております。

此誠危急存亡之秋也。然侍衛之臣、不懈於内、忠志之士、亡身於外者、蓋追先帝之殊遇、欲報之陛下也。
これは誠に危急存亡の秋です。しかし、宮殿内外の臣下は先帝の恩に報いるため、身を粉にしております。

（中略）臣本布衣、躬耕於南陽、苟全性命於乱世、不求聞達於諸侯。
（中略）元来、私は無官で乱世を生きのびることしか考えておりませんでした。

先帝不以臣卑鄙、猥自枉屈、三顧臣草廬之中、諮臣以当世之事。
しかし先帝は身分卑しき私を３度も訪問し、なすべきことをたずねられました。

由是感激、遂許先帝以駆馳。後値傾覆、受任於敗軍之際、奉命於危難之間。
以来 21 年、先帝の手足となって奔走し、亡くなった時には

爾来二十有一年矣。先帝知臣謹慎、故臨崩、寄臣以大事也。
国の大事を任せていただきましたが、私は未だなんの功績も挙げておらず、

受命以来、夙夜憂歎、恐託付不効、以傷先帝之明。
先帝のご威光を傷つけていないか心配です。

（中略）願陛下託臣以討賊興復之効。不効則治臣之罪、以告先帝之霊。
（中略）どうか、私に魏討伐と漢室復興の大任を命じてください。任務が失敗に終われば、その罪を罰してください。

（中略）臣不勝受恩感激。今当遠離、臨表涕泣、不知所伝。
（中略）私は先帝の大恩を受け感激しています。出征するにあたってこの表を書いておりますが、涙があふれて言葉になりません。

魏軍を翻弄する孔明

魏から天下を奪うためには、まず長安を奪還する必要がありました。孔明は天水などを制圧し、長安攻略の足がかりにしようとします。

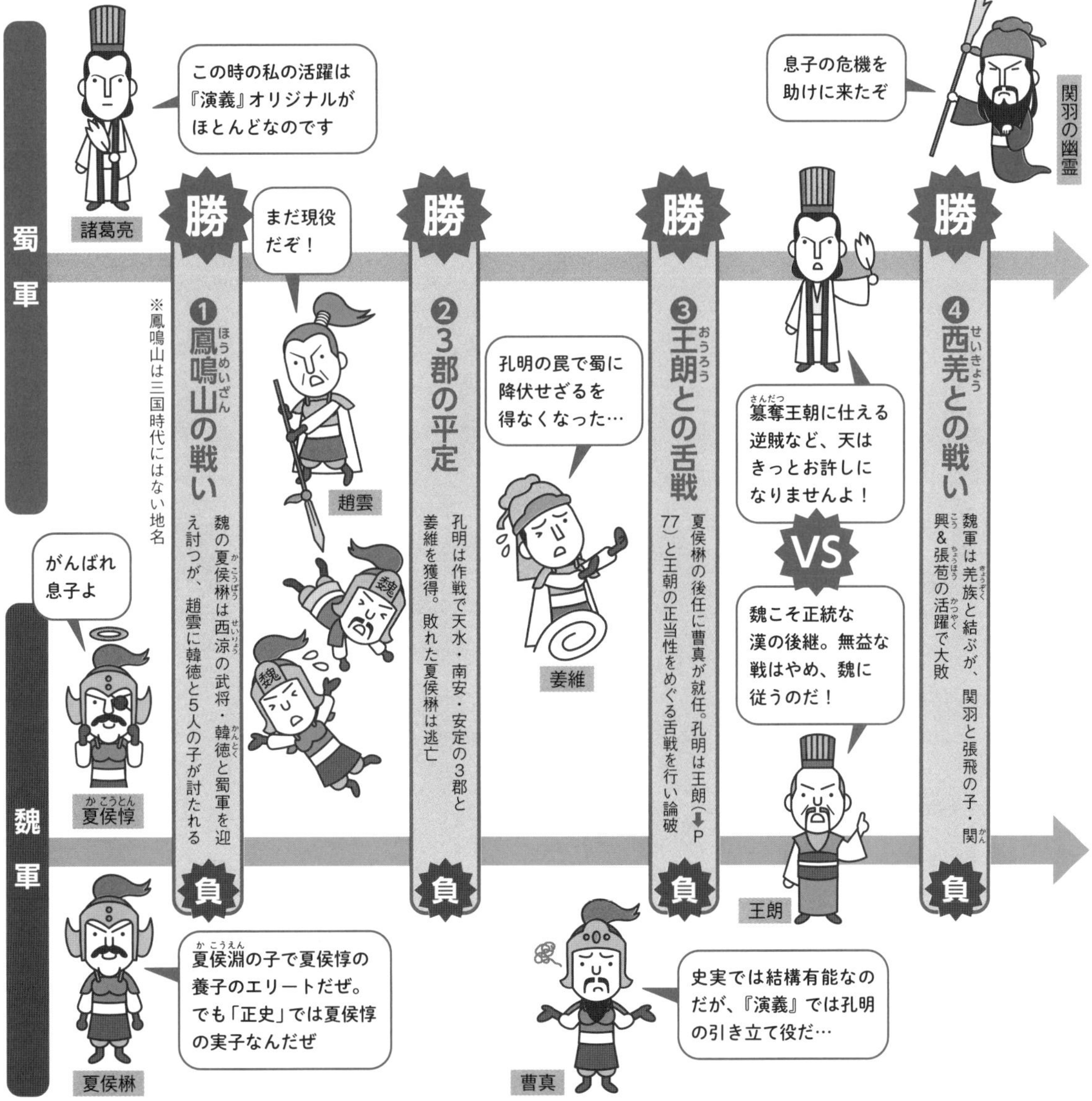

蜀軍

諸葛亮「この時の私の活躍は『演義』オリジナルがほとんどなのです」

魏軍

勝 ❶鳳鳴山の戦い **負**

魏の夏侯楙は西涼の武将・韓徳と蜀軍を迎え討つが、趙雲に韓徳と5人の子が討たれる

※鳳鳴山は三国時代にはない地名

趙雲「まだ現役だぞ！」

夏侯惇「がんばれ息子よ」

夏侯楙「夏侯淵の子で夏侯惇の養子のエリートだぜ。でも「正史」では夏侯惇の実子なんだぜ」

勝 ❷3郡の平定 **負**

孔明は作戦で天水・南安・安定の3郡と姜維を獲得。敗れた夏侯楙は逃亡

姜維「孔明の罠で蜀に降伏せざるを得なくなった…」

勝 ❸王朗との舌戦 **負**

夏侯楙の後任に曹真が就任。孔明は王朗（➡P77）と王朝の正当性をめぐる舌戦を行い論破

諸葛亮「簒奪王朝に仕える逆賊など、天はきっとお許しになりませんよ！」

VS

王朗「魏こそ正統な漢の後継。無益な戦はやめ、魏に従うのだ！」

曹真「史実では結構有能なのだが、『演義』では孔明の引き立て役だ…」

勝 ❹西羌との戦い **負**

魏軍は羌族と結ぶが、関羽と張飛の子・関興＆張苞の活躍で大敗

関羽の幽霊「息子の危機を助けに来たぞ」

column 北伐は無謀だった？

『演義』では6度にわたって行われた北伐。最終目標は魏の討伐ですが、当時の蜀は関羽ら名将が死去し、兵力も三国で最小。さらに山岳地帯が多く物資輸送も困難でした。そのため、北伐の達成は不可能だったでしょう。

物量と兵力では魏に敵わない…
魏
魏
魏
諸葛亮

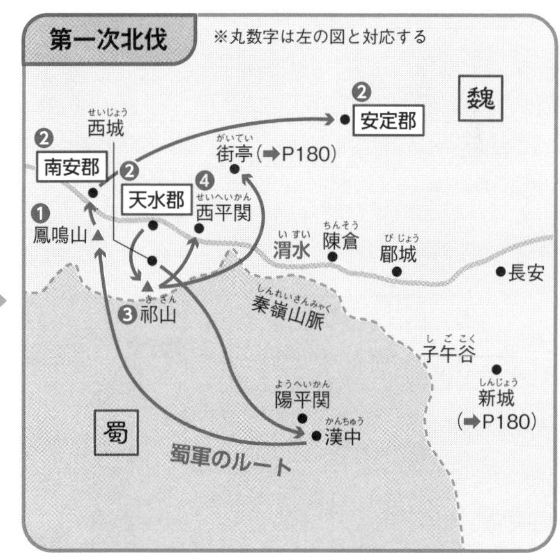

第一次北伐
※丸数字は左の図と対応する
魏
❷ 安定郡
西城
❷ 南安郡
❷ 天水郡
街亭（➡P180）
❹ 西平関
❶ 鳳鳴山
渭水
陳倉
郿城
長安
❸ 祁山
秦嶺山脈
子午谷
陽平関
新城（➡P180）
漢中
蜀
蜀軍のルート

47 街亭の戦い ～泣いて馬謖を斬る

おもなできごと 第一次北伐は街亭の戦いに敗れたことで失敗に終わった

事件の舞台

街亭

たび重なる敗戦により、魏は軍師・司馬懿を復帰させます。司馬懿は謀反を起こした孟達（➡P157）を討ち取ると、蜀軍の要所を奪うべく街亭に出撃。これを知った諸葛亮（孔明）は、愛弟子・馬謖に守備を任せます。

しかし、馬謖は孔明の命令を無視し山頂に布陣。結果、魏軍は山を大軍で包囲し、馬謖は敗走してしまいました。蜀軍は孔明の「空城の計」と趙雲の活躍で逃げきるも、第一次北伐は失敗に終わります。戦後、孔明は敗戦の原因をつくった馬謖を処刑しました。

司馬懿の復帰

司馬懿の謀反が孔明の策だった（➡P178）ことを知った曹叡は、宛城に閉じこもっていた司馬懿に対し謝罪し、役職と軍権を返しました。

あなたの疑いは晴れました。曹真将軍と合流し、蜀軍と戦ってください
疑ってゴメン。復帰して蜀の討伐に行ってください 曹叡
司馬懿
曹叡の使者

一方、かつて蜀から魏に離反した孟達は、孔明と協力して再び蜀に寝返ろうとしていました。これを知った司馬懿は徐晃とともに孟達を急襲し、討ち取ります。

くそっ、司馬懿の軍がこんなに早く来るなんて
手始めに謀反を起こした孟達を討伐するぞ
孟達
新城
徐晃
司馬懿

孟達は関羽が麦城で呉軍に包囲されている時に、言い訳をして救援に行かず、関羽を見殺しした（➡P157）。その罪で劉備に殺されるのを恐れ、魏に降伏していた

街亭の大敗

孔明は長安攻略の要である街亭を馬謖に守らせます。しかし、馬謖は孔明の指示や副将・王平の忠告を無視して、街道を守らず山頂に布陣。結果、馬謖は魏の大軍に包囲され、街亭を放棄せざるを得なくなります。

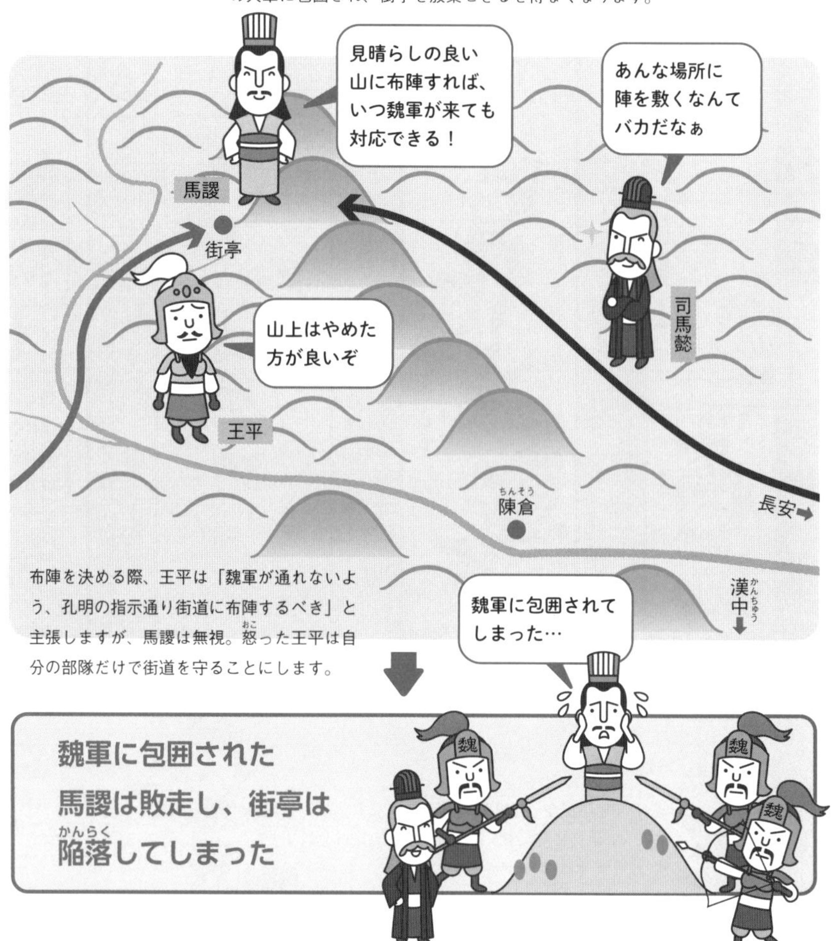

見晴らしの良い山に布陣すれば、いつ魏軍が来ても対応できる！
あんな場所に陣を敷くなんてバカだなぁ
馬謖
街亭
山上はやめた方が良いぞ
王平
司馬懿
陳倉
長安➡
漢中⬇
魏軍に包囲されてしまった…
魏

布陣を決める際、王平は「魏軍が通れないよう、孔明の指示通り街道に布陣するべき」と主張しますが、馬謖は無視。怒った王平は自分の部隊だけで街道を守ることにします。

魏軍に包囲された馬謖は敗走し、街亭は陥落してしまった

街亭から撤退する蜀軍

馬謖の失態で街亭を失った蜀軍は魏軍の追撃にさらされます。

空城の計で西城を守る

孔明は西城に入ると、城門を開け放って城壁に登ると琴を弾き始めました。やがて司馬懿の軍が西城に到着しますが、城内の伏兵を警戒した司馬懿は城を攻めずに撤退します。城をわざと解放するこの計略を「空城の計」といいます。

父上、蜀の軍勢は少ない。一気に城を攻めるべきでは?
慎重な孔明があんなことをするということは、城内には伏兵がいるに違いない…
司馬師
司馬懿

諸葛亮
西城
蜀
やらかした!
司馬懿

のちに司馬懿は西城には伏兵もなく兵力も少数だったことを知り悔しがりますが、後の祭りでした。

➡蜀軍、撤退完了

箕谷の撤退戦

一方、箕谷に布陣していた趙雲は魏軍の追撃を知ると、鄧芝に自分の旗を掲げさせて後方に身をひそめます。魏軍の蘇顒は趙雲の旗を見ると撤退しようとしますが、その瞬間、趙雲に背後を討たれてしまいました。こうして趙雲は兵や物資を損なうことなく帰還します。

趙雲
鄧芝

あんな所に趙雲の旗…引き返すか…って趙雲、なぜ後ろに!?
蘇顒
覚悟ー
趙雲
趙雲殿のおかげで助かった!ほうびを授けよう
いえ 結構です
諸葛亮
趙雲

孔明は趙雲にほうびを与えようとしますが、趙雲は「冬が来たらみんなに分けてほしい」と固辞しました。

➡その後、趙雲は病死する

故事成語

大丈夫かな…

泣いて馬謖を斬る

諸葛亮 馬謖 劉備

馬謖は、馬良の弟で孔明の愛弟子でした。しかし劉備は孔明に「馬謖は勉強は得意だが、実戦経験がない分、実力がともなっていないから、重用してはいけない」と遺言しています。劉備の予感はあたり、蜀軍は馬謖の失態により重要拠点を失ってしまったのです

いいえ、馬謖を許せば軍法が乱れます。信賞必罰は守らねば
馬謖殿を失うのは惜しい。助命できないか
諸葛亮
蒋琬
馬謖

蒋琬らは馬謖の才を惜しんで孔明に助命を嘆願しますが、孔明は「軍律を乱すわけにはいかない」と涙ながらに死罪を命じました。これが、規律を守るために愛する者でも厳格に処罰する「泣いて馬謖を斬る」の由来です。なお、この時孔明も任命責任を負うため、劉禅に自ら降格を申し出ています

48 石亭の戦いと第二次北伐・陳倉の戦い

おもなできごと
呉が石亭で魏を破る一方、蜀は堅固な陳倉城の攻略に苦戦していた

事件の舞台

陳倉
石亭

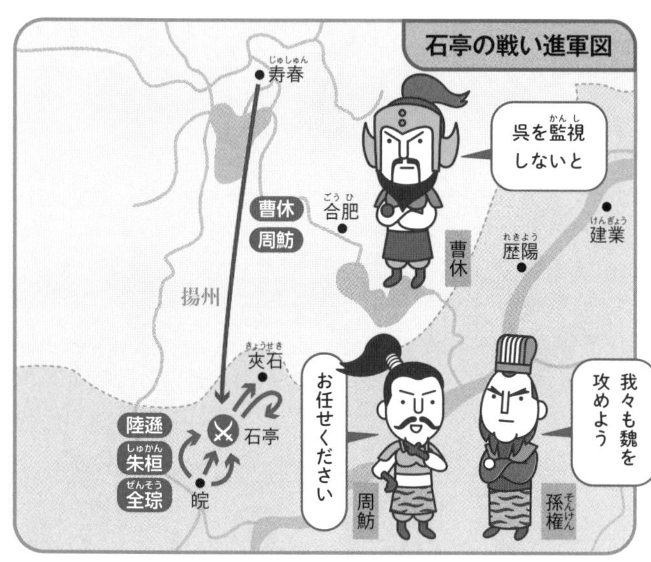

石亭の戦い進軍図
寿春
呉を監視しないと
曹休
周魴
合肥
曹休
歴陽
建業
揚州
夾石
お任せください
我々も魏を攻めよう
陸遜
朱桓
全琮
石亭
皖
周魴
孫権

第一次北伐に勝利した魏に、呉の周魴から降伏の申し出がありました。ところがこれは呉軍の罠で、周魴にだまされた曹休は陸遜らの伏兵によって大敗を喫します（石亭の戦い）。

石亭での魏の敗北を聞いた諸葛亮（孔明）は、2度目の北伐を決意し、陳倉城を攻撃。しかし城を固く守る守将・郝昭の前に蜀軍は攻めあぐねます。食糧がなくなったため、孔明はやむを得ず撤退することとなります。

石亭の戦い

魏が孔明の北伐に悩んでいた頃、呉も魏への進軍を決意。呉の知将・周魴は、魏の大将軍・曹休の元にニセの降伏状を送ります。さらに周魴は降伏する演技を重ね、曹休からの信用を得ます。準備が整った周魴は曹休を石亭におびき寄せ、いっせいに攻撃。曹休は命からがら戦場から脱出しますが、その後すぐに死去しました。

曹休をダマす周魴

❶ 呉を滅ぼす7項目の進言

ニセ降伏の第1段階として重要なのが降伏文書。ここで策を見破られれば、曹休と対面した瞬間にバッサリ…、ということもあり得ます。周魴は降伏表明とともに呉が滅ぶ理由を7つ列挙して、自分が降伏するだけでなく、積極的に呉攻めに協力する意志があることをアピールしました。なお、「正史」では孫権への不満を列挙した手紙を7通も送ったそうです。

曹休殿へ
孫権のパワハラには
もう嫌気が
さしました。
魏に降伏するので、
一緒に呉を
攻めませんか？
周魴

❷ 髪を切って忠誠心を示す

文書が功を奏し曹休が皖に到着。しかし、魏軍にはまだ彼を疑う者がいます。そこで、周魴は「呉が自分をおとしいれようと反間の計を使った」と訴え自害未遂。止めた曹休に周魴が髪を切って忠誠を誓うと、曹休はすっかり彼を信用しました。

周魴！そこまでするなんて…
命より大事な髪を切ります！
曹休
周魴

❸ 石亭に誘導された曹休

曹休の信用を得た周魴は石亭に伏兵を手配した上で、曹休に「石亭に呉軍はいない」とニセ情報を提供。喜んだ曹休が石亭に向かうと、そこには呉の大軍が。曹休は周魴を探しますが、すでに彼はトンズラしていました。

おお、ならばすぐに占領できるな
この石亭には呉軍がいません
曹休
周魴

なんと！周魴のワナだったのか！
曹休、覚悟！
全琮
陸遜
朱桓
曹休
呉の勝利

第二次北伐

魏軍の大敗を知った孔明はこれに乗じて陳倉城を目標に第二次北伐を開始。守将・郝昭に降伏を呼びかけ、兵器を用いて城を落とそうとしますが、いずれも郝昭に退けられてしまいます。ついには食糧が底をつき、蜀軍は撤退を余儀なくされました。

陳倉城攻防戦

陳倉城を包囲した蜀軍は、まず郝昭の友人・靳詳に降伏を呼びかけさせますが、拒否されます。怒った孔明は雲梯・衝車などの兵器（➡P82）を用いて城に猛攻をかけますが、いずれも郝昭にはばまれました。

トンネル掘るぞー
どんな兵器を使おうと、この城は落とせん！
鍬钁軍
陳倉城
郝昭
井蘭
衝車
雲梯
むう…なかなかしぶといですね…
魏の援軍が来る前に決着をつけたいが…
諸葛亮
魏延

➡陳倉城を落とせず、食糧がなくなったため蜀軍は撤退を決意

column 本物？ ニセモノ？ 後出師表

第二次北伐に向かう際、孔明は再び劉禅に「出師表」を上奏します。「後出師表」と呼ばれるこの書状は、前回の北伐への批判に対して6つの項目から反論し、北伐への決意を述べる内容なのですが、文書の出典や史実と内容のちがいからニセモノ説があります。しかし、孔明の真作であるとする説もあり、真相は不明です。

漢の高祖も曹操も自ら動いて英雄となった。座していても天下は取れません！
諸葛亮

魏軍の王双の追撃

待てー！蜀軍ども！
オレが相手だ
王双
魏延

蜀軍が撤退を始めると、敵の猛将・王双が追撃してきます。王双は流星鎚という鉄球をふり回す怪力の持ち主。対する孔明は王双の拠点を燃やし、王双があわてたところを、魏延に討たせました。

➡蜀軍はなんとか撤退に成功

49 北伐における諸葛亮と司馬懿の攻防

おもなできごと 6度行われた北伐で諸葛亮と司馬懿が知謀を戦わせる

事件の舞台

雍州

のちに統一王朝・晋（➡P198）の基盤を築く魏の軍師・司馬懿（仲達）は、司隷出身の名士の家系でした。曹操も警戒するほどの才知を持つ彼は『三国志演義』において、諸葛亮（孔明）最大のライバルとされています。

司馬懿は孔明の北伐には街亭の戦い（➡P180）から参戦。馬謖から街亭を奪い、さらに列柳城を攻略するなど知謀を見せつけました。しかし、以降は「孔明の分身の策で敗走する（第五次北伐）」「上方谷に誘いこまれ爆殺されかける（第六次北伐）」など、孔明の罠に翻弄される役回りが増えていきます。

くそっ
兵力ではこっちが圧倒的に勝ってるのに、どうして勝てないんだ…
司馬懿

北伐での諸葛亮と司馬懿の対決

第三次、第四次北伐でも孔明はすぐれた策で魏軍を翻弄しますが、兵糧不足や宦官の讒言などによって撤退を余儀なくされ、大きな戦果をあげることはできませんでした。

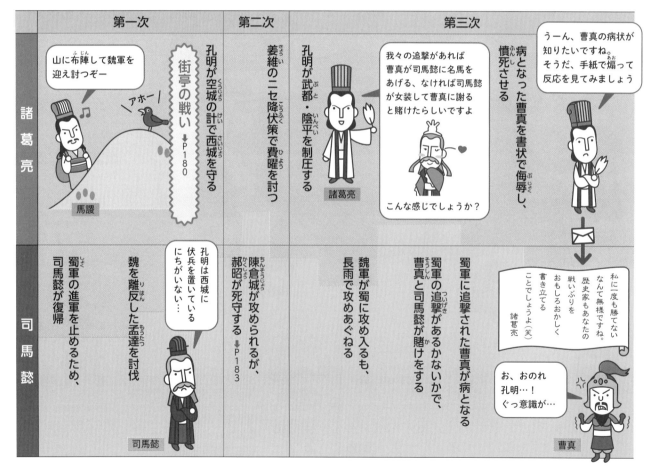

	第一次	第二次	第三次
諸葛亮	孔明が空城の計で西城を守る 街亭の戦い ➡P180 （馬謖）山に布陣して魏軍を迎え討つぞー アホー	姜維のニセ降伏策で費曜を討つ	病となった曹真を書状で侮辱し、憤死させる 孔明が武都・陰平を制圧する （諸葛亮）我々の追撃があれば曹真が司馬懿に名馬をあげる、なければ司馬懿が女装して曹真に謝ると賭けたらしいですよ こんな感じでしょうか？ うーん、曹真の病状が知りたいですね。そうだ、手紙で煽って反応を見てみましょう （書状）私に一度も勝てないなんて無様ですね。歴史家もあなたの戦いぶりをおもしろおかしく書き立てることでしょうよ（笑） 諸葛亮
司馬懿	孔明は西城に伏兵を置いているにちがいない… 魏を離反した孟達を討伐 蜀軍の進軍を止めるため、司馬懿が復帰	陳倉城が攻められるが、郝昭が死守する ➡P183	蜀軍に追撃された曹真が病となる 蜀軍の追撃があるかないかで、曹真と司馬懿が賭けをする 魏軍が蜀に攻め入るも、長雨で攻めあぐねる （曹真）お、おのれ孔明…！ぐっ意識が…

正史では？ 孔明キラーだった曹真

『演義』では毎回孔明の策に引っかかるやられ役ですが、「正史」では蜀軍を何度も撃退した名将なのです。

孔明の引き立て役にしてもひどすぎないか？
曹真

司馬懿は知恵者と聞いていましたが、私の方が上だったみたいですね
諸葛亮

日本では？ 3回死んだ張郃

「正史」・『演義』では木門道で戦死した張郃ですが、吉川英治『三国志』では作者の勘ちがいで官渡、長坂でも戦死しています。

オレ不死身だったのかな
張郃
くそっ、どんな策もヤツにはお見通しか…
司馬懿

	第四次	第五次	第六次（➡P186）
諸葛亮	苟安の讒言を信じた劉禅から帰還命令が出る 「私が改良した八卦陣、破ることができますか？」（諸葛亮） 「宦官に孔明の悪口を吹きこんでやる！」（苟安） 怠慢で処罰した苟安が魏に降伏してしまう 孔明はかまどを増やしながら撤退する策で兵を多く見せ、無事に帰国する	縮地の法と分身の策で隴上の麦を得る 撤退中、張郃に追撃されるが、木道門で返り討ちにする 李厳が「呉が攻めてくる」と連絡したため、蜀軍は撤退する 「じつは食糧輸送に失敗した李厳がついた嘘」 「孔明殿に怒られる…」（李厳） 諸葛亮（本物）／張郃	渭水の北岸を占領しようとするが、司馬懿によって阻止される 上方谷の地雷火 陣に籠もる司馬懿に女物の服を送りつけて挑発する 「怒って出てきたところを奇襲しましょう」（諸葛亮） 司馬懿たちが谷に入ったところを爆殺させようとするが、雨が降り失敗
司馬懿	孔明・仲達の陣比べ 「こちらは混元一気陣で攻撃だ！」（司馬懿）	蜀軍の略奪を予期して隴上に兵を配置する 「孔明が4人!? どれが本物だ！」（司馬懿） 諸葛亮（姜維）／諸葛亮（馬岱）／諸葛亮（魏延）	司馬懿、陣に籠もって蜀の補給切れを待つ 「焼け死ぬ！」（司馬懿） 司馬懿は怒る将兵をなだめて、籠城を続けた

勝負の行方は…？ 次のページへGO！➡

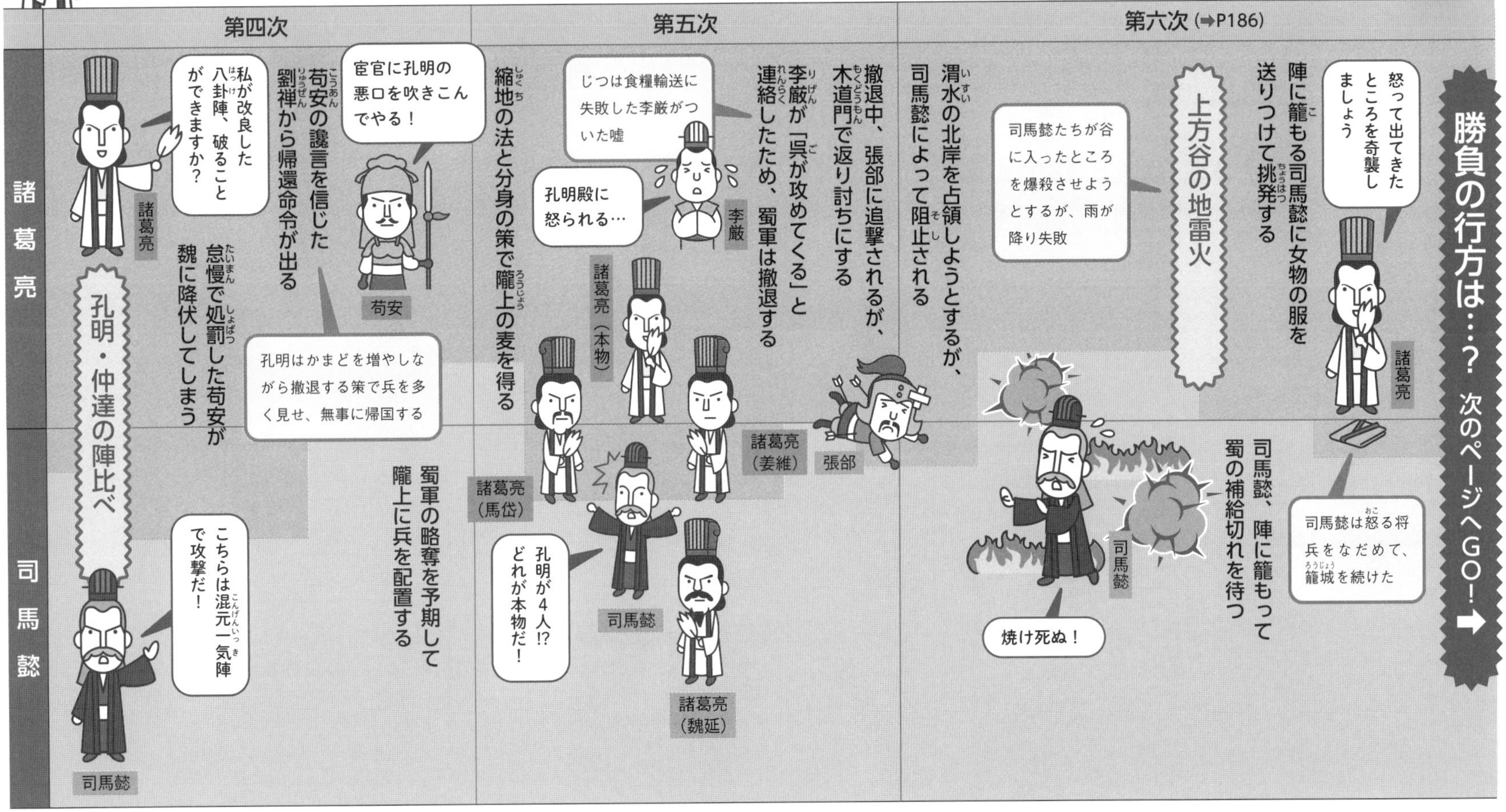

50 五丈原に諸葛亮死す

おもなできごと

第六次北伐の最中、五丈原で司馬懿と対決していた諸葛亮が死去する

事件の舞台

五丈原

第六次北伐の流れ

第五次北伐（➡P185）から３年後、兵馬を整えた諸葛亮（孔明）は６度目の北伐に出陣します。最初は孔明の策が魏軍を翻弄しますが、魏の司馬懿（仲達）は陣営に籠もり持久戦を挑みます。その後、蜀軍は五丈原に陣を張ります。寿命が近づいたことを悟った孔明は延命の儀式を行うも失敗。姜維や馬岱、楊儀らに遺言を残して死去します。孔明の死を知った司馬懿は撤退する蜀軍を追撃しますが、蜀軍の策で孔明が生きていると誤認し敗走しました。

五丈原に布陣する孔明と司馬懿

第六次北伐では、物量に勝る魏軍が持久戦の構えを取ったため、孔明は味方の兵糧問題に対応しつつ、魏軍を陣から引っぱり出そうと苦心します。

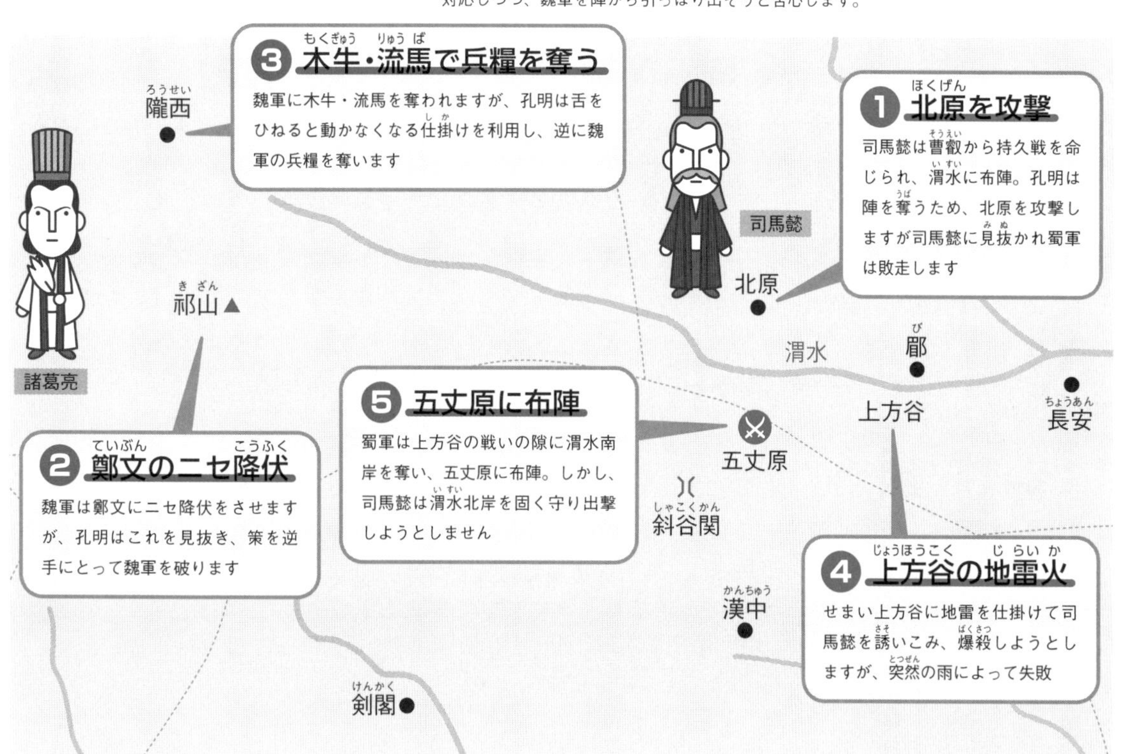

❶ 北原を攻撃
司馬懿は曹叡から持久戦を命じられ、渭水に布陣。孔明は陣を奪うため、北原を攻撃しますが司馬懿に見抜かれ蜀軍は敗走します
❷ 鄭文のニセ降伏
魏軍は鄭文にニセ降伏をさせますが、孔明はこれを見抜き、策を逆手にとって魏軍を破ります
❸ 木牛・流馬で兵糧を奪う
魏軍に木牛・流馬を奪われますが、孔明は舌をひねると動かなくなる仕掛けを利用し、逆に魏軍の兵糧を奪います
❹ 上方谷の地雷火
せまい上方谷に地雷を仕掛けて司馬懿を誘いこみ、爆殺しようとしますが、突然の雨によって失敗
❺ 五丈原に布陣
蜀軍は上方谷の戦いの隙に渭水南岸を奪い、五丈原に布陣。しかし、司馬懿は渭水北岸を固く守り出撃しようとしません
隴西
祁山
北原
渭水
郿
長安
上方谷
五丈原
斜谷関
漢中
剣閣
司馬懿
諸葛亮

食糧問題解決

これまでの北伐で、蜀軍は何度も食糧不足で撤退しています。険しい地形を通って進軍している蜀軍は、物資の輸送がネックだったのです。そこで孔明は、駐屯先で屯田を行い、輸送兵器を開発して問題を解決しました

木牛・流馬の発明

孔明が開発した輸送用の兵器。正確な形状は不明ですが、木牛は積載量の多い四輪車、流馬は1人用の一輪車と考えられています

諸葛亮

屯田

祁山に駐屯する孔明は長期戦に対応するため、かつて曹操も行った屯田を実行（➡P71）。蜀兵を耕作に参加させることで、住民たちを安心させました

五丈原の戦い

五丈原に布陣した孔明は持久戦に徹する司馬懿を挑発しますが、司馬懿は怒りを抑えて一切無視。逆に孔明の死期を悟ります。

司馬懿を挑発する孔明

上方谷の敗戦以降、司馬懿は渭水北岸の陣営に籠もって出てきません。

陣営で堅く
守れば孔明でも
手は出せまい
うーん
なんとかして
魏軍を誘き出し
たいですね…
渭水
曹
戦いたい…
諸葛亮
司馬懿

司馬懿殿は大軍を率いているのにずっと陣に籠もって、臆病なご婦人みたいですね〜。いっそ女装してみたらいかがですか？
丞相は朝早く起き、政務はすべて一人でなされます。食は細く、寝るのも夜遅くです
ヤツはもう
長くないな…
おのれ孔明…
司馬懿
使者
司馬懿

孔明は挑発のため、女性の服一式と煽り書状を使者に届けさせます。

しかし司馬懿は怒りを抑え、逆に孔明の普段の様子を使者に聞きます。

孔明の死

孔明は天文を観察し自分の寿命を悟り、延命の儀式を行いますが失敗。姜維や劉禅に跡のことを遺言し、馬岱に魏延に対する策を授けると、自分の将軍星が落ちるのを見届け息絶えました。

私がここで死ぬのは
天命ということか…
丞相！報告を…
あっ！
あの赤く大きな星こそ
私の将軍星。
あの星が落ちた時、
私も死ぬ…
姜維、跡は任せましたよ…
丞相…
私はまだ未熟です。
たくさん教わりたい
ことがあるのに…
ガクッ
ポトッ
諸葛亮
魏延
諸葛亮
姜維

延命の儀はろうそくを灯した陣幕で7日間祈りを捧げ、火が消えなければ寿命がのびるというもの。しかし報告に来た魏延がろうそくを倒してしまいます。

死せる孔明、生ける仲達を走らす

孔明の死を知った司馬懿は撤退する蜀軍を追いますが、孔明の姿を見つけて敗走。しかしそれは孔明の木像でした。

孔明の星が落ちた。
今こそ蜀を攻める時！
…バカな、アレは孔明!?
ジャーン
ジャーン
蜀
蜀
司馬懿
諸葛亮
(木像)

正史では？ 姿なき孔明におびえた仲達

『三国志演義』では、孔明の木像に翻弄されて敗れた司馬懿ですが、「正史」ではこの木像は登場しません。司馬懿が撤退したのは、蜀軍の撤退があまりに整然としており、孔明が指揮しているかのようだったため。その後、蜀の陣跡を見た司馬懿は布陣の見事さに「孔明は本物の天才だ」と感心したそうです。

だまされたー！
司馬懿

人物ガイド

諸葛亮の生涯

『三国志演義』後半の主人公ともいえる諸葛亮（孔明）。中国史を代表する天才軍師で、『演義』では人間離れした術を使うシーンも見られます。また実際の「正史」でもその外交手腕が評価されています。主君・劉備のために戦い続けた孔明の生涯を、見てみましょう。

徐州民は
みな殺しだ！
曹操

徐州は危ない
荊州に逃げよう
諸葛均

徐州で生まれる

孔明は徐州の生まれです。のちに戦乱を避けて、弟・諸葛均を連れて荊州の叔父の元に逃げました。この戦乱というのは、曹操が父の敵と称して行った「徐州虐殺事件」ではないかと考えられています。

孔明はまさに「臥龍」だ

すごいな

兵法も天文もマスターしましたよ

水鏡先生

徐庶

水鏡先生に学ぶ

孔明は水鏡先生（司馬徽）の学問所に通うようになり、徐庶と友達になります。孔明はこの頃から「臥龍（眠っている龍）」と呼ばれるようになりました。また、黄承彦（➡P103）の娘・黄夫人（➡P111）と結婚します。

劉備殿の
礼儀正しさに
感動しました
孔明！これから
よろしくね！
劉備

三顧の礼で劉備に仕える

劉備は孔明の存在を知ると、3度訪ねて彼をスカウトします。孔明は、20歳ほど年上なのに自分を丁重に扱う劉備に感動し、士官することにしました。当時は「年上がえらい」という考え方が常識だったため、劉備のこの行いは前代未聞だったのです。

みなさん！
今です！
孔明
すごい！
関羽
張飛

博望坡の戦いで勝利する

劉備の軍師となった孔明は、博望坡で曹操軍の夏侯惇を撃破し、勝利。最初は孔明の才能を疑問視していた関羽・張飛でしたが、これを機に軍師として認めます。

天よ、我が願いを聞き
東南の風を吹かせたまえ

赤壁の戦いで勝利する

呉の魯粛に呼ばれた孔明は、周瑜とともに赤壁で曹操軍を迎撃します。この時、『演義』では曹操軍を火攻めにするべく、術によって風向きを変えたといいます。吉川英治の小説『三国志』では、「孔明はこの時期に季節外れの貿易風が吹くことを知っていた」とトリックを記述しています。

孔明の兄弟❶ 諸葛瑾

孔明の兄で呉に仕える。魯粛と仲が良く、魯粛が孔明の存在を知ったのも諸葛瑾経由である。孫権からは「私が瑾を裏切らないように、瑾が私を裏切ることはない」と信頼された

顔が長くて
ロバに似ている
と記録されて
いるよ

父の意志を継いだ孔明の息子

孔明の子・諸葛瞻は、孔明に似た忠義に厚い男でした。劉禅を支え、最後の戦いでは鄧艾からの降伏をうながす手紙を破りさるほどでした。しかし、劉禅はあっさり降伏。諸葛瞻は最後まであきらめず、矢にあたって戦死しました

父上の代わりに
私が劉禅様を
支えます
諸葛瞻

孔明のおかげで
漢中王になれたよ
ありがとう！
おめでとう
ございます
漢中王
劉備

劉備の入蜀を支える

孔明は「天下三分の計（曹操・劉備・孫権で大陸を3つに分けること）」を成しとげるため、劉備をサポートし、蜀の領地を獲得させます。

孔明の兄弟❷ 諸葛均

孔明の弟・諸葛均は、『演義』では三顧の礼で少し出てくるだけだが、「正史」では劉備に仕えている

「正史」では
結構出世
したんですよ

孔明
あとは任せたよ
劉備
劉禅様は
私が支えます

白帝城で劉備死す

孔明はその後、劉備を蜀の皇帝につかせます。しかし劉備は呉軍に討たれた関羽の敵討ちのために、独断で呉に攻めこみ大敗します（夷陵の戦い）。この時、孔明は劉備を強くは引き留められず、敗北を察して初めて、援軍を送ります。

その後、劉備は白帝城で病没。劉備は「もし劉禅が無能だったら、孔明が皇帝になってくれ」と頼みますが、孔明はすかさずこれを否定し、劉禅を守ると誓います。

無理
しないで…
劉備殿の悲願は
私が叶えます！
劉禅
出師表

出師表を書く

孔明は劉備の意志を継ぎ、北伐を始めます。この時、主君である劉禅に「出師表」という決意表明文書を提出。「出師表」は稀代の名文とされています。しかし、司馬懿率いる魏軍にはなかなか勝てず、決定的な勝利を得られぬまま、孔明は病気になってしまいます。

劉備殿
私も今から
そちらに向かいます…
ガクッ

五丈原の戦いで病没

孔明は司馬懿との最終決戦に挑むべく、五丈原の地に陣をしきます。また、延命の儀式を行いますが、魏延のミスで失敗に終わります。そして流れ星が落ちた日に孔明は死去。53歳でした。一説では過労死ともいわれています。

後世の評価

中国史を代表する天才軍師となる

『演義』での超人的な活躍が有名な軍師・孔明ですが、「正史」では劉備の生前に孔明が兵を率いたのは、劉備の入蜀の時のみで、どちらかというと政治家・外交官のような立場の人だったようです。

そんな孔明が超人化したのは『演義』の元となった伝承・文学。『演義』が成立する前、「正史」をベースにさまざまな伝承が誕生。滅びゆく国のために命をかけた孔明は人気キャラとなり、どんどん伝説が加えられていったのです。

こうした伝承が『演義』としてまとめられ、民衆に広まったため、孔明＝超人的な天才軍師のイメージが根づいたのです。孔明は今でも「天才」の代名詞として、漫画や映画、ゲームなどさまざまなメディアで大活躍しています。

『三国志』は知らなくても
私のことを知ってる方は
結構いますよね

人物ガイド

呉の君主たち

三国鼎立の一角を担った呉。皇帝に即位し国をつくりあげた孫権ですが、その勢力基盤を創出したのは父・孫堅であり、地盤を広げたのは兄・孫策でした。彼らは一族で団結し、有能な家臣を重用することで、孫呉の命脈を三国でもっとも長く保ったのです。

玉璽がありました！
えっ!?

孫堅

伝国の玉璽を得る

反董卓連合軍に参加した孫堅は、連合軍の先鋒として胡珍を討ち取りますが、袁術の妨害によって華雄に敗北。董卓の長安撤退後は荒廃した洛陽の掃除を行っていましたが、その最中に古井戸から玉璽を発見します。

孫家を支えた名将❶ 黄蓋

孫堅の代から仕える古参武将。赤壁の戦いで曹操軍に火を放った勝利の立役者ですが、張遼によって川へ射落とされ、危うく死にかけています

韓当
死ぬ！
黄蓋
黄蓋ー大丈夫かー！
皇帝になっちゃおうかなー
袁術
何言ってんだ?

孫堅を倒したぞ！
呂公

孫堅

劉表に敗れる

荊州の劉表と対立した孫堅は襄陽を攻撃しますが、劉表軍の呂公がしかけた落石の罠で討ち死にしてしまいます。

孫策

父の兵を取り戻す

父の死後、袁術に従っていた孫策は、孫堅から受け継いだ玉璽を袁術に差し出す代わりに父の兵を取り戻します。父の配下だった黄蓋・程普・韓当や幼なじみの周瑜を加えた孫策軍は、曲阿を本拠地とする劉繇を攻めます。

江東を制したら曹操をつぶすぜ！
ムネン…
曹操に負けてしまえ…
許貢
厳白虎

孫策

江東を制覇する

劉繇に勝利し、太史慈を降伏させた孫策は厳白虎や王朗らを倒して江東を制覇します。一時、曹操に協力しますが、官位をめぐって対立。さらに曹操に使者を送ろうとした許貢を粛清します。

幽霊なんて信じないぞ…！

孫策

于吉の呪い

許貢の残党に重症を負わされた孫策は、療養中に人々の崇敬を集める道士・于吉を処刑しますが、于吉の幽霊に呪われ衰弱。孫権に後を託して死去しました。

兄上がんばれー
いいぞ、孫策！
周瑜

START
孫家を大きくするぞ！

息子たちよ後は任せた…
父上…
兄上
私も協力します

絶好調だぜー
権、任せた
えっ私!?

呉を守るには
どっちにつくの
が有利かな…

孫権は敵なのか
味方なのか…
劉備
曹操

すでに皇帝が２人いる
なら、もう１人増えて
も問題ないよな
おめでとう
ございます
陸遜
張昭

孫権

曹操を赤壁で破る

３代目の孫権は劉備と同盟し、赤壁で曹操軍を破ります。しかし、荊州問題で劉備と対立すると曹操と組むなど、情勢によって同盟・対立を使い分けていました。

孫権

呉帝に即位

曹丕が魏、劉備が蜀を建国すると、孫権も皇帝に即位し呉を建国しました。呉は蜀と同盟し、たびたび侵攻をくわだてる魏軍を撃退し続けます。

孫家を支えた名将❷ 周泰

孫策の代に仕官した周泰は孫権の護衛でした。宴会で孫権自ら周泰の傷の由来を解説。命がけで自分を守ったことを示して周囲に彼を認めさせた逸話を持つ、忠臣の鑑とも言える人物です

ちょっと
寒い…
この傷は山越との戦い、
それは濡須口の…
周泰

賈充を揶揄した孫皓

呉滅亡後、晋の重臣・賈充が「あなたはなぜ家臣の皮をはぐのか」と聞くと、孫皓は「主を殺す不忠者への見せしめのためだ」とかつて魏帝を殺した賈充への皮肉を返し彼を恥じ入らせました

皇帝を殺した人
私はただ皇帝に逆らい
殺そうとするものを
処刑しただけだ
賈充

諸葛恪
孫峻

孫亮〜孫休

家臣の専横

孫権の後継者争いの果てに孫亮が即位すると、諸葛瑾の子・諸葛恪が専横をふるいます。諸葛恪は孫峻に討たれますが、孫峻が権力をにぎり、孫亮は孫峻の後継者・孫綝に廃位させられます。その後、孫綝を討った３代・孫休は蜀と連携しようとしますが、蜀が滅び魏も司馬氏にのっとられたショックで病死。

不正したヤツは処刑、
朕に逆らうヤツも処刑、
朕が気に入らないヤツ
も処刑だ！
もう呉は
ダメだ…
そんなー

孫皓

呉の滅亡

５代皇帝・孫皓は家臣を次々処刑する暴虐な人物でした。これを好機と見た晋の司馬炎は呉を攻め、孫皓を降伏させます。

曹操にも劉備にも
負けないぞ…

長かった…
諸葛恪が…
孫綝が…
逆らうヤツは
処刑だ！
孫亮
孫休
孫皓

呉を滅ぼしに
来たぞ！
司馬炎

後世の評価

早死にすぎた父・兄と長生きしすぎた弟

『三国志演義』でドラマチックな最期をとげる孫堅と孫策。落石や呪いはフィクションですが、史実でも孫堅は37歳で戦死、孫策は26歳で殺されています。孫家は当主が急死するたびに勢力回復に苦労しており、劉備が嫡子につつがなく家督を譲ったのとは対照的です。陳寿も「勇猛だが性急な性格で命を縮めた」と２人の功績を高く評価しつつも、大将らしからぬ最期を軽率だと批判しています。

一方、彼らに後を託された孫権は71歳と非常に長寿。人事に長けていた孫権は家臣を良く用いる名君で、皇帝にまでのぼりつめます。しかし、晩年は後継者問題を起こし、多数の重臣を粛清。あげくに幼い末っ子を皇太子につけるという老害ぶりを露呈しています。

いきなり
死んじまって
ゴメンな…
いえ…、私は耄碌
してみんなに迷惑
をかけたので…

三国志トリビア⑦

武将を支えた妻たち

歴史書『三国志』や『三国志演義』には、英雄の妻たちに関する記述もあります。その中には阿斗を守るため井戸に身を投げた甘夫人など、男性顔負けの勇敢で美しい女性たちのエピソードもあります。そんな武将の妻たちを紹介します。

劉備の妻

甘夫人・糜夫人

糜夫人が阿斗の母。関羽とともに一時的に曹操に帰順した。長坂の戦いで孤立した甘夫人は、幼い阿斗を趙雲に託し、井戸に身を投げた。

甘夫人
糜夫人

孫夫人

孫権の妹。政略結婚だったが劉備とは仲が良かった。呉蜀の関係悪化に伴い呉に帰国。『演義』では劉備の死を知ると悲しみ長江へ身を投げた。

呉蜀の絆の象徴ね

曹操の妻

卞夫人

曹丕や曹植の母。謙虚な性格で、前妻の丁夫人にも気配りを欠かさない、慎重な女性だった。曹操が魏王になると王后となる。

だんな様と同じく質素倹約を好んだのよ

丁夫人

曹操の正妻で、長男・曹昂の母。曹昂は宛城で浮気していた曹操を守り戦死。そのショックで離婚し、曹操は生涯つぐない続けた。

浮気のせいで息子を失うなんてひどい…

孫策&周瑜の妻

大喬&小喬

セットで「二喬」と呼ばれる美人姉妹。姉・大喬は孫策、妹・小喬は周瑜と結ばれた。

あまりエピソードがない謎の姉妹です
大喬
小喬

張飛の妻

夏侯氏

張飛が魏に遠征した際に連れ去り結婚。夏侯淵の姪で、淵の子・夏侯覇はこの縁から蜀に亡命する。

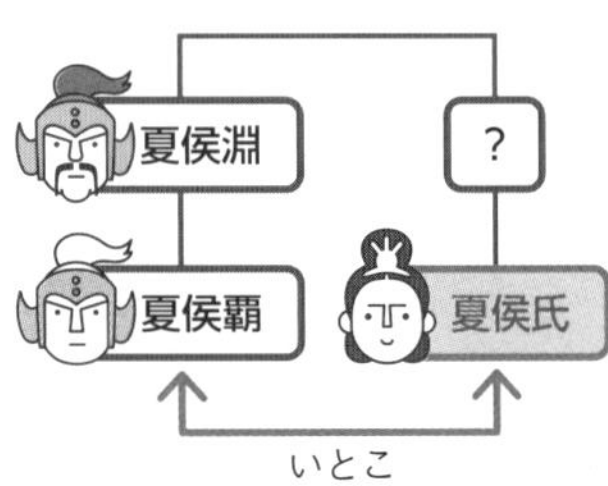
夏侯淵
?
夏侯覇
夏侯氏
いとこ

孔明の妻

黄夫人

見た目はイマイチだが、頭が良かった。民間伝承では「黄月英」という名前で登場し、虎戦車の開発者とも。

夫に負けず劣らずの発明家よ！

司馬懿の妻

張春華

司馬懿の仮病が侍女にバレた際、春華はその侍女を殺害。以来、司馬懿は彼女に頭があがらなくなった。

武将の妻ですもの苛烈で当然ですわ

孫権の妻

歩夫人

「練師」という名前でも知られる。孫権の妻の中で一番美しく、他の妻に嫉妬しなかったため愛された。

イイ女は嫉妬しないのよ

夫より活躍した？王異

魏の武将・趙昂の妻・王異（『演義』では王氏）は、博識で勇敢な人。馬超が居城に攻めてきた際は自らも弓で迎撃し、身につけていた宝飾品を武将たちに配って勇気づけます。しかし敗北し馬超に城を明けわたすことに。そこで王異は馬超に的確なアドバイスをし、馬超が信用し切ったところで反乱を起こして馬超を城から追い出します

降伏なんてダメ！私も戦うからみんながんばりましょ！

終章

司馬一族の活躍と晋の統一

ライバル・諸葛亮の死後、司馬懿はクーデターを起こし、魏の全権をにぎる立場に君臨。さらに司馬懿の子である司馬昭は蜀を滅ぼし「晋王」となります。そして司馬昭の子・司馬炎が晋の皇帝となり、呉を滅ぼして三国を統一しました。

魏を侵食する司馬一族

おもなできごと
司馬懿が政敵・曹爽を排除。司馬氏は皇帝をもしのぐ権力を得る

事件の舞台

洛陽

諸葛亮（孔明）の死後、ライバル・司馬懿は魏に対する反乱を起こした公孫淵（➡P167）をわずか1年で討伐するなど、軍事面で活躍していました。折しも、魏では2代皇帝・曹叡が死去し、親族の曹芳が即位。司馬懿は曹真（➡P184）の子・曹爽とともに幼い曹芳の後見人となりますが、次第に2人は対立。司馬懿は病気と称して隠居し、曹爽排除の機会をうかがいます。そして、曹爽が都を離れた隙にクーデターを実行（正始の変）。曹爽とその一派を粛清し、魏の実権をにぎりました。

公孫淵の反乱

237年、遼東を支配する公孫淵が魏に反乱を起こすと、司馬懿は「自分なら1年で鎮圧できる」と宣言。緒戦で大勝すると襄平で公孫淵を包囲。追いつめられた公孫淵の和議申し入れも一蹴し、公孫氏を滅ぼしたのでした。

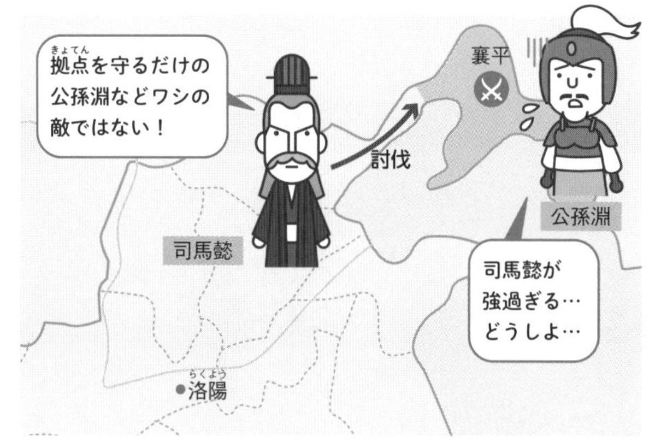
拠点を守るだけの公孫淵などワシの敵ではない！
襄平
討伐
司馬懿
公孫淵
司馬懿が強過ぎる…どうしよ…
洛陽

台頭する司馬父子

公孫氏の滅亡直後、魏帝・曹叡が死去。死の直前、曹叡は司馬懿と曹爽に幼い曹芳を託します。曹爽は司馬懿を実権のない名誉職に追いやるなど専横を極めますが、司馬氏のクーデターで殺害されました。

司馬懿 vs. 曹爽

司馬懿を事実上隠居させた曹爽は政治の実権をにぎり、皇帝のような贅沢にふけっていました。

司馬懿派
好き放題の曹爽は放っておけん
目の下に悪性の瘤があった
高柔
司馬懿
父子
司馬師
司馬昭
蒋済
司馬懿、曹爽…曹芳を支えてくれ…
曹叡
曹爽派
ジジイの司馬懿はさっさと引退しろ
李勝
曹操の養子でナルシストの参謀
ボク美しい…
何晏
曹爽
兄弟
曹義
兄上、司馬懿は知恵者気をつけましょう

column 魏に使いを送った卑弥呼

呪術によって国を治めた謎多き邪馬台国の女王・卑弥呼。彼女の事績として有名なのが、魏に朝貢し「親魏倭王」の金印を授けられたことですが、これには司馬懿が関わっていたとされています。後漢末から韓（朝鮮）や倭（日本）は半独立状態だった公孫氏に朝貢していましたが、公孫氏を司馬懿が滅ぼしたことで、邪馬台国は魏に朝貢するようになったのです。歴史書『三国志』における倭の記述はほかの史書に比べて多くなっていますが、これは晋の礎を築いた司馬懿の功績を讃えるためと考えられています。

親魏倭王
曹叡陛下に金印をいただいたのよ
卑弥呼

司馬父子の権力拡大

蜀との戦いで活躍した司馬一族は、政敵を排除して魏の実権をにぎり、皇帝すらおびやかすほどの権勢を獲得していきます。

司馬懿ボケる…？

曹爽が魏の実権をにぎる中、司馬懿は病気を理由に隠居。家に引きこもってしまう。司馬懿が本当に病気かどうか疑った曹爽は、荊州刺史（長官）となった李勝を司馬懿の家に行かせた。司馬懿は李勝の任地をまちがえ、食事をこぼすなど、ボケた姿を見せ曹爽を安心させるが、これは敵を油断させるための演技だった

え、李…しょう？
并州に行く？
ん？荊州？
どこじゃ？
司馬懿
司馬懿はもうダメだな…
李勝

曹芳を廃位

司馬懿が死去すると長男・司馬師が跡を継ぎ、呉や蜀との戦いで功績をあげた司馬師の権勢は皇帝すらしのぐほどになった。朝廷で司馬師は曹芳を無視して政務を行うようになり、臣下たちも皇帝をないがしろにする。これを憂いた曹芳は張緝・李豊・夏侯玄に司馬師討伐を命じるも失敗、廃位された

張緝、夏侯玄たちにワシを暗殺させようとしたのは陛下だな！許さんぞ！
許してー
司馬師
曹芳

諸葛誕の乱

文欽・毌丘倹の乱後、司馬昭は帝位簒奪の野望を抱くようになる。これに反対する諸葛誕（孔明の遠縁）は、呉や呉に亡命した文欽・文鴦と手を組んで挙兵。皇帝・皇太后を連れて出陣した司馬昭は諸葛軍の精兵に手こずるも、諸葛誕を討ち取った。戦後、彼の配下は「諸葛公のために死ぬなら悔いはない」と降伏を拒否して、全員が処刑されたという

オー！
曹
曹
曹
このまま司馬氏の力が強くなれば、私もつぶされる…その前に司馬昭を倒す！
諸葛誕

司馬懿 → 司馬師 → 司馬昭

正始の変（高平陵の変）

249年、自分の権勢は盤石と油断した曹爽は、墓参りをする曹芳の供として都・洛陽を離れる。ところが、この隙をついて司馬懿がクーデターを実行。郭皇太后（曹叡の皇后）や高官を味方につけて宮中を占拠する。司馬懿は「助命する」と言って曹爽を出頭させるが、謀反の証拠が出たとして処刑してしまった

くそっ、ボケたんじゃなかったのか司馬懿！
曹爽
油断して都を留守にするなんてバカめ！
司馬懿

文欽・毌丘倹の乱

曹芳の廃位に怒った文欽と毌丘倹が寿春で挙兵。司馬師は目の病をおして出陣しますが、文欽の子・文鴦の奇襲におどろいて片目が飛び出し、重体となってしまう。しかし、文鴦は駆けつけた鄧艾に敗れて呉へ亡命し、毌丘倹は捕らえられ処刑された。その数日後、司馬師は弟・司馬昭に後事を託して死去する

兄上、そんな気弱なこと言わず、早く治してください
司馬昭
昭よ…ワシはもうダメだあとを頼んだぞ
司馬師

潜龍の詩

司馬昭は4代皇帝・曹髦への圧迫を強める。曹髦は「潜龍の詩（ドジョウやウナギ（＝司馬昭）がはびこるために龍（＝皇帝）は天や田に飛ぶことができず、井戸にひそんでいるしかない、という内容の詩）」をつくって司馬昭を暗に批判。司馬昭はこれに激怒し、曹髦を排除する決意を固め、のちにこれを実行した

陛下！我らをドジョウにたとえ、ののしるとはどういうことだ！
司馬昭
い、いやこれはそんなつもりでは…
曹髦

姜維の北伐と蜀の滅亡

おもなできごと
姜維が北伐を行うが成果はあがらず、逆に蜀は魏に滅ぼされた

事件の舞台

成都

孔明死後の蜀

孔明が死去すると、反骨の相を持つ魏延（⇒P125）が反乱を起こします。しかし、これを予見していた孔明の策により魏延は討たれました。

魏延の反乱

孔明の死後、楊儀が軍を率いることになると楊儀と不仲の魏延が反乱を起こします。しかし孔明は反乱を予見し、楊儀と馬岱（⇒P185）に策を授けていました。

いいですか、魏延には
反骨の相があり、
私の死後必ず謀反を
起こします。
その時、この袋を開き、
私の策を実行するのです
諸葛亮
楊儀
馬岱

魏延と対峙した楊儀は「オレを殺せる者はいるか、３度と叫んでみろ」と挑発。魏延がこれに応じると、背後に潜んでいた馬岱が魏延を斬り殺しました。

魏延よ！お前に勇気があるなら「オレを殺せる者はいるか」と３回叫んでみよ！
ふん、そんなの簡単だ
オレを殺せる者はいるか！
オレを…ぐわぁ!?
ここにいるぞ！
楊儀
魏延
馬岱

諸葛亮（孔明）の死後、彼の遺志を受け継いだ姜維は文官・費禕の反対を押し切って北伐を行います。しかし、この北伐は兵や物資を消耗するばかりで成果はあがらず、蜀は衰退。これをチャンスとみた司馬昭は鄧艾・鍾会に蜀を攻めさせ、２代皇帝・劉禅を降伏させました。

孤軍奮闘する姜維

孔明から漢室再興を託された姜維は北伐の再開を訴えます。費禕は「丞相（孔明）すら失敗したのに無理だ」と反対しますが、姜維はこれを押し切って出陣。魏から離反した夏侯覇（夏侯淵（⇒P148）の子）とともに何度も北伐を行いますが、地形を熟知した鄧艾によって阻まれます。

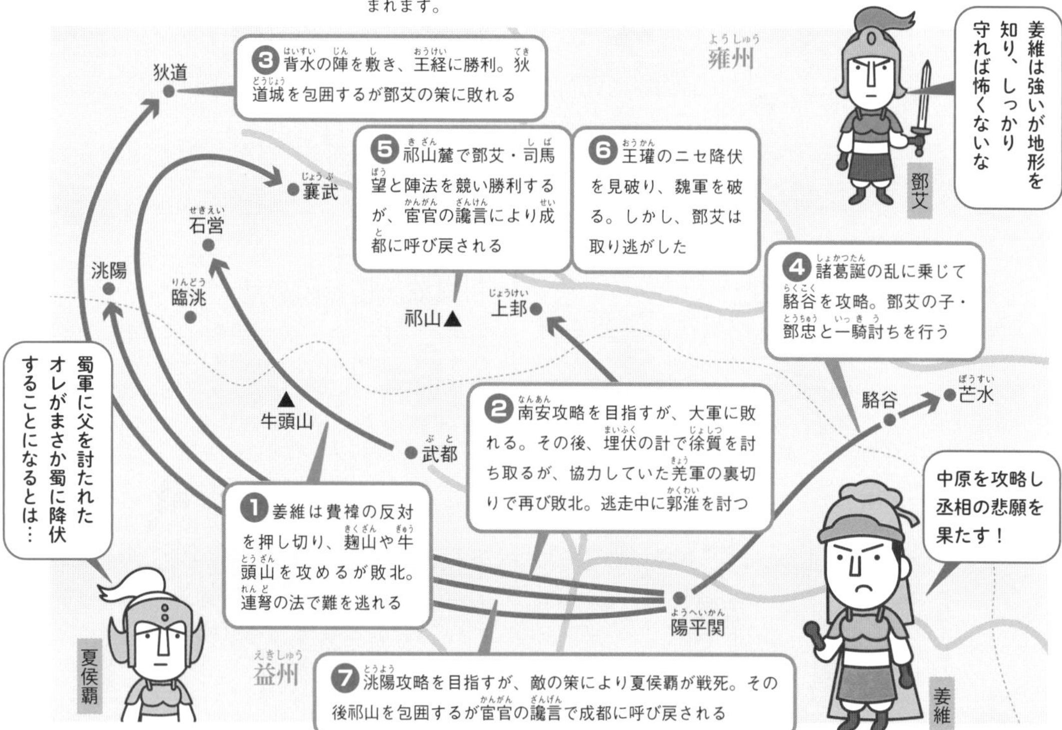

雍州
益州
狄道
襄武
石営
洮陽
臨洮
祁山▲
上邽
▲牛頭山
武都
駱谷
芒水
陽平関
❸背水の陣を敷き、王経に勝利。狄道城を包囲するが鄧艾の策に敗れる
❺祁山麓で鄧艾・司馬望と陣法を競い勝利するが、宦官の讒言により成都に呼び戻される
❻王瓘のニセ降伏を見破り、魏軍を破る。しかし、鄧艾は取り逃がした
❹諸葛誕の乱に乗じて駱谷を攻略。鄧艾の子・鄧忠と一騎討ちを行う
❷南安攻略を目指すが、大軍に敗れる。その後、埋伏の計で徐質を討ち取るが、協力していた羌軍の裏切りで再び敗北。逃走中に郭淮を討つ
❶姜維は費禕の反対を押し切り、麴山や牛頭山を攻めるが敗北。連弩の法で難を逃れる
❼洮陽攻略を目指すが、敵の策により夏侯覇が戦死。その後祁山を包囲するが宦官の讒言で成都に呼び戻される
姜維は強いが地形を知り、しっかり守れば怖くないな
鄧艾
蜀軍に父を討たれたオレがまさか蜀に降伏することになるとは…
夏侯覇
中原を攻略し丞相の悲願を果たす！
姜維

蜀の滅亡

姜維が北伐を行っていた頃、劉禅が宦官の黄皓を寵愛したために政治は乱れ、北伐の負担も重なったことで蜀の命運は風前の灯火でした。これを見た司馬昭は蜀討伐を決意。黄皓が情報をにぎりつぶしたため、蜀軍は態勢の整わないまま敗戦を重ね、成都は陥落してしまいました。

鄧艾・鍾会の蜀攻め

姜維は蜀攻めが始まると劉禅に援軍を求めますが、黄皓のでたらめを信じた劉禅はこれを無視。姜維が剣閣で鍾会軍と戦っていた隙に鄧艾が山道から成都を攻め、蜀は滅亡してしまいました。

❶ 蜀攻めの始まり

❷ 剣閣攻防戦

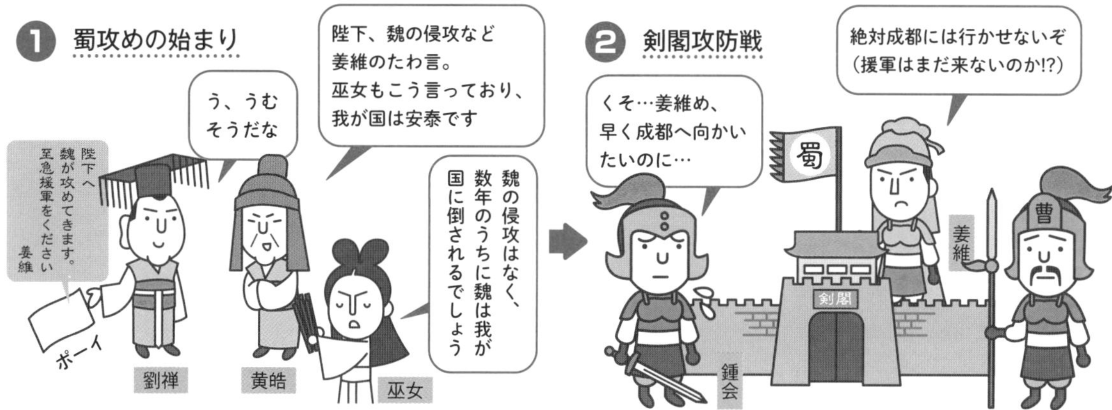

陛下へ 魏が攻めてきます。至急援軍をください 姜維
ポーイ
う、うむ そうだな
陛下、魏の侵攻など姜維のたわ言。巫女もこう言っており、我が国は安泰です
魏の侵攻はなく、数年のうちに魏は我が国に倒されるでしょう
劉禅
黄皓
巫女
くそ…姜維め、早く成都へ向かいたいのに…
絶対成都には行かせないぞ(援軍はまだ来ないのか!?)
蜀
剣閣
曹
姜維
鍾会

宦官・黄皓は姜維の援軍要請を「デマを言っている」と讒言。さらに巫女が「蜀は安泰」と占ったため、劉禅は援軍を送りませんでした。

援軍のない蜀軍はまたたく間に漢中を失陥。姜維は成都に続く剣閣にこもって激しく抵抗し、鍾会軍を足止めします。

❸ 鄧艾の迂回作戦

❹ 降伏する劉禅

曹
曹
姜維は手強い 迂回だ
剣閣
鄧艾
成都
降伏するので、命だけは助けてください
大人しく降伏するとは、良い心がけだ(なんか、あっさりしてるなぁ…)
劉禅
鄧艾

鄧艾は姜維が守る剣閣を避け、険しい山中から成都に迫りました。劉禅は慌てて孔明の子・諸葛瞻(➡P189)を出陣させるも敗れ、諸葛瞻は自害します。

鄧艾が成都につくと、劉禅は自分を縛り棺桶をかついで降伏します。

楽不思蜀

降伏し魏に送られた劉禅は安楽公に封じられました。司馬昭は蜀を懐かしむことなく遊興にふける劉禅を見て、「これは孔明も助けようがない、まして姜維では無理だ」とあきれました

ここは楽しい、蜀のことなども忘れてしまった
劉禅
ガーン
郤正
先ほど蜀の音楽を演奏させたが、蜀が恋しいですか？
司馬昭

『三国志』の著者・陳寿は劉禅について「白い糸は染められるままに何色にも変ずる」と評価。良くも悪くも流されやすい人物だったのでしょう

❺ 姜維と鍾会の反乱

手柄を鄧艾に奪われた鍾会は、鄧艾を捕縛。それを見た姜維は、鍾会をそそのかし、ともに反乱を起こすも失敗。鍾会は殺され、姜維は自害しました。

蜀で一花咲かせてやる
蜀のためなら手段は選ばん！
鍾会
姜維
しまった！
鄧艾
申し訳ありません 丞相…
姜維

魏帝から禅譲を受け晋が誕生

おもなできごと 司馬昭の子・司馬炎が魏帝に禅譲を迫り、晋を建国する

事件の舞台

洛陽

魏の朝廷を支配した司馬一族。その権力は皇帝もしのぎ、司馬懿の長男・司馬師は3代皇帝・曹芳を廃位にします。兄の死後、跡を継いだ司馬昭は司馬氏が帝位を獲るの野望を持ち、かつての曹操（➡P144）のように「晋公→晋王」へと位を進めて、将来我が子が禅譲を受ける下地を整えました。そして司馬昭の子・司馬炎は、5代皇帝・曹奐にせまって禅譲を受け、晋帝に即位。禅譲で始まった魏は禅譲によって命脈を絶たれたのでした。

column 司馬師・司馬昭の母・張春華

司馬師・司馬昭を産んだ司馬懿の正妻・張春華はすぐれた賢妻でした。出世した司馬懿が側室を寵愛すると、春華は息子たちと断食し夫に謝罪させます。稀代の軍師も妻には頭があがらなかったようです。

それだけは勘弁してくれー
そんなに私を邪険にするなら、絶食しますわ！息子と一緒にね！
張春華
司馬懿

皇帝をもしのぐ司馬兄弟の権力

司馬一族が魏を支配したことで、皇帝の権威は低下。実権を取りもどすべく、3代皇帝・曹芳は司馬師暗殺をくわだてますが失敗して廃位。さらに、司馬師の弟・司馬昭は帝位簒奪の野望を持っていたため、4代皇帝・曹髦と対立。曹髦は司馬昭排除のため甘露の変を起こしますが、司馬昭の腹心・賈充の命令で殺害されてしまいます。

兄・司馬師の場合 ―皇帝廃位―

朝廷を掌握した司馬師は政務のすべてを自分で決めて、3代皇帝・曹芳を政治に関わらせませんでした。

朕いらない子…
あの政策はこう進めよ。例の法案はもっと調査を行え
司馬師
曹芳

司馬師の権勢を恐れる曹芳は部下の張緝らに暗殺を命じますが、計画が露見し、張緝・夏侯玄・李豊は処刑。曹芳も廃位させられました。

退位するから助けて…
ワシの暗殺計画をたくらんだな
夏侯玄たちは始末した
次はお前だ
夏侯玄
張緝
司馬師
曹芳

弟・司馬昭の場合 ―皇帝殺害―

4代皇帝・曹髦の時代、井戸に龍が現れ、曹髦は司馬氏に圧迫される自分を井戸底にひそむ龍に例えた「潜龍の詩」を詠みました。

龍（皇帝）が天に昇れないのはドジョウやウナギ（奸臣）がいるからだ。龍は牙も爪も隠して暗がりでじっとしているしかないのだ…
オレが奸臣だと!? ふざけるな！
司馬昭
曹髦

曹髦は王沈らに司馬昭討伐を相談。しかし、王沈の密告で事態が発覚し、わずかな兵で挙兵した曹髦は司馬昭の腹心・賈充の命で殺されました（甘露の変）。

皇帝を殺そうというのか
謀反人め！…ぐわー
知るか
さっさと
殺せ
賈充
成済
曹髦

司馬炎への禅譲

蜀討伐の功績によって晋王となった司馬昭。彼の死後、息子の司馬炎が跡を継ぎ、5代魏帝・曹奐に譲位をせまって晋を建国しました。

司馬昭、晋王に封じられる

蜀討伐後、司馬昭は晋王に昇進。さらに父・司馬懿には「宣王」、兄・司馬師には「景王」の諡（死後の名前）が与えられました。

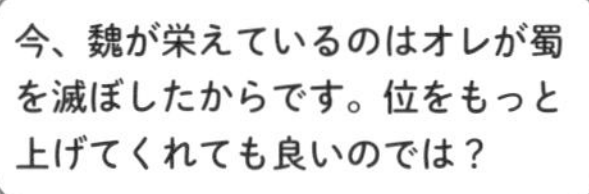
今、魏が栄えているのはオレが蜀を滅ぼしたからです。位をもっと上げてくれても良いのでは？

わ、わかった
司馬昭を晋王に
封じる
司馬昭殿を晋王にするべきです
群臣
司馬昭
曹奐

司馬昭の死と晋王・司馬炎

晩年、司馬昭は兄の養子となっていた次男・司馬攸を後継者に考えていましたが、家臣が諫めたため、長男・司馬炎を後継者としました。

うーん、兄上の養子にした攸に跡を継がせるべきか、長男の炎に継がせるべきか…
司馬昭
王元姫
伯父・司馬師の養子となる
司馬炎
司馬攸

司馬炎、魏帝に禅譲をせまる

晋王となった司馬炎は曹奐に「魏が強国となったのは司馬一族のおかげなのだから、自分が帝位を受け継ぐべきだ」と禅譲をせまりました。

魏の歴史をこんなに
早く終わらせてしまう
ことになるとは…
これで我が家は安泰
あとは娘を皇后に…
司馬炎
曹奐
賈充

column 司馬家のために暗躍した賈充

司馬昭の腹心・賈充は諸葛誕（➡ P195）をおとしいれて挙兵させ、甘露の変では魏帝・曹髦を殺害させるなど、司馬氏の天下のために暗躍した人物。晋が成立すると皇太子に娘を嫁がせ、政敵を排除し、栄華を極めました。「正史」では晋の法律制定などにも関わっています。

権勢の強い司馬に恩を売れば、私も美味しい思いができるからな

賈充

正史では？ 魏の制度を一新した晋

晋は魏から禅譲を受けた王朝でしたが、その制度は魏とは大きく異なります。まず、政治体制は魏が能力主義の君主独裁だったのに対し、晋は血筋を重視する貴族制が取られました。法律も刑罰法規の「律」と行政法規の「令」を区別する『泰始律令』に改めています。また、皇族を冷遇したために司馬一族の台頭を抑えられなかった魏を反面教師として、晋は皇族に軍権を与えるなど厚遇しますが、これが皇族同士の権力争い・八王の乱の原因となってしまいます。

	魏	晋
人材登用	有能な人物を役人（中正官）が推薦する「九品官人法」を施行	能力より血筋を重視する貴族制がとられた
皇族	皇族の任官を許さず監視。皇族の力は弱まり、司馬氏の台頭を許した	皇族に軍権や高い官職を与えたが、皇族による対立の原因となる
法律	漢以前の法を整理した『新律十八篇』を制定	『泰始律令』を発布。刑罰規定の「律」、行政規定の「令」という形式を整えた
農村政策	兵士が開墾を行う「屯田」を進めるが、税率が高かった	屯田を廃止。私有の「占田」、国から貸し与えられる「課田」に税をかけた

呉が滅び三国時代が終わる

おもなできごと
呉は孫権の後も3代続くが、晋に滅ぼされ、三国時代が終結する

事件の舞台

建業

司馬氏によって蜀と魏が滅ぼされた後も、江東には呉が残っていました。しかし、初代皇帝・孫権の死後の呉では、諸葛恪や孫綝などの家臣が実権にぎっていました。3代・孫休によって孫綝が排除され、やっと皇帝に実権が戻りますが、孫休の跡を継いだ孫皓は暴君だったため、国力は衰退。晋によって滅ぼされてしまいました。呉の滅亡により、中国は晋によって約60年ぶりに再統一。『三国志演義』もこれをもって筆を置いています。

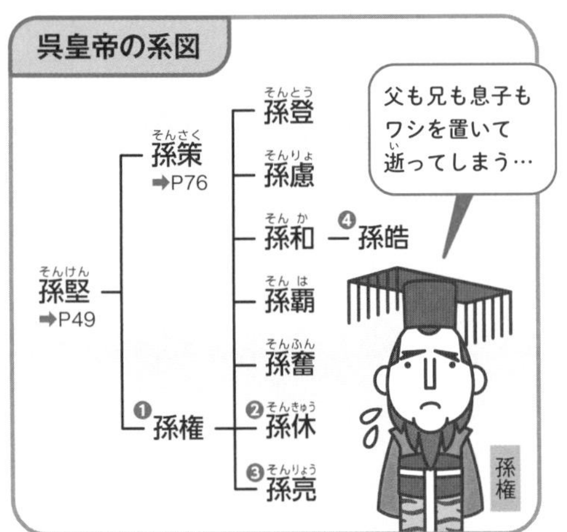

呉皇帝の系図
孫堅 ➡P49
孫策 ➡P76
孫登
孫慮
孫和 ─ ❹孫皓
孫覇
孫奮
❶孫権
❷孫休
❸孫亮
父も兄も息子もワシを置いて逝ってしまう…
孫権

斜陽の孫呉

呉は建国以降、諸葛瑾（➡P146）の子・諸葛恪の独裁、4代・孫皓の暴政など多くの問題が発生していました。

諸葛恪の独裁

孫亮の元で丞相となった諸葛恪は専横をふるい、皇帝・孫亮すら恐れる存在となりました。孫亮は皇族の孫峻に相談して諸葛恪を討ちますが、その後権力をにぎった孫峻の後継者・孫綝によって廃位させられます。

諸葛恪は力を持ち過ぎた…朕は怖い…
孫亮様の命令だお前を殺す！
孫亮
諸葛恪
孫峻

敵ながら仲良しの陸抗と羊祜

4代皇帝・孫皓の時代、呉と晋の国境は陸遜の子・陸抗と司馬師の義弟・羊祜が守っていました。2人はたがいが名将であるのを知って、むやみに争わないよう兵に命令し、治安を保つことに専念しました。

陸抗は徳のある指揮官。呉を攻めるのは難しそうだ
呉
晋
長江
羊祜殿は国境を良く守っている。うかつに手出しはできませんね
畑でも耕すか…
陸抗
羊祜

たがいの実力を認め合う2人は酒や薬をやりとりし一切疑うことなくそれを飲むなど、敵でありながら信頼し合う関係でした。しかし、呉帝・孫皓は陸抗の内通を疑い、指揮官を外し降格してしまいます。

羊祜殿が狩りの獲物を届けてくれた。お礼にとっておきの酒を送りましょう
陸抗が病気？私が調合した薬を送ってやろう
陸抗は晋と内通している！
薬
酒
陸抗
羊祜
孫皓

正史では？ ダメ人間だった孫権

孫権は晩年二宮の変という後継者争いを起こします。しかし『演義』では、この争いはほぼカット。また、孫権には多くの酒乱の逸話がありますが、これも『演義』には載っていないため、孫権は地味ながらまともな人物になっています。

ワシの酒が飲めないヤツは処罰だ〜！
孫権

呉の滅亡

呉帝・孫皓が暴虐かつ残忍であるのを知った司馬炎が呉討伐を決め、杜預らを派遣。呉軍は長江で晋軍を防ごうとしますがことごとく敗れ、孫皓は降伏します。

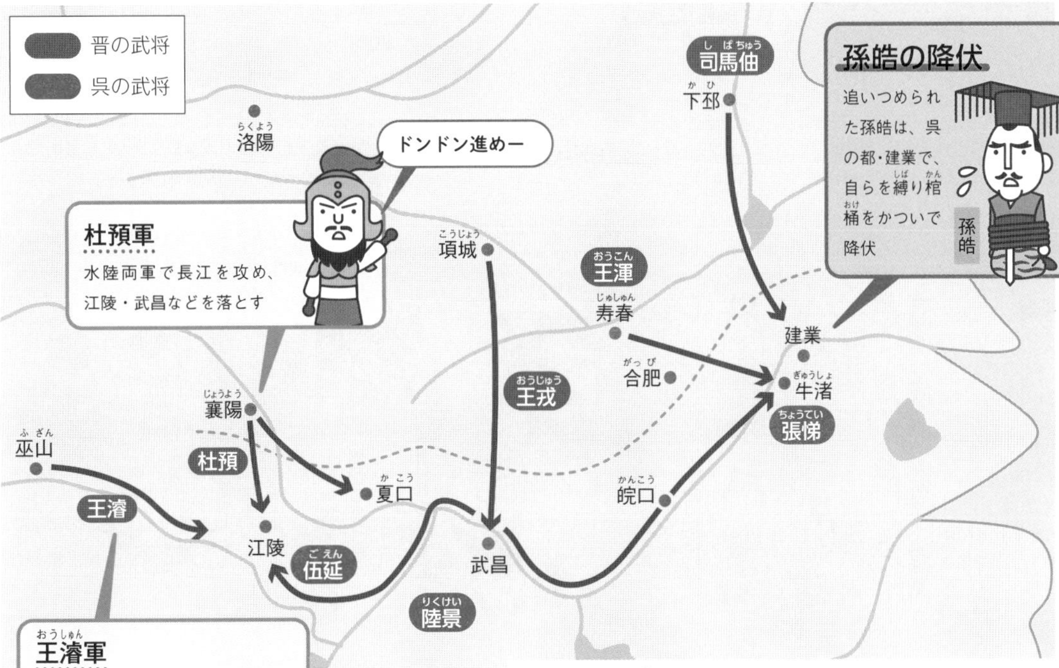

晋の武将
呉の武将

洛陽　項城　下邳　寿春　合肥　建業　牛渚　襄陽　巫山　夏口　江陵　武昌　皖口

司馬伷　王渾　王戎　張悌　杜預　王濬　伍延　陸景

ドンドン進めー

杜預軍

水陸両軍で長江を攻め、江陵・武昌などを落とす

孫皓の降伏

追いつめられた孫皓は、呉の都・建業で、自らを縛り棺桶をかついで降伏

孫皓

王濬軍

長江にしかけられた鉄の綱や錐（トゲの罠）を、空の筏と篝火で解除し進軍

晋

進めー

故事成語

破竹の勢い

江陵・武昌を攻略した杜預。そのまま建業を攻めようとしますが、雨季に入る暑い時期だったため、部下は疫病を恐れて撤退を進言。しかし、杜預は「残りの戦いは竹を割るように簡単だ」と進軍を決め、猛烈な勢いで呉を攻めたのでした

勢いは我らにある！呉軍など蹴散らしてやるぞ！

杜預

正史では？ 孫権の後継者争い「二宮の変」

長男・孫登の死去後、新たな太子・孫和と弟・孫覇の間で後継者争いが勃発。多くの重臣が処分された後、孫権は2人を廃して末子の孫亮を皇太子とします。

太子派（孫和派）
後継者は兄である孫和様がなるのが筋です！
孫和
孫権の子。孫覇派の讒言によって廃嫡の上、幽閉される
諸葛恪
諸葛瑾の子。孫和の廃嫡後、新たな皇太子の後見となる
陸遜
呉の丞相。讒言を信じた孫権に怒られ憤死
皇子が勝手に派閥をつくり、後継者争いをするなどけしからん！
後継者は孫亮に決まり！
孫権
魯王派（孫覇派）
孫和は私を嫌っているから蹴落としてやるわ！
孫覇
孫和の弟。争いに積極的に関わり自害を命じられる
孫魯班
孫権の娘。孫和と確執があり、積極的に孫和派を讒言する
楊竺
孫和を讒言し廃嫡させようとするが、処刑される

晋の滅亡と分裂する古代中国

おもなできごと　皇族の争いと異民族により晋が滅亡。再び分裂の時代が始まった

事件の舞台

洛陽

短命に終わった晋

天下を統一した晋では司馬炎の死後、皇族の権力争い「八王の乱」が勃発。国力が弱ったところに異民族が侵入し、晋（西晋）は滅びました。

八王の乱

司馬炎の子・司馬衷は暗愚だったため、権力をめぐって有力皇族による闘争が起こりました。

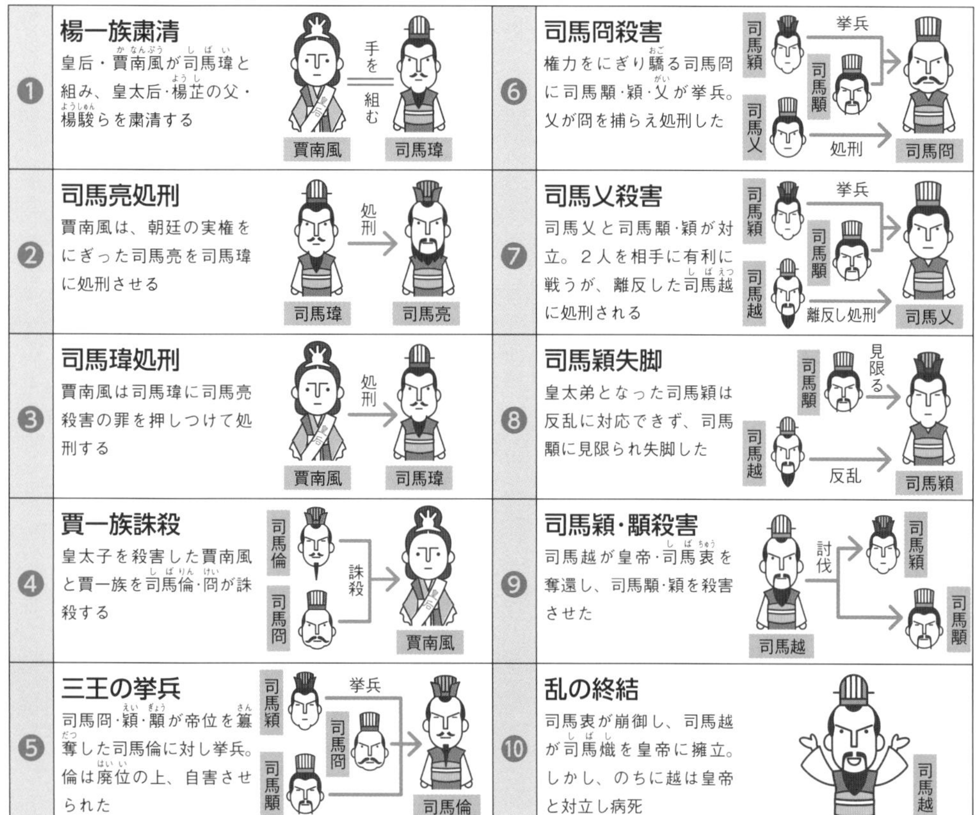

1	楊一族粛清	皇后・賈南風が司馬瑋と組み、皇太后・楊芷の父・楊駿らを粛清する	賈南風 ＝手を組む＝ 司馬瑋
2	司馬亮処刑	賈南風は、朝廷の実権をにぎった司馬亮を司馬瑋に処刑させる	司馬瑋 →処刑→ 司馬亮
3	司馬瑋処刑	賈南風は司馬瑋に司馬亮殺害の罪を押しつけて処刑する	賈南風 →処刑→ 司馬瑋
4	賈一族誅殺	皇太子を殺害した賈南風と賈一族を司馬倫・冏が誅殺する	司馬倫・司馬冏 →誅殺→ 賈南風
5	三王の挙兵	司馬冏・穎・顒が帝位を簒奪した司馬倫に対し挙兵。倫は廃位の上、自害させられた	司馬穎・司馬冏・司馬顒 →挙兵→ 司馬倫
6	司馬冏殺害	権力をにぎり驕る司馬冏に司馬顒・穎・乂が挙兵。乂が冏を捕らえ処刑した	司馬穎・司馬顒 →挙兵→ 司馬冏／司馬乂 →処刑→ 司馬冏
7	司馬乂殺害	司馬乂と司馬顒・穎が対立。2人を相手に有利に戦うが、離反した司馬越に処刑される	司馬穎・司馬顒 →挙兵→ 司馬乂／司馬越 →離反し処刑→ 司馬乂
8	司馬穎失脚	皇太弟となった司馬穎は反乱に対応できず、司馬顒に見限られ失脚した	司馬顒 →見限る→ 司馬穎／司馬越 →反乱→ 司馬穎
9	司馬穎・顒殺害	司馬越が皇帝・司馬衷を奪還し、司馬顒・穎を殺害させた	司馬越 →討伐→ 司馬穎・司馬顒
10	乱の終結	司馬衷が崩御し、司馬越が司馬熾を皇帝に擁立。しかし、のちに越は皇帝と対立し病死	司馬越

異民族の進出

八王の乱で王たちが異民族の兵を利用したこともあり、晋の周縁には異民族（➡P132）の国が勃興していました。

流民を受け入れて、彼らとともに前仇池を築いたぞ
楊茂捜
劉淵
司馬穎に協力して勢力拡大し、漢（のちの前趙）を樹立したぞ
八王たち
西晋から成都を奪い成漢を建国したぞ
李雄
異民族の力を借りよう

永嘉の乱

なかでも匈奴の劉淵が築いた漢（前趙）は強大で、後継者・劉聡はたびたび華北に侵入。3代皇帝・司馬熾と4代・司馬鄴を拉致して晋（西晋）を滅ぼしました。

311年
洛陽が陥落し、司馬熾が捕虜となる
南に逃げよう
司馬熾
316年
長安が陥落し、司馬鄴が捕虜となる
劉聡
司馬鄴
司馬睿
（東晋の元帝）

その後の中国古代史

晋（西晋）の滅亡後、北部では五胡十六国が勃興し、これを統一した北魏も分裂するなど、王朝が目まぐるしく変わりました。
南部では西晋の後継を称する東晋が立てられますが、これもほどなくして滅び、宋・斉・梁・陳が勃興。中国全土が再統一されるのは楊堅の隋を待たねばなりませんでした。

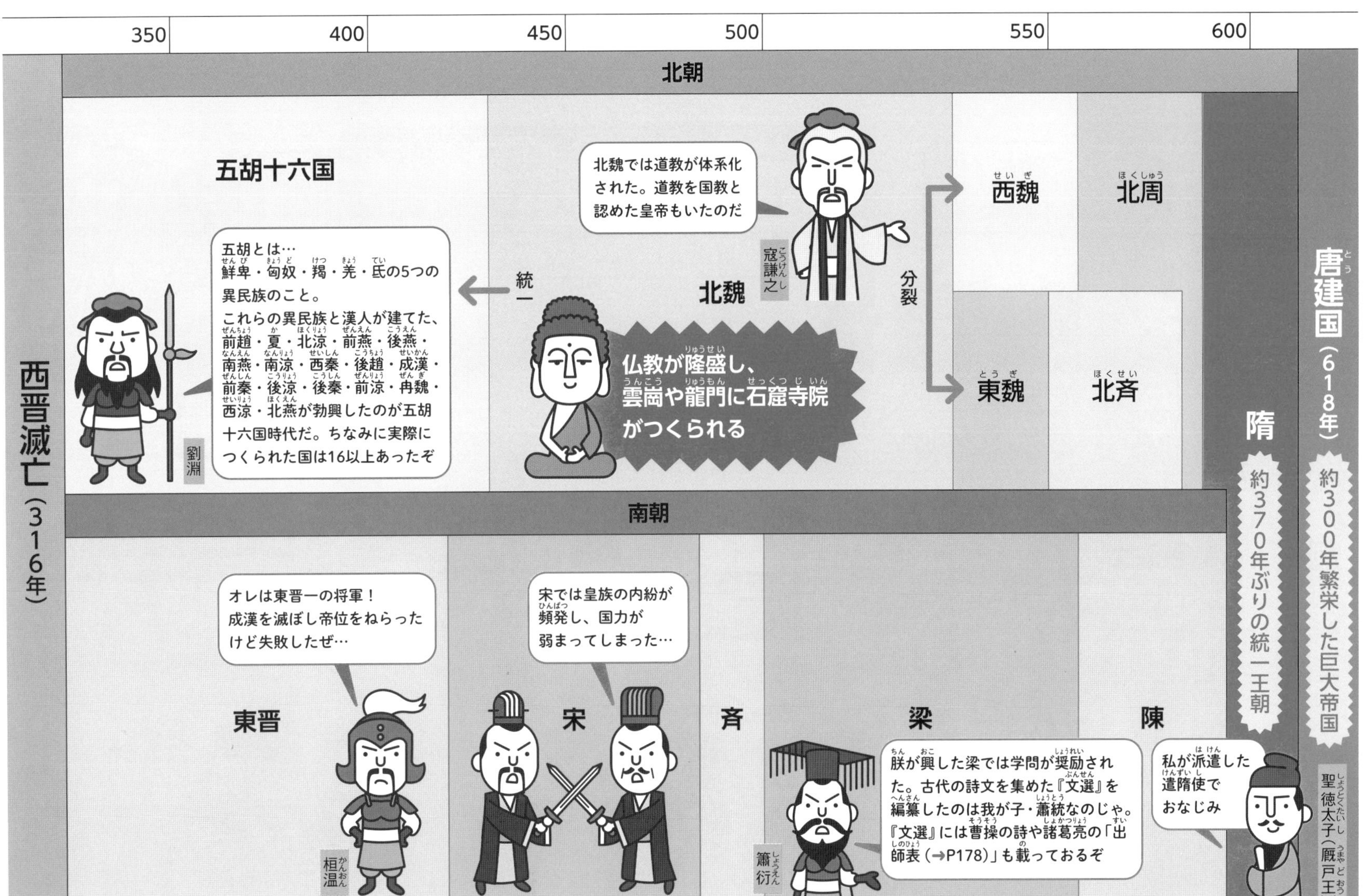

350
400
450
500
550
600
北朝
五胡十六国
五胡とは…
鮮卑・匈奴・羯・羌・氐の5つの異民族のこと。
これらの異民族と漢人が建てた、前趙・夏・北涼・前燕・後燕・南燕・南涼・西秦・後趙・成漢・前秦・後涼・後秦・前涼・冉魏・西涼・北燕が勃興したのが五胡十六国時代だ。ちなみに実際につくられた国は16以上あったぞ
劉淵
統一
北魏
北魏では道教が体系化された。道教を国教と認めた皇帝もいたのだ
寇謙之
仏教が隆盛し、雲崗や龍門に石窟寺院がつくられる
分裂
西魏
北周
東魏
北斉
隋
約370年ぶりの統一王朝
唐建国（618年）
約300年繁栄した巨大帝国
西晋滅亡（316年）
南朝
東晋
オレは東晋一の将軍！成漢を滅ぼし帝位をねらったけど失敗したぜ…
桓温
宋
宋では皇族の内紛が頻発し、国力が弱まってしまった…
斉
梁
朕が興した梁では学問が奨励された。古代の詩文を集めた『文選』を編纂したのは我が子・蕭統なのじゃ。『文選』には曹操の詩や諸葛亮の「出師表（➡P178）」も載っておるぞ
蕭衍
陳
私が派遣した遣隋使でおなじみ
聖徳太子（厩戸王）

人物ガイド

司馬氏の天下統一

諸葛亮（孔明）最大のライバルである司馬懿は名門・司馬氏の出身です。『三国志演義』の北伐では孔明の策に翻弄される役回りですが、孔明死後は魏の中で権力を拡大していき、孫・司馬炎が晋を建国。曹操すらなし得なかった三国統一を達成しました。

あなた、仮病を見破った侍女を殺しておきました。気をつけてくださいね
あ、ああすまない、お前は頼りになるな

張春華

司馬懿 出仕を拒否する

正史では?

曹操から仕官を命じられるも中風（仮病）を理由に7年間無視。妻・張春華は夫の走る姿を見た侍女を処分するなど夫に協力します。

中風だから走れませーん
START

司馬懿よ、どうか我が子を支えてやってくれ…
はい…
曹丕

司馬懿 曹丕・曹叡の信任

結局、曹操に仕官した司馬懿は嫡子・曹丕の信任を受け「太子四友」と呼ばれました。曹丕が死去すると新帝・曹叡を補佐し、孟達の反乱を鎮圧。その後、街亭の戦い（「正史」では第三次北伐）から孔明との戦いに身を投じます。

張春華
あなた…がんばるのよ！
はい…！

司馬家を支えた家族① 司馬孚

司馬懿のすぐ下の弟。兄や甥を補佐して北伐や正始の変を戦いますが、晋の官職を拒むなど、亡くなるまで魏の臣下という姿勢を崩しませんでした

自分はあくまで魏の恩を受けた魏の臣下です
司馬孚

臆病な司馬懿ちゃん あなたに似合いそうな服があったのであげますね。婦人物ですけど(笑)
挑発にはのらないぞ

司馬懿 司馬懿 vs. 孔明

北伐では陣比べや縮地の法など、孔明の策に翻弄されますが、長期戦で孔明の死を待ち、蜀軍を撤退させます。

孔明のワナだー！

くそー
ばーかばーか
曹爽

司馬懿 正始の変

曹叡が死去すると、皇族の曹爽とともに新帝・曹芳の補佐となりますが、次第に曹爽と対立。ボケたフリで曹爽を油断させ、彼が都を留守にした隙をついて、クーデターを起こしました。

ワシの言うことを聞かない皇帝なぞいらん！
アー
曹芳

司馬師 3代皇帝・曹芳を廃位

父の跡を継いだ司馬師は朝廷の実権をにぎり、その権勢は皇帝すら恐れるほどでした。実権を取り戻そうと曹芳は司馬師暗殺を計画しますが、すぐに発覚。怒った司馬師は曹芳を廃位し、曹髦を擁立しました。

次はお前たちの番だぞ
お任せください父上

大丈夫
大丈夫
（大ウソ）
これ大丈夫ッスか？
朕は
皇帝だぞ！
賈充
成済
曹髦

司馬昭

4代皇帝・曹髦を殺害

司馬師が急死し弟・司馬昭が跡を継ぐと、司馬氏の専横はますます激しくなります。これに不満をもった曹髦はついに決起しますが、司馬昭の配下・賈充の兵に包囲され、成済に殺害されました。

私の出世の
ためにも
がんばれ
賈充

いやー楽しい
平和な世に
カンパーイ！
コイツ
悔しくない
のか？
劉禅

司馬昭

蜀を滅ぼす

禅譲の野望を抱いた司馬昭は、その布石として蜀討伐を計画します。鄧艾・鍾会によって蜀は滅亡。鄧艾に手柄を奪われたことから、鍾会は反乱を起こして鄧艾は殺されます。鍾会はその罰として司馬昭に処刑されます。

がんばったのは
私たちなんだが…
鄧艾
鍾会

はよ
玉璽くれ
申し訳
ありません
おじい様…
曹奐

司馬炎

晋の建国

司馬昭が死去すると、子の司馬炎は5代皇帝・曹奐に禅譲をせまります。帝位に就いた司馬炎は国名を晋と改めました。

ずっと、あなたの席を
つくって待っていたから
来てくれてうれしいぞ
朕も呉にお前の
席をつくって
いたのに、招待
できず残念だ
孫皓

司馬炎

三国統一

孫皓の暴政により呉が衰えると、司馬炎は呉攻めを決定。杜預らの快進撃により晋軍は呉を制圧し、中国は黄巾の乱以来、約100年ぶりに統一されたのでした。

司馬家を支えた家族❷ 王元姫

司馬昭の妻・王元姫は、父が「男だったら…」と悔しがるほど賢い女性。司馬昭に取って代わろうと考える鍾会の野心を見抜き、夫に鍾会を信用しないよう忠告していました。晋建国後は皇太后となりますが、慎ましい生活を続けたといいます。
「正史」のみ登場

あなた、鍾会は野心家
だからあまり力を
持たせない方がいいわ

王元姫

そう？
司馬昭

オレらの国をつくる
チャンスだな
劉淵
八王たち

司馬衷～司馬鄴

西晋の滅亡　？正史では？

司馬炎没後、皇后・賈南風や皇族の八王たちによる権力争いが勃発。晋は衰え異民族に侵略されるようになり、前趙の劉聡により皇帝が拉致され滅亡しました。

皇帝殺害は
聞いてないぞ
賈充…
この功績で皇帝
まちがいなしだぞ、
息子！
はい
父上！
三国統一だー
…あれ、ゴールは？

どこに連れて
行くのじゃ～
お前オレの
奴隷な
司馬鄴
劉聡
再分裂END

三国志 史跡ガイド

中国には『三国志』の舞台となった史跡やゆかりの地があります。代表的なものを紹介します。

番外編 日本にある三国志スポット

日本には関羽を祀る関帝廟がいくつかあります。中でも横浜中華街（神奈川県）の関帝廟は、参拝客でいつもにぎわっています。また神戸市新長田（兵庫県）は、漫画『三国志』の作者・横山光輝の故郷であることから、“三国志の町”として武将の像や展示館があるほか、毎年「三国志祭」が開催されています。

横浜関帝廟

新長田の曹操像

魏武帝廟

涿州（河北省）

劉備の故郷があった場所とされる。桃園の誓いの舞台であるため、劉備・関羽・張飛の三兄弟の像がある（➡P44）。

虎牢関（河南省）

劉備三兄弟が呂布と打ち合った場所とされる（➡P64）。付近には「呂布城」と呼ばれる見晴らしの良い台地がある。

許昌（河南省）

曹操の本拠地・許都。政治を行った丞相府などが再現されている。写真は賦詩楼という曹操が詩を楽しむための建物。

赤壁古戦場（湖北省）

赤壁の戦い（➡P120）の舞台とされる場所は諸説ある。写真はもっとも有力な場所で、テーマパークとなっている。

逍遥津公園（安徽省）

魏・呉の激戦区となった合肥（➡P146）の逍遥津エリアは公園となっている。張遼の像や孫権が飛び越えた川がある。

武漢（湖北省）

魏・呉・蜀が奪い合った荊州の中心地。写真の黄鶴楼は孫権が建てたとされ、何度も改築されている。

関林（河南省）

関羽の首が届いた洛陽に建つ関帝廟。関羽は死後神様となったため、聖人の墓の証である「林」がついている。

曹操高陵（河南省）

2009年に存在が公表された曹操の墓。「魏武王」と書かれた石碑が発掘され、本物であることが認められた。

白帝城（四川省）

劉備終焉の地。三峡ダムが建てられたため、遺跡の半分ほどがダム湖に沈み、頂上のみが島のように浮かんでいる。

武侯祠（四川省）

蜀の首都・成都にある劉備の墓。諸葛亮をまつる廟でもあり、諸葛亮を始めとする蜀の武将の像が立っている。

三国志メディアガイド

現代日本では三国志がさまざまなメディアで展開。ここではその一部を紹介します。

漫画

『三国志』

作者 横山光輝
発行 潮出版社

吉川英治『三国志』などをもとに描かれた三国志漫画の金字塔。迫力ある合戦シーンとわかりやすいセリフ・人物描写が魅力。

©横山光輝・光プロ／潮出版社

『蒼天航路』

作者 李學仁・王欣太
発行 講談社

曹操を完全無欠の主人公とし、その生涯を描いた作品。独特の人物設定が魅力で、歴史が苦手でもスイスイ読める。

※現在、電子書籍で発売中。

『STOP劉備くん!! リターンズ!』

作者 白井恵理子
発行 潮出版社

デフォルメされた武将たちによる4コマギャグ漫画。三国志ファンこそ楽しめる、クスッとなるパロディネタが盛りだくさん。

©白井恵理子／潮出版社

『孔明のヨメ。』

作者 杜康潤
発行 芳文社

諸葛亮（孔明）と妻・月英のほのぼのとした結婚生活を描くラブ・コメディ。三国時代の政治システムや文化もわかりやすく解説。

小説

『三国志』

作者 吉川英治
発行 新潮社

日本に三国志を定着させた作品。中国の『演義』をただ翻訳したのではなく、日本人の目線で再構築し、オリジナルストーリーも加えている。

『三国志』

作者 北方謙三
発行 角川春樹事務所

通称"ハードボイルド三国志"。セリフや登場人物の動きや描写がリアルで、武将たちの男らしい生き様・死に様が目に浮かぶ。

『秘本三国志』

作者 陳舜臣
発行 文藝春秋

『三国志（正史）』をもとにした小説。日本で定着していた「曹操＝悪役」というイメージをくつがえすきっかけとなった一冊。

その他

「人形劇 三国志」

発行 NHK エンタープライズ

『三国志演義』の人形劇で、子ども向けにストーリーが明快なのが特徴。川本喜八郎作の繊細な人形は今でもファン多数。

「人形劇三国志全集 壱（DVD 全4枚）」
価格11,000円（税込）©NHK 2019

他にも三国志をテーマにしたゲームが多数。
さらに本場中国では映画やドラマもたくさん制作されています
諸葛亮

三国志演義 人物大事典

ここでは『三国志演義』で活躍する人物を、厳選して紹介します。

注意
- 人物は50音順となっています。（ ）内は字（皇帝は諱）です
- 「所属」は最終的に所属したチーム、またはもっとも長く活躍したチームとしています
- 「所属」は各国の成立以前でも曹操軍は魏、劉備軍は蜀、孫家軍は呉と表記しています
- 『三国志演義』はすべて『演義』、『三国志（正史）』は「正史」と表記しています

于禁（文則）

所属 魏
生没年 生年不詳／221年

曹操の信頼厚き、厳格かつ有能な将だが、『演義』では悪役。曹仁の救援に向かった樊城で関羽に降伏して助命されたことで、忠義をつらぬき斬首された龐徳と比較され「晩節を汚した」と評される。魏に帰された後、曹丕にいじめられ病死。

袁術（公路）

所属 袁術軍
生没年 生年不詳／199年

袁紹の異母兄弟だが険悪な仲。反董卓連合軍では、孫堅に兵糧を送らないなど足を引っ張る。「伝国の玉璽」を孫策から得て勝手に皇帝を名乗るが、劉備の襲撃で壊滅的な打撃を受け、袁紹を頼る道中で血を吐いて絶命。

袁紹（本初）

所属 袁紹軍
生没年 生年不詳／202年

後漢屈指の名家出身の実力者。大将軍・何進を暗殺した十常侍たちを惨殺。反董卓連合軍の盟主をつとめ、のちに華北を拠点に一大勢力を築く。軍師に恵まれたが、優柔不断で機を逃すことが多く、官渡の戦いで曹操に敗れた後、病死。

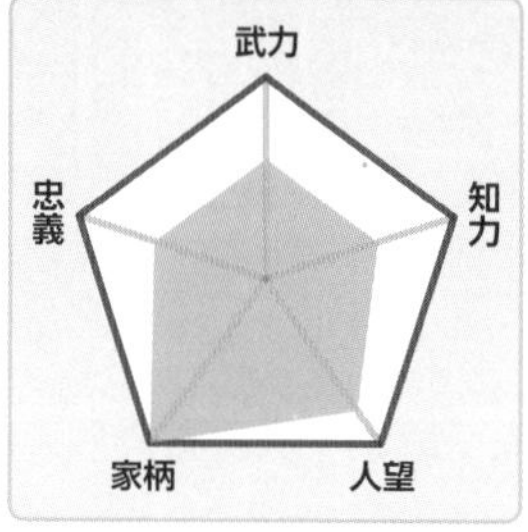
武力
知力
人望
家柄
忠義

反董卓連合軍ではリーダーに。

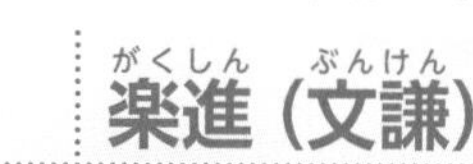
ライバルの曹操に敗れる。

王允（子師）

所属 後漢・董卓軍
生没年 137年／192年

後漢王朝の司徒。十常侍に連れ出された劉弁と劉協を出迎えた。董卓を暗殺するため養女の貂蝉を使った「美女連環の計」で董卓と呂布を仲たがいさせ、董卓を滅ぼす。政権をにぎったが、董卓配下の李傕・郭汜に殺される。

王双（子全）

所属 魏
生没年 生年不詳／228年

曹真に仕えた魏の武将。「流星鎚」という鉄球をふり回し、百発百中で当てられたという。第二次北伐の際に、陳倉から撤退する蜀軍を追撃するも、諸葛亮（孔明）の策略で陣営が炎上し、パニックになったところを魏延に斬り殺された。

王平（子均）

所属 魏→蜀
生没年 生年不詳／248年

元曹操軍の牙門将軍。漢中争奪戦で徐晃の副先鋒として趙雲・黄忠と戦い敗退し、趙雲に投降。漢水周辺の地理を説明した。以降は劉備軍の将軍として活躍。孔明から「忠義の士」の一人として名を挙げられた。街亭で馬謖に忠告した人。

賈詡（文和）

所属 張繍軍→魏
生没年 147年／223年

元は李傕・郭汜に仕える。張繍の軍師時代は計略により、宛城から曹操を敗走させた。官渡で張繍とともに曹操に帰順し、以降曹操軍で活躍。馬超・韓遂にしかけた「離間の計」は有名。曹丕の皇帝即位まで生きた。

郭嘉（奉孝）

所属 魏
生没年 170年／207年

ばつぐんの情報分析能力によって、呂布討伐や袁紹死後の袁譚・袁尚攻めなどで名軍師ぶりを発揮した。とくに、袁尚をかくまった烏丸征伐では、厳しい行軍を進言・実行し勝利を導く。38歳で早世し、曹操を深く悲しませた。

楽進（文謙）

所属 魏
生没年 生年不詳／218年

董卓攻め以来の古参の将だが、当初は記録官だった。勇猛さと得意の弓で戦功をあげ、合肥の戦いでともに戦った張遼・李典などと並び称される将軍になった。濡須口の戦いで、呉の甘寧の矢を顔に受けて落馬。最期は不明。

夏侯淵（妙才）

所属　魏
生没年　生年不詳／219年

曹操の挙兵時から従った縁者の一人。『演義』では夏侯惇の弟、「正史」ではいとこ。弓の名手で、軍の移動速度は随一。馬超の反乱後の涼州など、信頼され方面軍を一任された将軍。定軍山で黄忠に奇襲され戦死。曹操が嘆き悲しんだ。

夏侯惇（元譲）

所属　魏
生没年　生年不詳／220年

曹操の縁者（曹操の父が夏侯氏の出）で、挙兵時から従った隻眼の鬼将軍。呂布配下の曹性に左目を射抜かれたが、眼球ごと引き抜いて食らい、曹性を討った。時に大敗するも愛され、曹操の死に際は枕元に呼ばれた。その後自らも病に伏す。

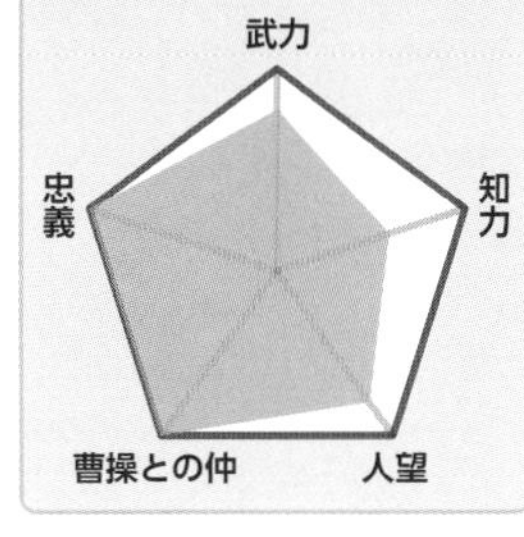
武力
知力
人望
曹操との仲
忠義

矢が刺さった左目を飲んだ。

曹操の死の直前にも枕元にいた。

賈充（公閭）

所属　魏→晋
生没年　217年／282年

司馬昭の腹心で、父は豫州刺史だった賈逵。諸葛誕の反乱の兆しを報告、曹髦殺害を命じるなど、魏王朝の末期に陰の仕事をこなし、西晋建国の功臣となる。建国後は慎重で戦に反対し続けたが、司馬炎が杜預に命じて呉を滅ぼした。

何進（遂高）

所属　後漢
生没年　生年不詳／189年

霊帝の妻・何皇后の兄で、武官トップの大将軍。屠殺業（肉屋）から大出世した。甥の劉弁即位のため奔走する。自力では十常侍を一掃できず、袁紹と結託して各地の群雄を呼び寄せるが、察知した十常侍に自分が暗殺されてしまう。

弁

華雄

所属　董卓軍
生没年　生年不詳／191年

董卓配下で身長9尺（約210cm）の猛将。反董卓連合軍との戦いで豪傑ぶりを発揮し、孫堅軍の祖茂、袁術軍の兪渉など多くの武将を討ち取る。しかしまだ無名だった関羽が出撃してくると、一瞬にして斬られてしまった。

関羽（雲長）

所属　蜀
生没年　生年不詳／219年

劉備・張飛と桃園の誓いを結んだ稀代の名将。青龍偃月刀を操り劉備に従い転戦するが、一時は曹操に降り、官渡の戦いでは曹操軍の将として活躍。劉備軍に戻り荊州を任されるが、孤立して孫権軍に討たれる。現代は神様として関帝廟に祀られる。

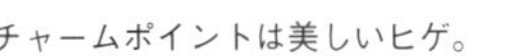

チャームポイントは美しいヒゲ。

武力
知力
人望
死後の評価
忠義

多くの武将を一騎討ちで倒す。

関興（安国）

所属　蜀
生没年　不詳

関羽の子。張飛の子・張苞と義兄弟の契りを結ぶ。父の霊の助けで敵の潘璋を斬った時、父の青龍偃月刀を奪い返す。陸遜との戦いでは劉備をかばい重傷を負った。南蛮征伐や北伐で活躍するが第四次は病で参加できず、その後病死。

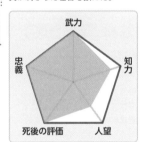

韓遂（文約）

所属　韓遂軍→魏
生没年　生年不詳／215年

西涼太守で馬騰の義兄弟。馬超とともに曹操に反旗をひるがえすが、軍師・賈詡の「離間の計」で、馬超が韓遂と曹操の内通を疑う。進退極まって曹操に降伏し、爵位を得る。「正史」では馬超とともに逃亡し、のちに討たれている。

韓当（義公）

所属　呉
生没年　生年不詳／226年

薙刀の使い手で、孫家3代に仕えた古参武将の一人。赤壁では、張遼の矢を受けて川に落ちた黄蓋を救助。劉備が攻め寄せた夷陵・猇亭の戦いで総大将となった陸遜に「青二才が！」と反発していたが、策が的中すると素直に感心した。

甘寧（興覇）

所属　黄祖軍→呉
生没年　不詳

若い頃は任侠の世界で一味を率いていた。劉表の部将・黄祖の配下を経て、孫権に仕え、自分の指揮で黄祖を討つ。赤壁前哨戦・本戦とも活躍する。濡須口の戦いでは、甘寧が奇襲で曹操を混乱させ、張遼の奇襲に参っていた孫権を喜ばせた。

曹
曹

関平

所属 蜀

生没年 182年？／219年

関羽の養子。劉備の養子・劉封とよく行動をともにした。劉備の入蜀以降は、関羽や馬良とともに荊州の留守を守り、襄陽攻めにも同行。しかし呉の呂蒙らの策にはまり、関羽とともに処刑される。

顔良

所属 袁紹軍

生没年 生年不詳／200年

文醜と並び称される袁紹配下の猛将。白馬・延津の戦いで、曹操の将を複数討ち取って徐晃を撃退したため、続いて曹操は関羽を送り出した。呂布が残した赤兎馬に乗った関羽が単騎で突入すると、顔良はあっけなく討ち取られた。

魏延（文長）

所属 韓玄軍→蜀

生没年 生年不詳／234年

荊州の人。長沙で主君・韓玄を斬り劉備の配下に。「反骨の相」だと諸葛亮（孔明）に斬られかけたが、劉備に救われた。多くの武功をあげたが、劉備の死後は孤立して反乱を起こし、最後は孔明の策で、味方と信じていた馬岱に斬られた。

姜維（伯約）

所属 魏→蜀

生没年 202年／264年

魏に仕えていたが、第一次北伐時に罠にかけられ孔明に降伏。以後、北伐に従軍して活躍した。孔明死後に北伐が中断されたが、のちに軍権をにぎって再開。劉禅が魏に降伏した時も戦っており、蜀の復興を試みたが失敗し、殺された。

許褚（仲康）

所属 魏

生没年 不詳

巨漢の農民が典韋と互角に戦ったと聞き、曹操がスカウト。典韋死後は身辺護衛を任され、馬超が襲来した時は曹操を背負って船に乗せ、鞍を盾にして黄河を渡るなど、ひたすら忠実に主君を守った。曹操の死に号泣し、血を吐いた。

紀霊

所属 袁術軍

生没年 生年不詳／199年

袁術軍の武将。小沛にいる劉備を攻めた時に大将を務めるが、呂布の仲裁で退却する。呂布の死後、再び劉備軍と戦い、関羽との一騎討ちで決着がつかず、続く張飛との一騎討ちで10合と打ち合わない間に討ち取られる。

厳顔

所属 劉璋軍→蜀

生没年 不詳

益州（蜀）に劉備を迎えることに反対した、元劉璋配下の巴西太守。捕らえられた時、態度があまりに堂々としていたので張飛が感嘆し、厚遇した。劉備軍では黄忠との老将コンビで活躍するが、「正史」には老将との記述はない。

献帝（劉協）

所属 後漢

生没年 181年？／234年

後漢最後の皇帝。霊帝と王美人の子。父の死後、何進が十常侍に討たれると袁紹が十常侍を虐殺、上洛した董卓により帝位につく。董卓死後は曹操に保護され、許都で形ばかりの皇帝として生きる。曹丕に禅譲後、都を追われた。

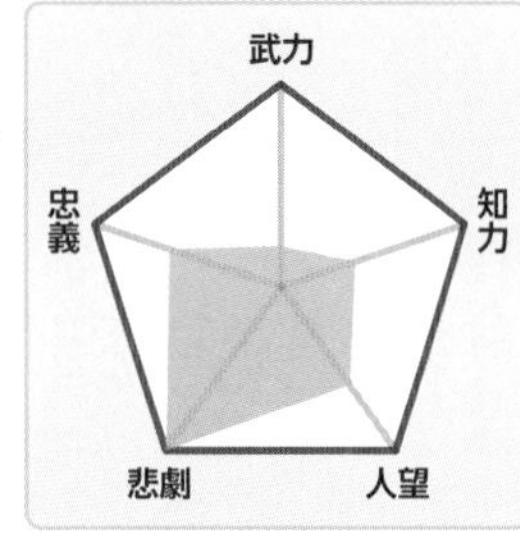
武力
知力
人望
悲劇
忠義

幼い頃は有能で期待されていた。

中国史上初の禅譲を行う。

黄蓋（公覆）

所属 呉

生没年 不詳

孫家3代に仕えた武将。赤壁では、曹操に偽りの寝返りの書状を届け、背中にわざと周瑜からの罰棒を受けた傷をつくった。投降をよそおって船で敵陣に入り、曹操の船団に火を放った。張遼の矢を受け、曹操は討てなかった。

黄蓋

公孫瓚（伯珪）

所属 公孫瓚軍

生没年 生年不詳／199年

白馬部隊を率いる幽州の支配者。劉備とはともに盧植に学んだ仲。反董卓連合軍に参加し、袁紹に劉備三兄弟を紹介する。袁紹に見切りをつけて一時本拠地に帰るが、その後敵対して敗退、自害した。配下の趙雲は劉備のもとへ。

公

黄忠（漢升）

所属 韓玄軍→蜀

生没年 生年不詳／222年

五虎大将軍の一人。もとは劉表配下・韓玄の家臣で、60過ぎの老将だが弓の達人。定軍山の戦いでは魏の夏侯淵を討つ。呉を攻めて馬忠に射られた肩の傷がもとで死没。中国で老いてなお元気な人のことを「老黄忠」と呼ぶことも。

蔡瑁（徳珪）

所属　劉表軍→魏
生没年　生年不詳／208年

もと劉表配下。劉表の後妻である姉の子・劉琮のために劉備暗殺を試みるが失敗。劉表死後に劉琮を後継にすえたが、曹操にあっさり荊州を献上。曹操軍で水軍都督となるが、周瑜の計略により処刑された。「正史」では処刑はなく生存。

左慈（元放）

所属　なし
生没年　不詳

峨眉山で30年修行した仙人（実在の方士）。曹操に引退を勧めて投獄されるが、拷問などまったく効かず、宴に現れ鶴になって飛ぶ。捕まえて首をはねても元に戻り、鶴の背に乗って曹操の死を予言して消えた。それ以来、曹操は病に伏す。

司馬懿（仲達）

所属　魏
生没年　179年／251年

曹操以降4代に仕えた軍師・将軍で孔明のライバル。慎重な人だったが、優秀すぎて味方にも警戒され何度か排斥されかけた。曹叡の時に公孫淵を滅ぼし、晩年クーデターを行って曹爽の一族を処刑。実権をにぎったが老齢で死没。

武力
知力
人望
忍耐
忠義

蜀
蜀

ライバル孔明の罠によくかかる。

クーデターで魏を支配した。

司馬師（子元）

所属　魏
生没年　208年／255年

司馬懿の長男。父を補佐して孔明の北伐に対抗した。敵対した曹爽を親子で倒し、父の死後全権を掌握。帝の曹芳が司馬師を滅ぼそうとしたため追いやり、曹髦を帝にした。寿春の反乱鎮圧の直後、目にできた悪性のこぶが悪化し死没。

司馬昭（子上）

所属　魏→晋
生没年　211年／265年

司馬懿の次男。父や兄とともに孔明と戦い、政敵の曹爽を滅ぼす。兄の死後全権をにぎり、諸葛誕の反乱鎮圧後、関係が悪化した皇帝・曹髦を殺して曹奐を皇帝にする。蜀漢を滅ぼした後に病死。長男の司馬炎は西晋の初代皇帝に。

十常侍

所属　後漢
生没年　不詳

後漢滅亡の原因ともいわれる10人の宦官。霊帝にわが父・わが母と呼ばれ寵愛された張譲・趙忠以下、夏惲、段珪、郭勝、封諝、曹節、侯覧、蹇碩、程曠。多くは袁紹に虐殺され、逃亡・自殺した者も。「正史」では人数と顔ぶれが違う。

周泰（幼平）

所属　呉
生没年　不詳

蒋欽とともに河賊をしていたが、孫策の挙兵に駆けつけ、孫権配下でも活躍した。宣城では山越の不意討ちで12箇所の傷を負いながら孫権を守り、華佗の治療で危篤から回復する。夷陵・猇亭の戦いでは蛮族の王・沙摩柯を討った。

周魴（子魚）

所属　呉
生没年　不詳

呉の鄱陽郡太守。魏と呉の国境揚州で攻勢に出ていた魏の曹休をだましておびき出し、石亭の戦いの勝利に貢献した。主君の不満を言いつのって寝返りを懇願し、さらに自ら髪を切ってまで、曹休を信じさせた。

周瑜（公瑾）

所属　呉
生没年　175年／210年

「周郎」と呼ばれた才気あふれる美男。義兄弟の契りを交わした孫策の死後は孫権に仕える。水陸両軍を束ねて赤壁で大勝するが、以降孔明によって荊州奪還などの策が妨げられる。怒りと、曹仁戦で負った矢傷の悪化で絶命。

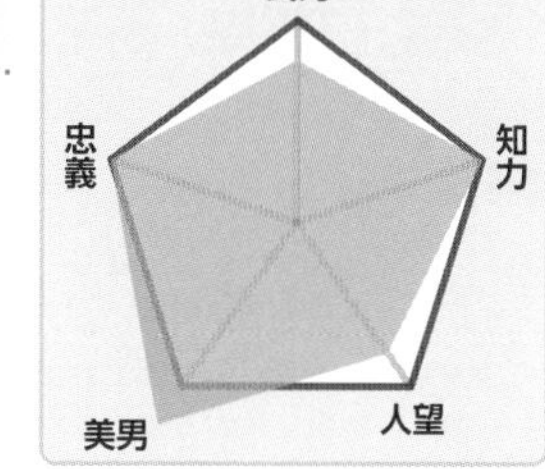

武力
知力
人望
美男
忠義

周瑜へ
やたら私を目の敵に
しますけど、
あなたじゃ私には
絶対勝てないので、
そろそろあきらめて
くださいね（笑）

赤壁の戦いで曹操を破る。

『演義』では孔明に煽られ憤死。

祝融

所属　南蛮
生没年　不詳

孟獲の妻。火の神・祝融氏の子孫とされ、武術にすぐれ飛刀を使う。夫が何度も負けるので、自ら出陣。一騎討ちで馬忠と張嶷を生け捕る。のち計略で捕らわれ、人質交換で釈放された。7度目に夫とともに降伏する。『演義』のみに登場。

朱然（義封）

所属 呉
生没年 182年／249年

孫権の時に呉に仕官し、荊州をめぐる戦いで活躍した名将。呂蒙に従って潘璋とともに関羽を捕らえた。劉備との夷陵・猇亭の戦いでは、孫桓のもと水軍を統率する。陸遜が劉備を敗走させると追撃に加わるが、趙雲に突き殺された。

荀彧（文若）

所属 魏
生没年 163年／212年

「王佐の才」とうたわれた、曹操の無二の参謀。献帝の保護など多くの策で曹操の出世を支えた。また遠征中の留守を守った。曹操の魏公就任に反対してから曹操と関係が悪化し、曹操から「空箱（用なし）」をもらい孫権討伐の途上で自殺。

作戦❷
作戦❶

荀攸（公達）

所属 魏
生没年 157年／214年

荀彧の年上の甥。軍師になったのは曹操が宮中で実権をにぎってから。人の心をよく読み、緻密な計略を立てて主君を満足させた。曹操の魏王就任に反対してから主従関係が悪化して病死。「正史」では、就任にも協力し、関係も良好。

諸葛瑾（子瑜）

所属 呉
生没年 174年／241年

諸葛亮（孔明）の兄で魯粛の推挙で孫権に仕官。顔がロバのように長い。再会した弟を呉に誘って断られるが、蜀との外交の一助になる。孫権に信頼され、蜀との使者として何度も往来する。軍を指揮することも。

諸葛亮（孔明）

所属 蜀
生没年 181年／234年

劉備の軍師、蜀の丞相。司馬徽門下で「臥龍」と呼ばれた天才。「三顧の礼」に応じて劉備軍へ。戦術だけでなく兵器の開発や内政もこなす。劉備の死後も漢王朝再興を目指して「出師表」を書き魏へ北伐を続けるが、五丈原の陣中で没す。

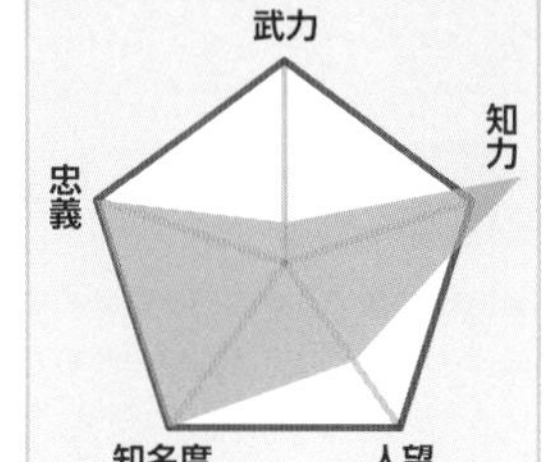
武力
知力
人望
知名度
忠義

三顧の礼に感動し劉備に仕える。

出師表

劉備の意志を継ぎ、最期まで戦う。

徐晃（公明）

所属 魏
生没年 生年不詳／227年

大斧を武器にした歴戦の将で、同郷の関羽と親交があった。短気な面や敗戦場面が描かれるが魏軍屈指の勇将で、樊城では関羽との一騎討ちに勝っている。最期は寝返った孟達に額を射抜かれるが、「正史」には病死の記述がある。

徐庶（元直）

所属 蜀
生没年 不詳

別名「単福」。軍師として活躍した人だが撃剣が得意で、若い頃は人の敵を殺して捕まり、仲間に救出された。この後、孔明や龐統が門下にいた司馬徽に学び、劉備の軍師に。母を捕らえられて曹操に帰順する際、劉備に孔明を推薦した。

曹休（文烈）

所属 魏
生没年 生年不詳／228年

曹操の一族で血縁はないとされるが、曹丕とともに育てられ、各地に従軍した。曹操死後は曹丕・曹叡のもと軍事で活躍。石亭の戦いでは、呉の周魴の偽りの帰順を信じて陸遜に大敗、賈逵に救われた。のちに悪性腫瘍をわずらい没した。

曹洪（子廉）

所属 魏
生没年 生年不詳／232年

曹操のいとこで、曹操の挙兵時からつき従う。多くの戦に参加し、呂布軍の待ち伏せを受けた際に曹操を守るなどたびたび活躍が描かれている。潼関の戦いでは短気な性格が災いし、馬超に潼関を奪われた。

曹植（子建）

所属 魏
生没年 192年／232年

曹操と卞夫人の三男。ずば抜けた文学の才の持ち主で、「七歩詩」を詠む場面は有名。父に愛されたが、酒好きで勝手な行動が多かった。「正史」では後継者争いに敗れてから頻繁に国替えを命じられるなど冷遇され、41歳で病没。

曹仁（子孝）

所属 魏
生没年 168年／223年

曹操のいとこ。覇道を助け、周瑜・呂布・関羽など名将たちと渡り合った猛者。若い頃は粗暴だったが、軍令をつねに手元に置いて行動する厳格な将だった。「正史」では大将軍となったが、方面司令官としても活躍し続けた。

曹操（孟徳）

所属　魏

生没年　155年／220年

後漢の丞相・魏王。魏の基礎を築く。一流の兵法家・詩人で、人の才を愛し活用するが、時に冷徹で残酷な「乱世の奸雄」と評される。献帝を保護し実権をにぎり許都に遷都。赤壁の大敗後も勢力を保ち、子の曹丕が魏の初代皇帝になった。

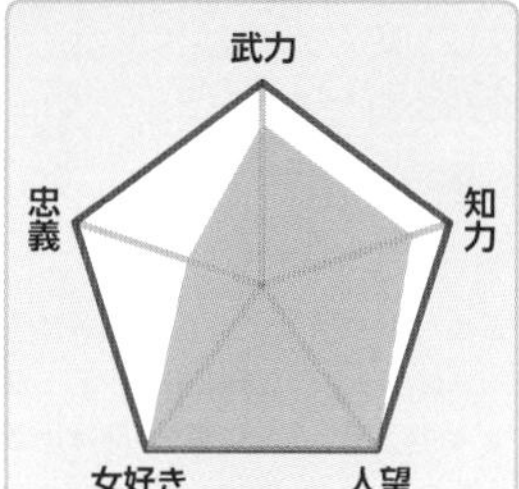

武力
知力
人望
女好き
忠義

赤壁で死にかけるも関羽に命乞い。

魏王

魏王に就任し魏の基礎をつくる。

曹丕（子桓）

所属　魏

生没年　187年／226年

曹操と卞夫人との子。曹操から魏王を継ぎ、献帝の禅譲により魏の初代皇帝に。武術にすぐれた。父と弟の曹植と並び称された文学者。しかし後継を争った曹植を追いつめるなど心がせまいところが玉にキズ。在位7年40歳で崩御。

魏王曹丕に帝位を譲る
献帝

孫堅（文台）

所属　呉

生没年　156年／192年

孫策・孫権の父。勇猛果敢で戦上手、民衆にも支持された。黄巾党討伐や反董卓連合軍でも活躍。荒廃した洛陽で「伝国の玉璽」を発見すると袁術・袁紹に妨害される。のちに袁紹の手先・劉表の伏兵に石と矢を浴びせられ、若くして戦死。

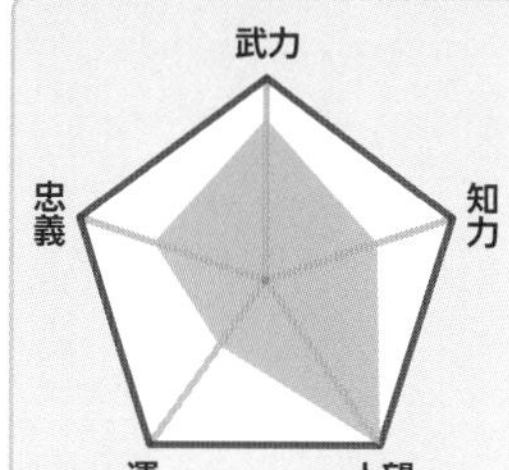

武力
知力
人望
運
忠義

玉璽をめぐり袁紹と争う。

罠にかかり、36歳の若さで戦死。

孫夫人

所属　呉

生没年　生年不詳／222年

孫権の妹。男勝りで武芸を好んだ。孫権と劉備が同盟関係だった時、荊州で劉備の妻に。荊州奪還の策だったが劉備を気に入る。やがて両軍の関係が悪化して帰国したが、劉備戦死の誤報に声をあげて泣き、長江に身を投げた。

孫権（仲謀）

所属　呉

生没年　182年／252年

碧い眼と紫のひげが特徴。19歳で兄・孫策の跡を継ぎ、兄の遺言どおり周瑜と張昭を両腕に国を治めた。孔明と周瑜の進言で曹操との決戦を選び、赤壁で大勝。曹丕・劉備の即位に続き自らも呉の初代皇帝に。周瑜死後も家臣に恵まれた。

武力　知力　人望　酒癖　忠義

赤壁では机を切って戦を決意。

三国志の三国め・呉を建国。

孫策（伯符）

所属　呉

生没年　175年／200年

孫堅の長男。父の敗死で袁術の配下に。独立するため袁術から兵を借りて挙兵。やがて揚州を平定し「小覇王」と呼ばれる。しかし倒した許貢の食客に重傷を負わされ回復した頃、斬殺した仙人・于吉の呪いによって26歳で死没。

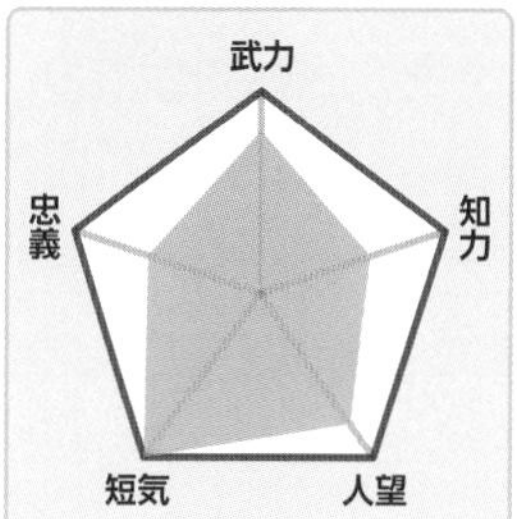

武力
知力
人望
短気
忠義

総大将なのに太史慈と一騎討ち。

許

群雄を倒し、江東を制覇した。

大喬・小喬

所属　呉

生没年　不詳

「二喬」と呼ばれた美人姉妹。大喬は孫策の、小喬は周瑜の妻。曹操は二人を妻にするのが夢だと孔明から聞かされた周瑜は、怒って決戦を決意する。父の喬公が後漢の官僚・橋玄とするのは『演義』の創作。姉妹が実在したのは確か。

太史慈（子義）

所属　呉

生没年　166年／206年

弓馬にすぐれた猛将。揚州刺史の劉繇配下だった時、偵察に出ていた孫策と互角の一騎討ちを演じた。しかし劉繇が敗退して孫策の配下になる。合肥では張遼との一騎討ちで引き分けるが、計略によって負った矢傷がもとで死没。

趙雲（子龍）

所属 公孫瓚軍 → 蜀
生没年 生年不詳／228年？

五虎大将軍の一人。袁紹、公孫瓚配下を経て劉備に仕える。長坂の戦いでは曹操軍に単騎で突入し劉備の子・阿斗（劉禅）を救い出すなど、その勇将ぶりが鳴り響いた。第二次北伐前に病死するまで、老いても戦場に立ち続けた。

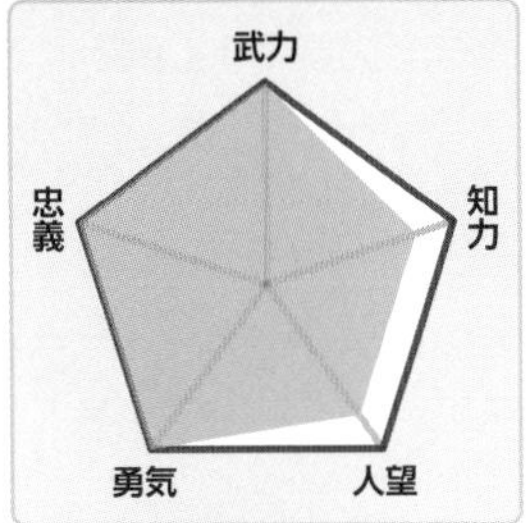
武力
知力
人望
勇気
忠義

幼い阿斗を助ける。

勇敢さから「全身肝」と評された。

張角

所属 太平道
生没年 生年不詳／184年

太平道の創始者・教祖で黄巾党のボス。南華老仙という仙人から『太平要術』を授かり人々の病気を治す。のち太平道の教団をつくって大賢良師と名乗り、「蒼天已死、黄天当立……」をスローガンに反乱を起こすが病死し、残党は鎮圧された。

張部（儁乂）

所属 袁紹軍 → 魏
生没年 生年不詳／231年

元袁紹配下で、50年近くも戦い続けた智勇兼備の将。官渡の戦いで曹操配下に。張飛に連戦連敗し漢中を失う原因をつくる。第三次北伐では矢の雨の中大軍に何度も突撃した。諸葛亮（孔明）を深追いし一斉射撃され、戦死。

張繡

所属 張繡軍 → 魏
生没年 生年不詳／207年

董卓配下・張済の甥で、その軍勢を引き継ぐ。南征する曹操に降伏し、宛城を明けわたすが、軍師・賈詡の策で曹操を急襲、敗走させた。官渡の戦いの時に再び賈詡の進言で曹操に降伏。歓迎されて将軍となり、賈詡も曹操の軍師として大活躍する。

張

張昭（子布）

所属 呉
生没年 156年／236年

名高い賢人で、孫策の丁重な招きに応じて配下に。赤壁前には降伏論を説き、孔明と論戦になる。無礼な魏の使者をしかりつける、劉備の使者を怖気づかせる趣向で迎えるなど、剛毅な人。主君の孫権ともたびたび衝突する。

貂蝉

所属 後漢 → 呂布軍
生没年 不詳

歌と踊りにすぐれた王允の養女。王允のため董卓と呂布を仲たがいさせる役を引き受け、どちらも自分に夢中にさせて計略が成功する。董卓死後は呂布の妾となり、下邳城の戦いで正妻とともに呂布を引き止める場面でも登場する。

張飛（翼徳）

所属 蜀
生没年 167年？／221年

劉備・関羽と桃園の誓いを結び、三兄弟の末弟となる。勇猛果敢かつまっすぐな性格で、馬超らと壮絶な一騎討ちをくり広げる。長坂の戦いでは叫び声で曹操軍を圧倒した。パワハラ癖があり、酔って寝ているところを部下に殺された。

ドーーン
長坂橋

長坂では最後尾で劉備を助ける。

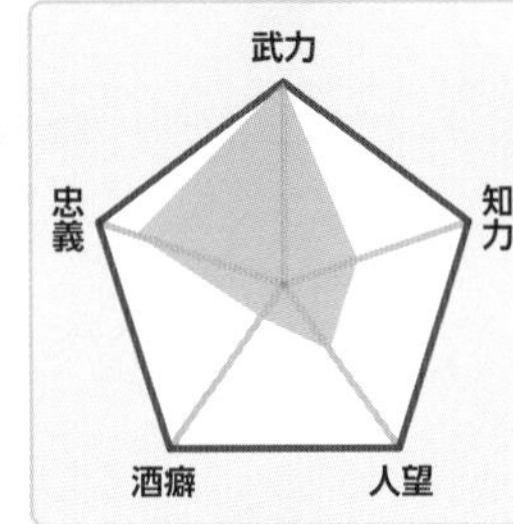
武力
知力
人望
酒癖
忠義

酒癖が悪くたびたび失敗。

張苞

所属 蜀
生没年 不詳

張飛の子。義兄弟の契りを結んだ関羽の子・関興とは互角の強さだった。父の敵・呉の張達と范彊を自ら処刑。関興とともに陸遜から劉備をかばって重傷を負った。第二次北伐で追撃中には谷へ転落、そのケガがもとで没した。

張遼（文遠）

所属 呂布軍 → 魏
生没年 165年／221年

元呂布配下で、孫権も恐れた名将。下邳城の戦いで曹操に帰順し、曹丕の代まで功をあげ続けた。孫権軍10万を「正史」では800人で奇襲した合肥の戦いが有名で、呉の子供がその名で泣き止むほど恐れられた。矢傷で没するが、「正史」では病没。

張魯（公祺）

所属 五斗米道
生没年 不詳

漢中郡太守で五斗米道の教祖。劉璋の救援依頼に応じ、曹操に敗北後受け入れた馬超を益州に出陣させるが、孔明の策で馬超は劉備配下に。夏侯淵率いる曹操軍が漢中に侵攻すると降伏した。曹操に厚遇され教団も存続する。

陳宮（公台）

所属 呂布軍

生没年 生年不詳／198年

中牟県令の時、董卓暗殺に失敗した曹操を捕らえるが志に感服し、ともに逃亡。しかし口封じのため呂伯奢を殺めた曹操に失望し、呂布の参謀に。曹操に対抗するが、下邳城に追いつめられる。屈服せず自ら首を差し出し、斬首された。

程昱（仲徳）

所属 魏

生没年 生年不詳／223年？

荀彧が推挙した曹操の軍師の一人で、郭嘉を推挙した人。兗州では荀彧とともに呂布から拠点を死守。10組の伏兵を用意した「十面埋伏の計」や、徐庶を呼び寄せる計など、たびたび計略を成功させている。「正史」でも肝のすわった軍師。

丁原（建陽）

所属 丁原軍

生没年 生年不詳／189年

呂布の養父。剛毅で、董卓の劉弁廃位と劉協即位に反対し、呂布のいる軍を率いて城外で戦う。董卓が呂布に名馬・赤兎馬を贈って丁原を討たせる。「正史」では養父子の関係はなく、董卓は丁原の軍がほしかったため殺めたとされる。

程普（徳謀）

所属 呉

生没年 不詳

孫家最古参の武将。孫堅のもと黄巾党・董卓と戦い、孫堅横死の時は孫策を守りながら撤退、孫策の揚州平定も支えた。当初ぶつかった周瑜とも後に認め合い、ともに烏林や南郡で曹操軍を撃退。長らく軍の長老として活躍した。

典韋

所属 魏

生没年 生年不詳／197年？

曹操の身辺警護を担当。武器は80斤の鉄の戟で、対呂布では手戟を投げつけて敵を圧倒。張繡が背いた時、門内で身を挺して戦う。数十箇所の傷を負って壮絶な死をとげ、曹操は大泣きした。殷時代の猛将の名前にあやかり「悪来」と呼ばれた。

曹

鄧艾（士載）

所属 魏

生没年 生年不詳／264年

姜維の北伐に対抗し多くの武功をあげた名将。農業にも明るく、屯田の献策でも司馬懿を助けた。鍾会とともに蜀を攻め、危険な山越えを断行し蜀の皇帝・劉禅を降伏させるが、手柄をねたむ鍾会に謀反の疑いをかけられ失脚、命を落とす。

陶謙（恭祖）

所属 後漢

生没年 132年／194年

徐州牧。反董卓連合軍に参加。曹操の父・曹嵩が息子のところへ向かう時、歓待した陶謙が護衛につけた張闓が裏切り、一行を皆殺しに。曹操が徐州へ攻め寄せ虐殺を行うが、劉備・孔融らの援軍で死守。死に際に劉備に徐州を託した。

董卓（仲穎）

所属 董卓軍

生没年 139年？／192年

何進の招きに応じ西涼20万を率いて上洛し、袁紹の十常侍惨殺の混乱に乗じ劉協を帝にし、権力をにぎる。袁紹・曹操による反董卓連合軍と争うが、長安に遷都して逃亡。王允の計略で、貂蝉をめぐって関係が悪化した呂布に討たれた。

どさくさ紛れに朝廷を支配。

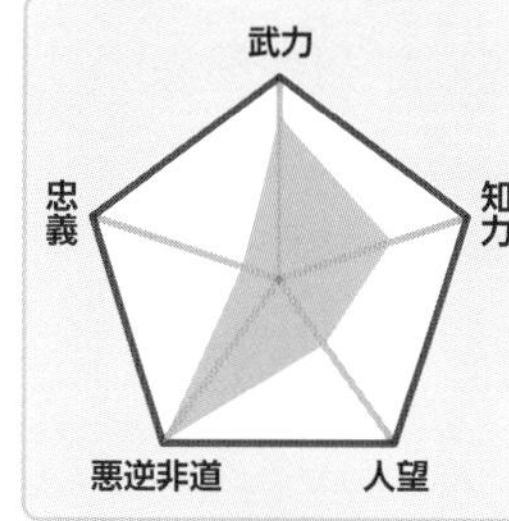
武力
知力
人望
悪逆非道
忠義

洛陽の都を焼くなど悪逆を行う。

馬謖（幼常）

所属 蜀

生没年 190年／228年

馬良の弟。孔明が高く評価していたが、劉備は疑問に思っていた。第一次北伐で重要な街亭を守るが独断で山頂に布陣し、水路を絶たれて惨敗。孔明は泣く泣く馬謖に責を負わせ処刑した。これがことわざの「泣いて馬謖を斬る」の由来。

馬岱

所属 蜀

生没年 不詳

馬超のいとこ。馬騰が曹操に殺された時に唯一生き残って伝え、馬超とともに戦う。敗北し張魯の配下だった時、劉備軍の魏延と戦う。劉備に帰順後は南征や北伐で活躍。生前の孔明に授けられた策により、魏延を討った。

馬超（孟起）

所属 蜀

生没年 176年／225年

西涼太守・馬騰の子。父の敵・曹操に立ち向かう、若く華々しい武将「錦馬超」として描かれるが、曹操を討ち果たせず計略にかかり敗れる。一時は張魯に従ったが、益州で劉備配下に。「正史」では、父の死は馬超の決起・鎮圧の後。

馬騰（寿成）

所属 馬騰軍
生没年 生年不詳／212年

西涼太守で馬超の父。曹操の檄に応じ反董卓連合軍に参加するが、のちに董承の曹操暗殺計画に賛同。失敗して再度くわだてるもまた発覚し、処刑される。これにより曹操を憎んだ馬超が乱を起こすが、「正史」では馬騰の死は乱鎮圧後。

馬良（季常）

所属 蜀
生没年 187年／225年

すぐれた人や物を「白眉」というのは、兄弟でとくに優秀だった馬良の眉が白かったため。劉備入蜀時は荊州で関羽を支え、呂蒙に敗れた時は劉備に急を伝えに行ったが、その間に関羽は討たれた。「正史」では夷陵で戦死とある。

文醜

所属 袁紹軍
生没年 生年不詳／200年

袁紹配下の猛将で顔良とは兄弟同然の親友。界橋の戦いで公孫瓚に突進するが、趙雲にはばまれる。白馬の戦いでは顔良の敵討ちに劉備とともに出陣、計略で敗走するが、張遼と徐晃を退ける。関羽には討ち負けて逃げ、背を斬られる。

法正（孝直）

所属 蜀
生没年 176年／220年

主君だった益州牧・劉璋を見限って、劉備を引きこむ計画を張松と進めた。劉備入蜀後に軍師の龐統が戦死すると、劉備軍の軍師として活躍。定軍山では黄忠を助けて夏侯淵を討ち取らせた。劉備に漢中王になるよう勧めたあと、病死。

龐統（士元）

所属 蜀
生没年 178年／213年

諸葛亮（孔明）の学友で「鳳雛」と称された秀才。赤壁の戦いでは周瑜配下として働いたとされ、荊州支配後の劉備に仕えた。県令止まりだったが孔明の推薦で入蜀の軍師に。涪城を奪って雒城に進撃中、馬上で射殺された。

龐徳（令明）

所属 馬超軍 → 張魯軍 → 魏
生没年 生年不詳／219年

元は馬超の腹心。曹操に敗れて馬超とともに漢中の張魯に身を寄せた。馬超が劉備に仕えた後に張魯が曹操に降伏し、以降は曹操配下として活躍する。曹仁の救援のため出陣した樊城で関羽に捕らえられ、忠義をつらぬいて斬られた。

孟獲

所属 南蛮
生没年 不詳

南蛮の王。妻は祝融夫人。劉備亡き後の蜀に侵略しようとする。孔明の軍に3将で挑むが生け捕りにされた後、釈放された。以後何度も攻めるが、毎回孔明に負ける。7度目についに孔明に心服して帰順。「正史」では漢人。

楊儀（威公）

所属 蜀
生没年 生年不詳／235年

物資の確保・輸送で北伐を支えた実務家。うぬぼれ屋で魏延と対立した。孔明が授けた策で馬岱とともに魏延を討つも、孔明の後継者にはなれなかった。その不満を劉禅に知られて平民に落とされたため、恥じて自殺した。

李傕・郭汜

所属 董卓軍
生没年 生年不詳／197年？

董卓の配下。董卓死後、ともに軍勢を率いて長安を攻め、王允を殺害する。献帝を抱えこみ一時都を牛耳るが、二人は対立と和解をくり返す。曹操が献帝を保護すると、ともに山賊になって部下に殺され、首は曹操に送られた。

陸遜（伯言）

所属 呉
生没年 183年／245年

美男子の書生として登場。孫策死後から仕えて赤壁・合肥で活躍する。荊州攻めの時、自ら「病になった呂蒙の後任の無名軍師」を装い、関羽の油断を誘って策が成功。弔い戦に攻め寄せた劉備も撃退する。その後、石亭の戦いで魏を破る。

李儒

所属 董卓軍
生没年 不詳

董卓の参謀で娘婿。劉協を帝にして前皇帝・劉弁と母の何太后を殺すことを進言、実行した。董卓の悪政も李儒の献策であることが多く、長安遷都も同様だったため、民衆から恨まれた。董卓死後、王允に捕らえられ処刑される。

李典（曼成）

所属 魏
生没年 不詳

董卓攻めの義勇兵募集で登場する。謙虚・博識な人で、従軍中はやる曹操や曹仁、夏侯惇をいさめ注意をうながすが、いずれも聞き入れなかったため失敗する。合肥の戦いでは、不仲だった張遼・楽進と協力し、勝利を収めている。

劉璋（季玉）

所属 劉璋軍
生没年 生年不詳／219年

益州牧。戦が苦手で張魯が攻めてくると劉備に防備を頼む。自分に見切りをつけた張松と劉備の内通を知り張松を処刑し、劉備と敵対するが、成都を包囲されると民を守るために戦を避けて降伏。身柄は荊州に移された。

劉禅（公嗣）

所属 蜀
生没年 207年／271年

劉備の子で蜀漢2代目皇帝。長坂の戦いで趙雲に命を救われる。父の死後、皇帝に即位すると全権を孔明に委任した。孔明死後は宦官を寵愛して国政が乱れ、魏の進攻におどろいて降伏。西晋で安楽公として天寿をまっとうした。

劉備（玄徳）

所属 蜀
生没年 161年／223年

前漢景帝の子・中山靖王劉勝の子孫。蜀を建国し初代皇帝に。膝に届くほど手が長く耳が大きい。早くに父を亡くし、わらじ売りをしていた。関羽・張飛と出会って挙兵し各地を転戦。人望厚く、孔明や趙雲など人材に恵まれる。

武力 / 知力 / 人望 / 礼儀 / 忠義

『演義』は桃園の誓いから始まる。

庶民から皇帝にまでのぼりつめる。

劉表（景升）

所属 劉表軍
生没年 生年不詳／208年

内政に通じた荊州刺史。曹操から逃げた劉備を受け入れ新野城に駐屯させる。蔡夫人が子の劉琮のために劉備暗殺をはかり、劉備は逃亡。死に際、劉備に荊州を託そうとするも受け入れられず、劉琮が跡を継ぎ曹操に降伏した。

凌統（公績）

所属 呉
生没年 189年／237年

赤壁の戦いなどで活躍。父の敵が甘寧で、戦の祝勝会で斬りかかる。皖城攻めでも甘寧が活躍するが祝福できず、呂蒙と孫権に仲裁される。曹休に馬を射られて落馬し楽進に槍で突かれそうになった時、甘寧の矢で救われ和解する。

呂布（奉先）

所属 董卓軍・呂布軍
生没年 生年不詳／198年

後漢最強とうたわれた武将。名馬・赤兎馬をもらって董卓配下に。反董卓連合軍を相手に大活躍するが、計略により貂蟬を取り合い、董卓を殺害。一時政権をにぎるもその後流浪し、下邳城で曹操に水攻めされ、捕縛される。

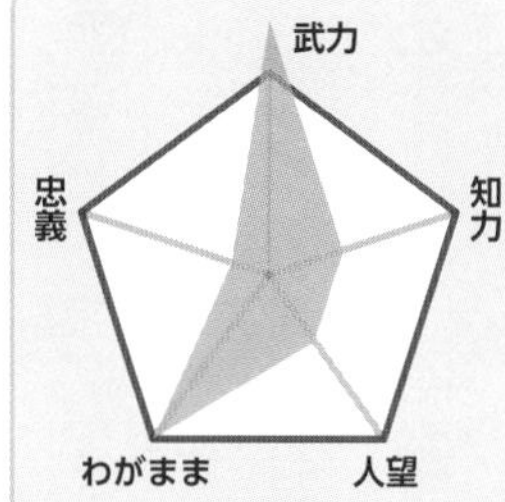
武力
知力
人望
わがまま
忠義

人中の呂布、馬中の赤兎と評された。

最期は曹操・劉備に処刑される。

呂蒙（子明）

所属 呉
生没年 178年／219年

孫策の死後、孫権の配下に。周瑜・魯粛・陸遜と並ぶ四大都督の一人。軍師・武将として孫権を支えた。商人に化けて荊州をのっとり、関羽を捕らえて斬るが、祝宴で関羽の呪いのために体中の穴から血を噴き出し絶命した。

霊帝（劉宏）

所属 後漢
生没年 156年／189年

後漢第12代皇帝。宦官が権力を持ち、国政が乱れて民が苦しんだ結果、黄巾の乱が起こる。王美人の生んだ劉協を後継者にするため、皇太子・劉弁を産んだ何皇后の兄である何進を討ち、勢力を一掃しようとしたが、実現前に病死した。

魯粛（子敬）

所属 呉
生没年 172年／217年

周瑜の推挙で孫権配下に。温厚かつ智略にすぐれた2代目都督。魯粛が孔明を招いたことで曹操との決戦を選択し、赤壁の戦いにいたった。周瑜死後はその跡を継ぎ、荊州をめぐる劉備との交渉も根気強く続けた。

盧植（子幹）

所属 後漢
生没年 生年不詳／192年

劉備と公孫瓚が学んだ儒者。官軍を率い黄巾党討伐で連戦連勝する。劉備と喜びの再会もはたすが、宦官に賄賂を贈らなかったため二セの告げ口により捕えられる。のち復帰して何進や董卓に意見するが、聞き入れられず朝廷を去る。

三国志演義

大年表

※赤字はとくに重要な事項を示しています。
※「正史」と異なることがあります。

年表	後漢
155	曹操が生まれる
156	孫堅が生まれる
161	劉備が生まれる
168	霊帝が後漢の皇帝に即位
184	太平道の張角が決起。黄巾の乱が起こる 劉備・関羽・張飛が桃園の誓いを結ぶ 張角が病死する
189	霊帝が死去し少帝が即位 何進が十常侍に暗殺され、袁紹が敵討ちをする 董卓が朝廷をのっとり、献帝を即位させる

年表	劉備軍	曹操軍	その他
190	反董卓連合軍に参加 虎牢関の戦いで呂布に勝利	反董卓連合軍を呼びかける	董卓が長安へ遷都
191	平原の相になる	東郡太守になる	孫堅が玉璽を得たのち戦死
192		交州刺史になり青州兵を組織	呂布が董卓を暗殺（美女連環の計）
193	孔融を助ける	徐州虐殺事件	
194	陶謙から徐州を譲られる	呂布に兗州を奪われる	呂布・陳宮が兗州を得る
195	呂布を迎え入れる	呂布に勝利し兗州を奪還	献帝が長安を脱出
196	呂布に徐州を奪われる	献帝を迎え入れる	孫策が江東を制覇
197		宛城で張繍に敗れる	袁術が皇帝を自称
198	献帝に謁見する	下邳城の戦いで呂布に勝利	呂布が処刑される
199	袁術を敗死させる	董承の曹操暗殺計画を防ぐ	袁紹が公孫瓚を滅ぼす
200	曹操に敗れ袁紹を頼る 関羽千里行 趙雲が仲間に加わる	劉備を破り関羽を降伏させる 白馬の戦いで関羽が活躍 官渡の戦いで袁紹に勝利	孫策が死去、孫権が跡を継ぐ
201	劉表の元へ逃亡		
202			袁紹が病死する
207	徐庶が軍師になる	華北を統一する	

年表	蜀	魏・晋	呉
208	**三顧の礼で諸葛亮を得る** 長坂の戦いで劉備は逃げ切る 赤壁の戦いで曹操に勝利 荊州4郡を得る	後漢の丞相になる 劉琮から荊州を譲られる 赤壁の戦いで敗れる	孫権が黄祖に勝利 劉備と同盟を結ぶ **赤壁の戦いで曹操に勝利** 合肥の戦いで太史慈が戦死
209	孫夫人と結婚		
210	龐統が軍師になる	銅雀台ができる	周瑜が病死する
211	劉備が入蜀する	潼関の戦いで馬超に勝利	
213	龐統が戦死	**曹操が魏公になる**	濡須口の戦いで曹操に勝利
214	**劉璋に勝利し蜀を得る**	伏皇后の曹操暗殺計画を防ぐ	単刀赴会で関羽暗殺に失敗
215	荊州を分けて孫権と和解	漢中を得る	合肥の戦いで張遼に敗れる
216		**曹操が魏王を名乗る**	
219	定軍山の戦いで夏侯淵に勝利 **劉備が漢中王になる** 麦城で関羽が戦死	漢中の戦いで劉備に敗れる 樊城が関羽に包囲される	呂蒙が荊州を攻撃
220		曹操が病死する **曹丕が禅譲を受け魏帝になる**	
221	**劉備が蜀漢の皇帝に即位**		孫権が呉王になる
222	夷陵の戦いで呉に敗れる	呉に侵攻するも敗北	夷陵の戦いで劉備に勝利
223	白帝城で劉備が病死する	蜀に五方面から侵攻	
225	諸葛亮が南蛮を征伐する		
227	諸葛亮「出師表」を書き北伐を行う	姜維が蜀に降る	
228	諸葛亮が泣いて馬謖を斬る	陳倉の戦いで蜀に勝利	石亭の戦いで曹休に勝利
229	第三次北伐を行う		**孫権が呉の皇帝に即位**
231	第四次・第五次北伐を行う		
234	**五丈原の戦いで諸葛亮病死**	五丈原の戦いで蜀に勝利	
249	姜維が北伐を行う	**司馬懿がクーデターに成功**	
252		司馬師が大将軍になる	孫権が病死する
255		司馬昭が大将軍になる	
263	**劉禅が降伏し蜀が滅亡**	鄧艾・鍾会が蜀に侵攻	
264	姜維・鍾会が反乱するも失敗	司馬昭が晋王になる	孫皓が呉の皇帝に即位
265		**司馬炎が禅譲をせまり魏が滅亡** 司馬炎が晋の皇帝に即位	
280		**晋が三国を統一する**	**孫皓が降伏し呉が滅亡**

人物さくいん

用語さくいん

主要参考文献

- 『三国志演義』(井波律子訳、講談社)
- 『正史 三国志』(陳寿・裴松之著、今鷹真・井波律子訳、筑摩書房)
- 『三国志』(吉川英治著、講談社)
- 『三国志事典』(渡邉義浩著、大修館書店)
- 『三国志演義事典』(渡邉義浩・仙石知子著、大修館書店)
- 『三国志 演義から正史、そして史実へ』(渡邉義浩著、中央公論新社)
- 『日中文化交流協定締結40周年記念 特別展「三国志」』(東京国立博物館ほか編、美術出版社)
- 『戦略戦術兵器大全 中国古代〜近代編』(歴史群像編集部編、学研プラス)
- 『知識ゼロからのCGで読む三国志の戦い』(渡邉義浩著、幻冬舎)
- 『中国社会風俗史』(尚秉和著、秋田成明編訳、平凡社)
- 『曹操・曹丕・曹植詩文選』(川合康三編訳、岩波書店)
- 『三国志と乱世の詩人』(林田愼之助著、講談社)
- 『史上最強カラー図解 三国志のすべてがわかる本』(渡邉義浩監修、ナツメ社)
- 『地図でスッと頭に入る三国志』(渡邉義浩監修、昭文社)
- 『世界歴史の旅 三国志の舞台』(渡邉義浩・田中靖彦著、山川出版社)
- 『カラー版 史実としての三国志』(渡邉義浩監修、宝島社)
- 『マンガで教養 やさしい三国志』(岡本伸也監修、朝日新聞出版)
- 『横山光輝「三国志」大研究』(横山光輝「三国志」研究会編、立間祥介監修、潮出版社)
- 『図説地図とあらすじでわかる!史記』(渡辺精一監修、青春出版社)
- 『知識ゼロからの史記入門』(渡辺精一監修、幻冬舎)
- 『三国志「その後」の真実』(渡邉義浩・仙石知子著、SBクリエイティブ)

●編著者

かみゆ歴史編集部

中村 蒐 （好きな武将：張飛）
小関裕香子（好きな武将：陸遜）
荒木理沙 （好きな馬 ：赤兎馬）
滝沢弘康 （好きな武将：曹操）

「歴史はエンターテイメント」をモットーに、雑誌・ウェブから専門書までの編集制作を手がける歴史コンテンツメーカー。扱うジャンルは日本史、世界史、近現代史、宗教・神話、アートなど幅広い。ナツメ社より発行している『イラストでサクッと理解 流れが見えてくる日本史図鑑』『イラストでサクッと理解 流れが見えてくる世界史図鑑』『イラストでサクッと理解 流れが見えてくる宗教史図鑑』『イラストでサクッと理解 流れが見えてくる戦国史図鑑』の制作を担当。三国志・中国史関連の主な編集制作物は『マンガで教養 やさしい三国志』（朝日新聞出版）、『ゼロからわかる英雄伝説 古代中国編』（イースト・プレス）ほか。

●編集・執筆協力

山本ミカ（好きな武将：張遼）

●本文デザイン／DTP／イラスト

株式会社ウエイド
山岸 全（好きな武将：周瑜）
山中里佳（好きな武将：諸葛亮）

●校正

岡本伸也（KOBE鉄人三国志ギャラリー館長、好きな武将：劉備）
野中直美（好きな武将：諸葛瑾）

●編集担当

神山紗帆里（ナツメ出版企画、好きな武将：司馬懿）

（画像協力）
Pixta／shutterstock

本書に関するお問い合わせは、書名・発行日・該当ページを明記の上、下記のいずれかの方法にてお送りください。電話でのお問い合わせはお受けしておりません。
・ナツメ社webサイトの問い合わせフォーム
https://www.natsume.co.jp/contact
・FAX（03-3291-1305）
・郵送（下記、ナツメ出版企画株式会社宛て）
なお、回答までに日にちをいただく場合があります。正誤のお問い合わせ以外の書籍内容に関する解説・個別の相談は行っておりません。あらかじめご了承ください。

ナツメ社Webサイト
https://www.natsume.co.jp
書籍の最新情報（正誤情報を含む）は
ナツメ社Webサイトをご覧ください。

イラストでサクッと理解 **流れが見えてくる三国志図鑑**

2023年 8月3日 初版発行

編著者 かみゆ歴史編集部
発行者 田村正隆

発行所 株式会社ナツメ社
東京都千代田区神田神保町1-52 ナツメ社ビル1F（〒101-0051）
電話 03（3291）1257（代表） FAX 03（3291）5761
振替 00130-1-58661

制 作 ナツメ出版企画株式会社
東京都千代田区神田神保町1-52 ナツメ社ビル3F（〒101-0051）
電話 03（3295）3921（代表）

印刷所 ラン印刷社

ISBN978-4-8163-7409-8
Printed in Japan

〈定価はカバーに表示してあります〉
〈落丁・乱丁本はお取り替えします〉